Le chevalier, la femme et le prêtre

Collection *Pluriel*, fondée par Georges Liébert
et dirigée par Pierre Vallaud

GEORGES DUBY
de l'Académie française

Le chevalier,
la femme
et le prêtre

Le mariage dans la France féodale

HACHETTE
Littérature générale

Sommaire

Les mariages du roi Philippe

A l'automne de l'année 1095, le pape Urbain II est en
Auvergne, à Clermont, aux lisières méridionales de l'aire
d'influence capétienne. Depuis des mois, chassé de
Rome, il parcourt en grande pompe, escorté de ses
cardinaux, le sud de la Gaule. Il s'y sent à l'aise. Il avait
été grand prieur de Cluny : les prieurés de la congréga-
tion quadrillent ce pays. Là se déploie, en pleine
efficacité, l'entreprise que conduit depuis plus de vingt
ans la papauté : réformer l'Église, c'est-à-dire purifier la
société toute entière. Il s'agit de préparer les hommes à
affronter les tribulations que l'on attend, la fin du
monde, de les ramener bon gré mal gré au bien, de
rectifier les déviances, de préciser les obligations de
chacun. D'affirmer surtout ce qu'à chacun il est interdit
de faire. Ce grand redressement a débuté par l'épuration
du corps ecclésiastique. Il fallait commencer par là, par
ces gens qui, servant Dieu, montrent l'exemple; les
guérir d'une double corruption : la simonie – les savants
de l'époque nommaient ainsi l'intrusion des pouvoirs
profanes, et notamment du pouvoir que procure l'argent,
dans le choix des dirigeants de l'Église; le nicolaïsme –
entendons les mauvaises mœurs, le goût des plaisirs du
monde, et d'abord, évidemment, le goût des femmes. Le
moment est maintenant venu de contraindre à leur tour
les laïcs, de leur imposer les manières de vivre dont les

prêtres disent qu'elles plaisent à Dieu. La tâche devient encore plus rude. Car de toutes parts les hommes regimbent et les princes de la terre soutiennent leur résistance. L'empereur en premier lieu, les autres rois, chacun dans le territoire que le ciel a soumis à leur puissance, les chargeant, comme l'était Charlemagne dont ils se disent les héritiers, de maintenir ici-bas l'ordre social. Ils acceptent malaisément que d'autres se mêlent, dérangeant les règles coutumières, de dicter aux guerriers leur conduite.

A Clermont, aucun roi n'est venu. Mais quantité d'évêques, d'abbés, et la haute noblesse des contrées voisines. Assez de gens de qualité pour que le pape ait le sentiment de trôner au milieu du peuple chrétien rassemblé, d'agir en guide suprême, d'occuper la place de l'empereur au faîte de toute souveraineté terrestre. Dans cette position, Urbain II parle au monde entier. Il légifère, il juge, il punit. Des décisions qu'il prend, la plus célèbre est l'appel à la croisade : toute la cavalerie d'Occident lancée, frayant la voie à la grande migration, et tous les croyants conviés à s'avancer vers Jérusalem pour, le Saint-Sépulcre délivré, attendre près de ce tombeau vide le dernier jugement, le passage à quoi la réforme se veut préparation, la résurrection du genre humain dans le déferlement des lumières. Cette mobilisation grandiose fait oublier un autre arrêt que, dans le même esprit, rendit le pape. Il excommunia Philippe, premier du nom, roi de France. Le premier souverain des Francs occidentaux qui ait assez démérité aux yeux des autorités ecclésiastiques pour encourir cette sanction terrible. Elle le retranchait de la communauté des fidèles, lui dont la vocation était de la diriger. Elle appelait sur lui la malédiction divine. Elle le vouait à la damnation éternelle s'il ne s'amendait pas.

Excommunié, Philippe l'était en fait depuis un an. Le 15 octobre 1094 à Autun, trente-deux évêques s'étaient réunis autour du légat pontifical, l'archevêque de Lyon Hugues de Die, pour le condamner. Du même coup, ils annulaient les décisions d'un concile que le roi venait lui-même de présider à Reims. Conflit. Opposition entre les deux parts du royaume de France, celle du Nord que le souverain tient en main, celle du Sud qui lui échappe. Opposition surtout, irréductible, entre deux conceptions de l'Église : l'une, traditionnelle, carolingienne, groupant les prélats de chaque nation sous l'égide du roi sacré, leur confrère et leur protecteur ; l'autre, perturbante, celle des réformateurs, celle d'Urbain II, proclamant le spirituel supérieur au temporel, soumettant par conséquent les monarques aux évêques, et ceux-ci à l'autorité unifiante de l'évêque de Rome. Pour faire accepter ces nouvelles structures, il fallait plier les rois, et pour que le roi de France pliât, les meneurs de la réforme le frappèrent d'excommunication, à Autun d'abord, puis à Clermont.

Les actes du concile de Clermont sont perdus. On les connaît par ce qu'en ont dit les historiens de l'époque, ces hommes qui, dans les monastères, notaient, année par année, les événements qui les avaient frappés. Presque tous ont parlé de cette assemblée très solennelle. Mais presque tous à son propos évoquent seulement l'expédition vers la Terre sainte : elle les fascine. Quelques-uns pourtant ont relaté en marge que le roi de France avait été puni, et pourquoi. Ils révèlent que Philippe Iᵉʳ ne fut pas châtié pour s'être, comme l'empereur Henri IV, autre excommunié, dressé contre le Saint-Siège avec toutes ses forces. Le pape choisit de le condamner pour ses mœurs. Plus précisément, pour son comportement matrimonial. Selon Sigebert de Gembloux, il fut maudit pour avoir « sa femme étant vivante pris pour femme en plus *(superduxerit)* la femme d'un autre qui, lui aussi, était vivant ». Bernold de Saint-Blasien précise : « Ayant renvoyé sa propre femme, il s'unit par le mariage à la femme de son vassal », et le motif de la punition fut l' « adultère ». Les *Annales* de Saint-Aubin d'Angers ajoutent à ce délit celui d'inceste [1].

Ces informations sont fort minces. Elles sont heureusement complétées par ce que dit de l'affaire, une quinzaine d'années plus tard, un évêque de la France du

Nord, Yves de Chartres. Il transmettait à l'archevêque de
Sens, pour faire échec au projet d'un mariage entre des
cousins du roi de France, une généalogie prouvant leur
parenté [2]. Cette généalogie, dit-il, je la connais bien ; je
l'ai entendu de mes oreilles réciter deux fois de suite en
1095 devant la cour du pape Urbain ; la première fois par
un moine d'Auvergne, la seconde par les envoyés du
comte d'Anjou. Il s'agissait alors du roi Philippe. On
l'accusait d'avoir « enlevé la femme du comte d'Anjou
qui était sa cousine, et de la retenir indûment (...). Le roi
fut excommunié au concile de Clermont à cause de cette
accusation et de la preuve d'un inceste. » Voici le
souvenir qu'un homme intelligent, de mémoire sûre,
mêlé de fort près à cette histoire, gardait après quinze ans. Le scandale n'avait pas été d'avoir, du vivant
d'une épouse, pris une autre femme ; ce n'était pas la
bigamie. Le scandale n'était pas de s'être approprié la
femme légitime d'un autre ; ce n'était pas l'adultère.
C'était de s'être uni à une parente. Pas même cousine par
le sang : l'épouse d'un cousin, d'un cousin très éloigné
d'ailleurs : le bisaïeul du comte d'Anjou était le trisaïeul
du roi. Ceci valut au Capétien l'excommunication,
l'anathème. Et comme il ne céda pas, comme « il revint
au commerce de ladite femme, il fut excommunié
[encore] au concile de Poitiers [en 1099] par les cardinaux
Jean et Benoît ». Philippe Ier avait le souci de son salut. Il
craignait le péché comme tout le monde. Il s'obstina.
C'est que sa morale était différente de celle que les clercs
réformateurs s'efforçaient de faire appliquer. Il pensait
autrement qu'eux du mariage. Il était convaincu de
n'être pas en faute.

Philippe à vingt ans avait épousé Berthe de Frise. Son
cousin germain, le comte de Flandre, la lui avait
donnée : c'était une fille de sa femme, d'un premier lit.
Ce mariage arrangé scellait une réconciliation entre le
roi et son vassal. Pendant neuf ans, Berthe resta stérile.

Elle priait. Enfin naquit un garçon, Louis, le futur Louis VI. Le ciel avait entendu les supplications d'Arnoul, un reclus que l'on disait saint et que l'on venait consulter de toutes parts, à Saint-Médard de Soissons, pour des problèmes de famille ; Flamand, il craignait que cette épouse, inutile parce qu'elle ne donnait pas d'héritier, fût renvoyée ; il avait intercédé pour elle. Berthe tout de même fut répudiée, mais plus tard, en 1092, vingt ans après le mariage. Son mari alors l'installa, c'est-à-dire qu'il l'enferma, dans le château de Montreuil-sur-Mer. Cette forteresse dépendait de sa dot, comme on disait alors – entendons ce que donnait l'époux à l'épouse lors de l'engagement matrimonial, et qui servait aussi à cela, à se débarrasser de sa femme, lui laissant son douaire mais en l'y tenant cloîtrée. Aussitôt le roi s'unit à Bertrade, du lignage des sires de Montfort. Elle était mariée au comte d'Anjou.

Philippe séduisit-il cette femme ? Fut-il séduit par elle ? La prit-il de force ? L'accueillit-il ? S'entendit-il, ce qui est plus probable, avec son mari ? Quelle fut dans le geste qu'il fit, la part de ce que nous appelons l'amour ? Je dois dire tout de suite, et très haut, que nous n'en savons rien, que personne n'en saura jamais rien. Car de ces gens qui vivaient en ce pays il y a près d'un millénaire, nous ignorons presque tout : les images qu'ils avaient dans l'esprit, comment ils parlaient, comment ils portaient leurs vêtements, le sentiment qu'ils avaient de leur corps. Nous ne connaissons pas même leurs visages. Quels furent sur Philippe les attraits de Bertrade ? Quels chemins suivait son désir ? Il est possible de deviner vers quoi tendait le désir de Charles VI ou de son oncle duc de Berry à la fin du XIVe siècle. Mais trois cents ans plus tôt, au temps dont je parle, la peinture, la sculpture qui nous restent ne présentaient au regard aucune silhouette féminine, sinon celle de la Vierge – hiératique : un signe, l'argument d'une théologie. Ou ces pantins désarticulés, peinturlurés, échevelés qui servaient aux prêtres, dressant les spectres de la luxure, à l'illustration de leurs sermons. Je suis contraint, traitant du mariage, de m'en tenir à la surface, sociale, institutionnelle, aux faits, aux gestes. Des mouvements de l'âme et du sang, je ne puis rien dire.

La décision de Philippe fit sensation. On le voit aux mentions de son remariage dans le peu d'écrits qui subsistent. Clarius de Sens, Hugues de Flavigny, Sigebert, les meilleurs chroniqueurs de la France du Nord en font état. Comme de vraies noces, solennelles, consacrées. Le sire de Beaugency qui délivrait à ce moment une charte, choisit de la dater non point comme à l'accoutumée par l'année de l'incarnation, par le règne d'un souverain, mais par cet événement même : « L'an que Philippe prit pour femme Bertrade, femme de Fouque, comte d'Anjou[3]. » De la surprise, par conséquent. Mais nul signe de réprobation. Tout se serait sans doute bien passé sans les acharnés de la réforme. Sans un évêque, celui de Chartres, Yves.

Il venait juste, à cinquante ans, de s'établir sur un siège épiscopal. Non sans peine. Il prenait la place d'un de ces prélats que le pape, épurant le haut clergé, destituait. L'ingérence de la curie romaine dans les affaires locales avait choqué, en particulier le métropolitain, l'archevêque de Sens, qui refusa de sacrer le nouvel élu. Yves se fit sacrer à Capoue par Urbain II. On parla d'offense à la majesté royale : en 1091, un synode déposa l'intrus. Yves tint bon, s'agrippant aux légats, au Saint-Père, clamant la supériorité des décisions pontificales. De formation rigoriste, il penchait déjà vers les réformateurs. Ses déboires le jetèrent dans leur parti. Il fit front avec eux, face aux prélats à l'ancienne, ses confrères, réputés simoniaques et nicolaïtes, face au roi leur complice. L'évêché de Chartres fut l'avant-poste du combat, comme un coin enfoncé dans les structures traditionnelles de l'Église royale.

Les secondes noces de Philippe furent pour Yves une belle occasion de lancer l'attaque. Le roi les voulait très solennelles. Il convoqua tous les évêques. Celui de Chartres déclina l'invitation et tenta d'entraîner les autres. Prétextant, contre son ennemi l'archevêque de

Sens, qu'il appartenait à celui de Reims non seulement de sacrer les rois mais de bénir leur mariage. Il écrit à celui-ci [4] : je n'irai pas à ces noces, « à moins que tu n'en sois le consécrateur et l'agent, et tes suffragants, les assistants et les coopérateurs ». Mais attention : l'« affaire est si périlleuse; elle peut porter tant d'atteintes à ta réputation et à l'honneur du royaume ». D'ailleurs « d'autres raisons secrètes sur lesquelles je dois me taire pour l'instant m'empêchent d'approuver ce mariage ». Autre missive, plus franche, adressée à Philippe lui-même [5]. « Tu ne me verras pas à Paris, avec ton épouse dont je ne sais pas si elle peut être ton épouse. » Prenons garde aux mots : ces hommes, excellents rhéteurs, les maniaient en virtuose. Employant le terme *uxor*, Yves reconnaît que Philippe et Bertrade sont déjà mari et femme : pour lui la cérémonie nuptiale n'est qu'une solennité complémentaire. « Je n'irai pas, poursuit-il, avant de savoir s'il a été décidé par un concile général un divorce légitime entre toi et ton épouse, et la possibilité d'un mariage légitime entre toi et celle que tu veux épouser. » Yves affirme ici que seuls les gens d'Église sont compétents en ces matières, que l'autorité des évêques est subordonnée à celle du concile et que l'enquête portera sur deux questions distinctes : Philippe avait-il le droit de renvoyer sa première femme – présomption de bigamie ? A-t-il le droit de prendre la seconde – présomption d'inceste ? Et jusqu'à ce que lumière soit faite, point de « mariage légitime » : un concubinage. Or est-il décent qu'un roi vive en concubinage ? En ce dernier point, Yves insiste pour se justifier. En refusant d'assister aux noces, il ne manque pas à ses devoirs. Bien au contraire. Au temporel, il agit en fidèle conseiller lorsqu'il déclare ce mariage préjudiciable à la couronne. Au spirituel, il agit en scrupuleux directeur de conscience lorsqu'il déclare ce mariage préjudiciable au salut du monarque. Et la lettre s'achève par un petit sermon sur la concupiscence, étayé par trois exemples, l'exemple d'Adam, de Samson et de Salomon : tous trois furent perdus par les femmes.

Philippe passa outre. L'union fut fêtée, dans les formes, bénie par l'évêque de Senlis en présence de tous les évêques du domaine royal. L'archevêque de Reims était d'accord, aussi bien, semble-t-il, que le cardinal Roger, légat pour le nord de la France. Mais Yves s'entêtait. Il préparait un dossier « pour faire un divorce entre Philippe et sa nouvelle épouse [6] ». Il l'adressait au pape, il obtenait de lui des lettres, une circulaire aux prélats du royaume, interdisant de couronner Bertrade, une semonce à l'adresse de l'archevêque de Reims, un avertissement au roi : s'il ne cesse tous rapports avec cette femme qu'il a « en guise d'épouse », il sera excommunié. L'évêque de Chartres avait choisi de rompre. Il refusa le service vassalique, ne vint pas, comme il aurait dû, avec sa chevalerie, à la grande réunion où le roi arbitrait une querelle entre les fils de Guillaume le Conquérant. Coupable de félonie, il s'enfuit. On le voit à la fin de 1093 dans la suite pontificale. A ce moment, tout pouvait s'arranger : Berthe mourait : plus de bigamie. Philippe, ne l'oublions pas, était anxieux pour le sort de son âme : un roi vit moins paisiblement qu'un autre dans ce qu'on lui dit être le péché. Il réunit à Reims le plus de prélats qu'il put : deux archevêques et huit évêques. Tous confirmèrent le mariage royal. Ils allèrent plus loin : ils parlèrent de juger Yves de Chartres. Le concile d'Autun fut la riposte.

Il était très grave d'excommunier le roi de France. Cet acte s'insère dans un plan général, l'offensive que la curie romaine lance à fond pour parachever la réforme. On prépare la tournée pontificale en Gaule du Sud. Pour gagner la partie en Gaule du Nord, il faut tenir, de quelque façon, le Capétien. Yves de Chartres, bien informé, l'assure : on peut compter sur un double soutien. D'abord, peut-être, dans la propre maison du roi, sur le prince Louis. A treize ans, il est tout près de sa majorité. Philippe, lorsqu'il s'est remarié, a établi son fils dans un apanage. Comme tous les héritiers alors de la noblesse, Louis ronge son frein, impatient de succéder. Et derrière lui, ne devine-t-on pas déjà Suger, du même âge, et les moines réformés de Saint-Denis? Le second appui est plus sûr, c'est l'Anjou. L'Anjou est le gros atout dans le jeu des réformateurs.

Il n'a pas été question jusqu'ici du comte Fouque Réchin, le mari. Ni d'ailleurs de Bertrade. Ce qui est en cause, ce qui est jugé, c'est le comportement d'un homme, Philippe. Bertrade n'est pas moins adultère, mais son cas n'est pas de droit public. C'est à l'époux trahi qu'il revient de tirer, s'il le veut, vengeance. Fouque n'a rien fait, sinon chercher des remplaçantes. Mais il est dans la main du pape. Près de trente ans auparavant, un légat pontifical, déshéritant son frère aîné coupable d'atteinte au droit des églises angevines, lui a remis « de la part de saint Pierre » la principauté. Extraordinaire, ce geste d'un mandataire de l'Église romaine disposant d'un comté de la Francie. Extraordinaire mais explicable : en 1067, le roi est très jeune. C'est un moment d'extrême faiblesse de la monarchie capétienne. Fouque d'ailleurs acheta l'assentiment de Philippe en lui cédant le Gâtinais. Depuis lors en tout cas s'étend sur l'Anjou une sorte de suzeraineté apostolique. Le comte est lié. Il l'est plus étroitement car il se trouve lui aussi excommunié. Non sans raison : il a capturé son frère, refusé de le libérer, il le tient en prison si étroite et depuis si longtemps que son captif a perdu la raison. On peut se servir de lui. En juin 1094, quelques mois avant le concile d'Autun, au moment même où se tient celui de Reims, le légat Hugues de Die vient en personne à Saumur désexcommunier le comte. S'assurant que le frère est bien fou, il réconcilie Fouque, le confirme dans la possession du comté, exigeant toutefois de lui « de ne plus se remarier sans le conseil des légats [7] ». Il avait certes dépassé les bornes de la polygamie permise. Mais on entendait surtout, l'empêchant de prendre une autre femme, réserver le cas de son actuelle épouse légitime, Bertrade.

Par lui, il est en effet possible de relancer l'affaire que la mort de Berthe réglait. Docile, Fouque fait ce que l'on attend de lui; il n'avait pas ouvert la bouche : le voici qui

vocifère. Le 2 juin 1095, délivrant une charte de donation en faveur de Saint-Serge d'Angers, il la fait dater
« du temps où la France était souillée par l'adultère de
l'indigne roi Philippe [8] ». En novembre, il envoie prouver
à Clermont la parenté qui le lie au roi de France, afin de
soutenir l'accusation d'inceste. Dans l'hiver, Urbain II,
poursuivant son voyage, contournant les contrées solidement tenues par le Capétien, arrive en Anjou. Il
préside à Angers les cérémonies de dédicace de l'église Saint-Nicolas où le père du comte est enseveli. Le
23 mars, il se fait couronner à Tours, et durant la
procession qui le mène à Saint-Martin, remet la rose d'or
à Fouque par un geste que l'on pouvait interpréter
comme un rite d'investiture. C'est alors que le comte d'Anjou, tandis que les bandes de croisés commencent
à se former, dicte, dans le latin des savants, un curieux
texte pour justifier ses droits héréditaires [9]. Il y rappelle
que son ancêtre a reçu le comté du roi de France, mais
d'un roi carolingien « qui n'était pas de la race de
Philippe l'impie ». L'impiété de Philippe, souillure
rejaillissant depuis la personne royale sur le royaume tout
entier, attirant sur lui les plaies, n'autorise-t-elle pas à
rompre le lien vassalique, à placer tout à fait l'Anjou dans
la mouvance de l'Église de Rome ? La tactique de la
curie pontificale est claire : ôter l'excommunication du
premier mari de Bertrade pour la jeter sur le second. De
Tours furent effectivement expédiées les lettres du pape
aux archevêques de Reims et de Sens, condamnant les
prélats qui conserveraient des relations avec le roi et qui
oseraient le libérer de l'anathème sans qu'il ait rompu
avec « cette femme pour laquelle nous l'avons excommunié [10] ». Tous les remontrances, les éclats d'indigna-
tion, les malédictions fulminées prennent leur sens
lorsqu'on les situe à leur vraie place, au cœur de la
principale affaire politique de l'époque, la lutte ardente
que menait le pouvoir spirituel pour dominer le
temporel.

Philippe vieillissait. Il supportait de moins en moins
bien l'anathème. En 1096, il fit mine de céder,

d' « abjurer l'adultère ». Urbain II lui accorda aussitôt son pardon. Mais comme il s'avérait que Bertrade n'était pas sortie de la chambre royale, les cardinaux zélés, en 1099, rameutèrent des évêques à Poitiers. Ils renouvelèrent l'excommunication. En toute hâte, car le comte de Poitiers, duc d'Aquitaine, Guillaume, le Guillaume des chansons d'amour, ennemi des Angevins et vassal du roi, dispersa ce concile qui déshonorait son seigneur : autre preuve que, pour le plus grand nombre, Philippe ne paraissait pas si coupable. Enfin, les années passant, un terme fut mis à l'affaire. Le Capétien n'était plus l'adversaire qu'il fallait à tout prix affaiblir. Dans le royaume, ce que l'on appelle la querelle des investitures s'apaisait. Yves de Chartres travaillait lui-même à la conciliation. En 1105, les archevêques de Sens et de Tours, les évêques de Chartres, Orléans, Paris, Noyon, Senlis, se réunirent à Paris sur les lieux mêmes où les mauvaises noces avaient été célébrées. On lut des lettres pontificales (il fallait en passer par là, reconnaître l'autorité supérieure de la papauté). Les évêques d'Orléans et de Paris demandèrent à Philippe s'il était prêt « à abjurer le péché de la copulation charnelle et illicite ». Devant les abbés de Saint-Denis, de Saint-Germain-des-Prés, de Saint-Magloire et d'Étampes, le roi, en costume de pénitent, pieds nus, prêta serment : « Je n'aurai plus avec cette femme de rapport ni d'entretien sauf en présence de personnes non suspectes », et Bertrade prit le même engagement. L'anathème tombait de lui-même. Qui pouvait être dupe ? Les deux époux continuèrent de vivre ensemble. On les vit à Angers en 1106 fort bien accueillis par le comte Fouque.

L'événement demeura dans le souvenir. Un demi-siècle plus tard, entre 1138 et 1144, Suger rédigeait la biographie de Louis VI. Une apologie qui devait marquer profondément la mémoire collective des Français : lorsqu'ils s'en souviennent, ils tiennent Louis VI, le

« père des communes », pour un bon roi, encadré par
deux médiocres, son fils Louis VII, son père Philippe Ier,
l'un et l'autre avachis, et par le fait des femmes. Suger, en
effet, pour rehausser le prestige de son vieil ami,
discrédita prudemment le prédécesseur – lequel n'avait
pas bonne presse à Saint-Denis puisqu'il avait choisi
d'être enseveli ailleurs, à Saint-Benoît-sur-Loire. L'abbé
donne la raison de cette désertion : Philippe avait
renoncé à cet honneur par pénitence, honteux de sa
conduite [11]. Du remariage il n'est presque rien dit. Mais
Suger prend soin de distinguer Louis, né de la « très
noble épouse », de ses deux frères. Il affecte de ne pas
tenir ceux-ci pour de vrais héritiers, de ne point donner
le titre de reine à leur mère, « la comtesse d'Anjou, *super
ducta* [épousée en surplus] ».

A cette époque, la grande histoire est anglo-normande.
Donc anti-capétienne. Guillaume de Malmesbury mon-
tre en Philippe Ier un homme de plaisir. Il ôta, dit-il, de
son lit sa première femme qu'il trouvait « trop grasse » ;
Bertrade, corruptrice, épouse indifèle, ambitieuse, le
séduisit ; il s'abandonna à la passion, « brûlant », oubliant
la maxime : « Ne vont bien ensemble ni ne demeurent en
un même lieu la majesté et l'amour [12]. » *Amor* : le désir
masculin. Le roi de France, ce fut sa faute, ne sut pas le
maîtriser et cessa, à cause d'une femme, de se conduire
comme il sied aux souverains. Orderic Vital est plus dur
pour Bertrade, qu'il dit lascive et versatile. Elle prit dans
ses rêts le roi de France : « Ainsi la pétulante concubine
délaissa le comte adultère et se colla (*adhesit*) au roi
adultère, jusqu'à la mort de celui-ci. » Philippe ne fut pas
un nouveau David, un séducteur, comme les rois
peuvent se glorifier de l'être. Il fut un nouvel Adam, un
nouveau Samson, un nouveau Salomon : « Séduit »,
comme les femmes le sont mais comme il est indécent
aux hommes de l'être, il s'abîma dans la fornication.
Sourd aux admonestations des évêques, « enraciné dans
le crime », « persistant dans sa mauvaiseté », « il fut
pourri par l'adultère » : il mourut accablé de maux de
dents, enragé [13]. Les chroniqueurs tourangeaux, très

attachés aux vertus franques, ont vu le roi moins veule ; la chronique des seigneurs d'Amboise lui rend l'initiative : « Libidineux », « luxurieux » certes, mais tentateur, enjôlant Bertrade, l'enlevant enfin, de nuit. Ravisseur [14]. Pourtant tous les historiens depuis lors ont gardé du roi Philippe cette image : un homme mûr, concupiscent, vautré dans un lit.

Méfions-nous : nous n'entendons qu'un son. Tous les jugements qui furent alors portés, et dont l'écho nous parvient puisqu'ils furent confiés à l'écriture, viennent de prêtres ou de moines. Car l'Église détenait en ce temps un monopole exorbitant : elle seule pouvait créer des objets culturels durables, capables de traverser les siècles. J'ajoute que ces prêtres, ces moines, nos seuls informateurs, comptaient parmi les plus cultivés, c'est-à-dire, selon ce critère, celui de la culture savante, scolaire, ecclésiastique, les meilleurs. Et tous étaient, de plus, des bien-pensants : les écrits que l'on conserva, que l'on recopia, furent ceux qui ne s'écartaient pas de la ligne. Nous savons par sa correspondance, soigneusement préservée, ce que pensait l'évêque de Chartres. De ce que pensait son confrère de Senlis, qui bénit la seconde union du roi, nous ignorons tout. Je suis contraint de ne voir jamais ce qui m'intéresse, les manières de penser et de vivre des guerriers, que par les yeux des prêtres, et les plus conformistes, d'hommes dont l'Église a fait des saints – saint Yves de Chartres. Étaient-ils si nombreux ceux qui, comme eux, au nom des mêmes principes, jugèrent mauvaise, peccamineuse la conduite du roi, pernicieuse pour son âme, pour son corps et, par-delà son corps, pour le royaume tout entier ? Il faut surtout ne pas oublier que la condamnation des rigoristes ne portait pas sur un dévergondage, sur ce qui se passait entre cet homme et cette femme – ou plutôt sur les égarements sexuels de cet homme, puisqu'il n'était question que de lui. Elle portait sur une certaine façon de former un couple, de se présenter comme époux. Elle portait sur ce qui par tous fut considéré comme un mariage, qu'on le tînt ou non pour mauvais. Elle n'eût point été si sévère s'il ne se fut agi de cela, de l'union solennelle, officielle, donc nécessairement soumise à des règles, dont la transgression, scandaleuse, devait être solennellement réprimée. Par conséquent ces sources, très partielles, qui nous renseignent, révèlent une seule chose : les exigences de l'Église rigoriste, en la matière, très précises, du *legitimum matrimonium,* du « mariage légitime ».

Il est clair que ces exigences n'étaient pas, à l'époque et dans cette région, celles de la plupart des clercs. Voyons, réunis à Paris pour la bénédiction du remariage royal, les évêques, tous les évêques sauf un, et dont on peut difficilement croire qu'ils n'étaient qu'aventuriers, flagorneurs ou vendus, coopérant aux rites et fort satisfaits d'y être associés. Considérons le peu de cas qu'ils firent ensuite de la sentence d'excommunication, le souci qu'ils eurent de l'annuler malgré les remontrances et les menaces pontificales. Leur morale n'était pas la même. Elle n'imposait pas de séparer à tout prix Philippe de Bertrade. De ce que pensait la noblesse nous ne connaissons presque rien. Peut-on l'imaginer, lorsque ses intérêts n'étaient pas directement en jeu, plus rigoureuse ? Il suffit, pour s'y refuser, d'observer l'attitude de Guillaume d'Aquitaine, chassant de sa cité les cardinaux réformateurs, celle de Fouque d'Anjou, aussi longtemps qu'il ne fut pas l'instrument des intrigues papales. Quant à l'intéressé lui-même, Philippe Ier, comment le juger « impie », ou simplement inattentif à ce que ressassait l'équipe sacerdotale qui ne le quittait jamais d'un pas, comment le juger négligent de la « majesté » royale, dans la lutte qu'il menait, jour après jour, contre les princes féodaux, ses concurrents ? Or il résista douze ans. Sauvant les apparences, il n'abandonna jamais sa femme – son épouse, non pas sa concubine. N'est-ce pas qu'il respectait lui-même des principes, différents de ceux d'Yves de Chartres, mais dont la rigueur n'était pas moindre ?

Je ne dis pas qu'il faille tenir pour rien l'*amor*. Je suggère que Philippe ne s'est pas laissé aller à quelque passion sénile, que, renvoyant une première femme, en prenant une autre et la gardant, il appliquait les préceptes d'une morale. Cette morale était celle du lignage. Il se sentait responsable d'un patrimoine. Du « domaine », des seigneuries qu'avaient possédées ses ancêtres, bien sûr. De la « couronne » aussi, qui s'était incorporée à cet héritage. Mais davantage de la gloire de sa race. Ce capital, qu'il avait reçu de son père, il devait le remettre à son fils légitime. En 1092, il n'avait qu'un garçon de onze ans, et la mort guettait les garçons de cet âge. Celui-ci était fragile. On le sait par Suger : dans la biographie de Louis VI, il rappelle que Guillaume le Roux, roi d'Angleterre, « aspirait au royaume de France, s'il arrivait par quelque infortune que mourût l'unique héritier [15] ». Philippe ne pouvait plus attendre d'autres enfants de Berthe. Le moment était bon de la renvoyer : l'homme qui la lui avait remise vingt ans plus tôt, le comte de Flandre, Robert le Frison, se préparait à la mort dans le monastère de Saint-Bertin; la « haine [16] » suscitée de ce côté-là par la répudiation était pour l'instant moins dangereuse. De fait elle ne dura pas. Philippe prit Bertrade. C'était un bon choix. En un temps d'extrême repli de la monarchie capétienne, alors que la tâche urgente était de consolider la principauté menue que le roi gérait tant bien que mal depuis Paris et Orléans, l'intérêt premier n'était plus de nouer des alliances brillantes dans les grandes maisons d'ascendance royale. Il était d'amoindrir les formations politiques envahissantes qui se renforçaient autour des châteaux d'Ile-de-France. Montfort était une forteresse maîtresse aux approches de la Normandie, c'est-à-dire sur le flanc le plus menacé. Elle était tenue par Amaury, frère de Bertrade; elle-même descendait par sa mère des princes normands, de Richard Ier, « comte des pirates »; cette femme avait prouvé sa fertilité : elle avait donné des garçons, au comte d'Anjou; à Philippe elle donna trois enfants, dont deux fils. Encore, était-il indispensable que ces deux fils fussent légitimes. La destinée du lignage dépendait donc du statut attribué à la compagne du roi. Passait-elle pour simple concubine, ses garçons étaient des bâtards, et tous les espoirs restaient permis aux rivaux des Capétiens, à Guillaume le Roux qui, selon Suger, « comptait pour rien le droit des fils de Bertrade à succéder ». Mais si le second mariage était tenu pour légal, le danger de déshérence s'éloignait – et l'on comprend que Philippe, qui pouvait très aisément satisfaire d'autre manière l'appétit qu'il avait peut-être de Bertrade, ait tant fait pour que ses noces fussent éclatantes, dûment consacrées, et qu'il ait refusé d'éloigner, même en apparence, la mère de ses cadets avant que son fils aîné n'ait fourni les preuves de sa vigueur corporelle. Il se peut que la passion le portait à retenir cette femme. Il est sûr que son devoir, son devoir de prince, l'obligeait à la garder en dépit de tout. Comment imaginer que cet homme, sur la cinquantaine, entrant dans l'âge où sont morts, à l'époque dont je parle, tous les rois de France sans exception, ne craignait pas l'enfer, ne souhaitait pas que, du commerce charnel auquel il se livrait et sans doute non sans plaisir, le péché fût officiellement expulsé par l'intervention de prélats? Il ne se jugeait pas, on ne le jugeait pas coupable.

L'événement que je viens de raconter à la manière des historiens anciens ne m'intéresse pas en soi. Je l'utilise pour ce qu'il révèle. Les remous qu'il a provoqués font, comme il arrive communément de telles secousses, remonter de l'obscurité ce que d'ordinaire elle dissimule. L'événement remue les profondeurs. Parlant beaucoup, à son propos, de l'insolite, on en vient à parler aussi, en passant, des choses habituelles de la vie, dont on ne dit rien, dont on n'écrit pas et que l'historien, pour cela, ne peut atteindre. Mon récit – ce récit critique – me sert à poser convenablement la question qui m'importe : comment se mariait-on, il y a huit ou neuf siècles, dans l'Europe christianisée ?

Je cherche, en la considérant sous différents angles, à découvrir comment fonctionnait la société que l'on appelle féodale. Ce qui me conduit naturellement au mariage. Car son rôle est fondamental dans toute formation sociale, en particulier dans celle-ci, que depuis des années j'observe. C'est en effet par l'institution matrimoniale, par les règles qui président aux alliances, par la manière dont sont appliquées ces règles, que les sociétés humaines, celles mêmes qui se veulent les plus libres et qui se donnent l'illusion de l'être, gouvernent leur avenir, tentent de se perpétuer dans le maintien de leurs structures, en fonction d'un système symbolique, de l'image que ces sociétés se font de leur propre perfection. Les rites du mariage sont institués pour assurer dans l'ordre la répartition des femmes entre les hommes, pour discipliner autour d'elles la compétition masculine, pour officialiser, pour socialiser la procréation. Désignant qui sont les pères, ils ajoutent une autre filiation à la filiation maternelle, seule évidente. Ils distinguent des autres les unions licites, ils attribuent aux enfants qui en naissent le statut d'héritiers, c'est-à-dire des ancêtres, un nom, des droits. Le mariage fonde les relations de parenté, il fonde la société tout entière. Il forme la clef de voûte de l'édifice social. Comment puis-je comprendre la féodalité si je ne vois pas clairement les normes selon lesquelles le chevalier prenait femme ?

Nécessairement ostensible, public, cérémonieux, environné d'un foisonnement de gestes et de formules, le mariage, au sein du système de valeurs, se place à la jonction du matériel et du spirituel. Par lui, la transmission des richesses de génération en génération se trouve régularisée; il soutient par conséquent les « infrastructures »; il n'en est pas dissociable – et ceci fait que le rôle de l'institution matrimoniale varie selon la place tenue par l'héritage dans les rapports de production, qu'il n'est pas non plus le même à tous les niveaux de la hiérarchie des fortunes, qu'à la limite il n'en a plus pour l'esclave ou le prolétaire qui, ne possédant pas de patrimoine, naturellement s'accouplent mais ne se marient pas. Cependant, puisque le mariage ordonne l'activité sexuelle – ou plutôt la part procréative de la sexualité – il relève aussi du domaine mystérieux, ténébreux, des forces vitales, des pulsions, c'est-à-dire du sacré. La codification qui le régit ressortit par conséquent de deux ordres, le profane et, disons, le religieux. Habituellement, les deux systèmes de régulation s'ajustent l'un à l'autre et s'appuient mutuellement. Mais il est des moments où ils cessent de s'accorder. Cette discordance temporaire impose aux pratiques matrimoniales de se modifier, d'évoluer vers un nouvel équilibre.

L'histoire de Philippe Ier l'apprend : deux conceptions du mariage s'opposaient violemment, dans la chrétienté latine, aux environs de 1100. A ce moment parvint à sa pleine acuité un conflit dont l'aboutissement fut d'installer des usages qui demeurèrent à peu près stables jusqu'à nous, jusqu'à cette nouvelle phase de débats, de mutation que nous sommes en train de vivre. Au temps du roi Philippe, une structure se mettait difficilement en place. Je cherche à déceler pourquoi, comment. Et puisque cette crise procède du même mouvement d'ensemble qui fait alors se transformer les relations sociales, dans le vécu comme dans le rêve, puisque mon enquête prolonge directement celle que j'ai menée à propos des trois « ordres », des trois catégories fonctionnelles de la société, puisqu'elle en forme le complément, je la situe dans le même cadre : la France du Nord aux XIe et XIIe siècles. Je restreins cette fois mon champ d'observation à la « bonne » société, au monde des rois, des princes, des chevaliers – convaincu pourtant que les comportements et peut-être les rites n'étaient pas tout à fait semblables pour le peuple des campagnes et des bourgades. Mais pour une première approche du problème que je pose, les conditions du travail historique m'obligent à me limiter de la sorte : dès que l'on quitte cette mince couche sociale, l'obscurité devient impénétrable.

Elle reste à ce niveau très épaisse. L'objet de mon étude – la pratique du mariage – se laisse, pour trois raisons principales, très difficilement saisir. D'abord, parce que l'usage de l'écriture – de celle, du moins, soignée, dont on attendait qu'elle résistât à l'usure du temps – demeurait encore exceptionnel. Elle servait surtout à fixer des rituels, dire le droit, énoncer des principes moraux. Seule donc, à peu près, m'est livrée la surface, le plus dur de la carapace idéologique qui justifie les actes que l'on avoue et sous laquelle se dissimulent les actions que l'on cache. Ce que j'entrevois relève exclusivement de la bonne conscience. Second obstacle : tous les témoins que j'entends sont, je l'ai dit, des gens d'Église. Ce sont des hommes, des mâles, célibataires ou s'efforçant de passer pour tels, manifestant par profession répugnance à l'égard de la sexualité et plus particulièrement de la femme, qui n'ont pas l'expérience du mariage ou bien n'en disent rien et qui proposent une théorie capable d'affirmer le pouvoir qu'ils revendiquent. Leur témoignage n'est donc pas le plus sûr concernant l'amour, la conjugalité, les pratiques, ni même cette autre morale que les laïcs acceptaient. Ou bien les ecclésiastiques la montrent identique à la leur ; ou bien, parlant d'immoralité, ils en nient l'existence. Je dois me résigner : ce que l'on peut percevoir des conduites matrimoniales parvient de l'extérieur, le plus souvent en négatif, par l'entremise de condamnations ou d'admonestations à changer d'habitudes. Heureusement, entre l'an mil et le début du XIII⁰ siècle, les textes qui m'informent deviennent peu à peu plus nombreux, plus loquaces ; par l'effet d'une progressive laïcisation de la haute culture, ils laissent filtrer toujours davantage de ce que pensaient, de ce que faisaient les chevaliers. Je suivrai donc dans mon enquête le fil de la chronologie, et ce mouvement qui fait se préciser, se colorer l'image. Sans espérer toutefois atteindre, hormis les cadres formels, beaucoup plus que l'anecdotique. Dernier écueil : le danger d'anachronisme. Interprétant ces traces incertaines, je dois veiller à ne pas transporter dans le passé, remplissant par l'imagination les vides, ce que m'apprend le temps présent. Car ces hommes dont j'examine les mœurs sont mes ancêtres, et les modèles de comportement dont j'essaie de suivre la mise en place ont tenu bon jusqu'à moi. Le mariage dont je parle est le mien, et je ne suis pas tout à fait sûr de me déprendre du système idéologique qu'il me faudrait démystifier. Je suis concerné. Suis-je sans passion ? Il me faut sans cesse faire effort pour restituer la différence, pour ne point écraser, entre mon objet et moi, le millénaire qui m'en sépare, cette épaisseur de temps dont je dois accepter qu'elle recouvre d'opacité insondable presque tout ce que je voudrais voir.

Morale des prêtres,
morale des guerriers

Puisque je vois tout par les yeux des prêtres, il me semble bon de disposer au départ l'écran sur quoi se projette inéluctablement l'image que je cherche à discerner : la conception ecclésiastique de l'institution matrimoniale. Au premier regard elle apparaît complexe : il n'y avait pas une attitude commune à toute l'Église; dans les assemblées de prélats, au temps de Philippe Ier, s'élevaient des voix discordantes. En effet, la théorie s'était échafaudée lentement, par un labeur sinueux, hésitant, durant lequel, au long des siècles, des textes contradictoires s'étaient accumulés en strates successives. Cette théorie toutefois se fonde sur une assise : le message, la parole de Dieu, un tout petit nombre de mots. Ces mots, tous les évêques du XIe siècle les gardaient en mémoire.

Quelques-uns sont tirés de l'Ancien Testament, du livre de la Genèse. On les lit dans le second récit de la création. Ils énoncent quatre propositions majeures :

1. « Il n'est pas bon que l'homme soit seul. » Dieu a voulu l'espèce humaine bisexuée et l'union de ces deux sexes.

2. Mais il a créé ces sexes inégaux : « Il faut que je lui

fasse une aide (*adjutorium*) qui lui ressemble (*simile sibi*) . » L'homme a précédé; il conserve la préséance. Lui-même est image de Dieu. De cette image, la femme n'est qu'un reflet, second. « Chair de [la] chair d'Adam », le corps d'Ève fut formé latéralement. Ce qui le place en position mineure.

3. Ces deux corps sont voués à se confondre : « L'homme quittera son père et sa mère et s'attachera à sa femme et ils [re]deviendront une seule chair » : le mariage conduit à l'unité.

4. Cependant le mariage n'abolit pas l'inégalité : mineure, la femme est fragile. L'homme fut perdu par elle, chassé du Paradis. Le couple est depuis lors condamné à des copulations imparfaites, à ne plus s'aimer sans honte, et la femme subit un châtiment supplémentaire, la domination de l'homme et les douleurs de l'enfantement.

L'enseignement de Jésus prend appui sur ce texte initial. Quelques paroles rapportées par les évangiles synoptiques donnent réponse, à propos de la pratique du mariage, à deux questions précises. La coutume autorisant le mari à renvoyer sa femme rendait les disciples perplexes : se référant à la Genèse, Jésus proclame le mariage indissoluble : « Ce que Dieu a uni, l'homme ne doit pas le séparer » (Matthieu XIX, 6); la répudiation se trouve ainsi formellement proscrite, sauf en un cas : « Je ne parle pas, dit Jésus, de la fornication [de la femme]. » Tels qu'ils sont rapportés par Matthieu, ces mots donnent à penser que Jésus, comme tous les hommes de son temps, jugeait de plus grande conséquence l'adultère de l'épouse. Cependant si l'on se reporte à l'Évangile selon Marc (X, 12), il est permis d'avancer que pour lui la responsabilité des deux conjoints était égale. Aussitôt énoncé le principe de l'indissolubilité, les disciples interrogèrent de nouveau : « Si telle est la condition de l'homme envers la femme, est-il expédient de se marier? » (Matthieu, XIX, 10). Question apparemment très ponctuelle, mais dont les limites peuvent indéfiniment reculer. Puisque le Royaume des cieux s'identifie au Paradis retrouvé, celui qui veut travailler à son rétablissement sur la terre, ne doit-il pas comprimer les sollicitations de la chair, restreindre son activité sexuelle, renoncer au mariage ? La réponse du maître fut ambiguë : « Il y a des eunuques qui se sont rendus tels en vue du Royaume des Cieux. Comprenne qui pourra. »

Les premiers dirigeants de la secte retinrent ces paroles. Suivant les prescriptions de Jésus, ils s'accommodèrent du monde tel qu'il est, rendant à César ce qui est à César. « Que chacun continue de vivre dans la condition où l'a trouvé l'appel de Dieu » ; « es-tu lié à une femme, ne cherche pas à rompre ; n'es-tu pas lié, ne cherche pas de femme » (I Corinthiens, VII, 17 et 27). Paul ajoute toutefois (I Cor., VII, 19) : « Ce qui compte est d'observer les commandements de Dieu. » Fondé sur ces commandements, un règlement s'instaura au sein de l'*ecclesia* primitive. Il prenait appui sur ce fait mis en évidence par le récit de la création : la subordination initiale, nécessaire, du féminin. Pierre et Paul s'accordent pour répéter aux femmes : « Soyez soumises » (Pierre I, III, 1 ; Éphésiens, V, 21 ; Colossiens, III, 18). L'une des fonctions du mariage est précisément d'ordonner cette inégalité : entre le mari et la femme doit se transporter, un cran plus bas, comme elle se transporte entre supérieur et inférieur aux différents étages des hiérarchies célestes et terrestres, la relation entre Dieu et Adam. L'homme domine la femme, il doit la « chérir », elle doit le « révérer ». Maris, soyez « compréhensifs » envers un être « fragile » (Pierre I) ; aimez votre femme « comme votre corps » ; « aimer sa femme, c'est s'aimer soi-même » (Éphésiens, V). Il faudrait que dans le couple conjugal parvienne à sa perfection le mouvement de la *caritas,* cette circulation plénière de l'amour s'épanchant et revenant à sa source par quoi l'univers entier est appelé à l'existence ; le mariage alors apparaîtrait comme la réfraction de ce qui conjoint le Créateur et le créé, le Seigneur et son Église. Saint Paul l'affirme : les femmes sont « soumises à leur mari comme au Seigneur ; en effet le mari est le chef de sa femme comme le Christ est le chef de l'Église. Maris aimez vos femmes comme le Christ a aimé l'Église. » Plus que d'une métaphore, il s'agit d'une sublimation. Elle confère plus de rigueur au précepte d'indissolubilité. Parlant au nom du Seigneur, Paul ordonne « que la femme ne se sépare pas de son mari ; en cas de séparation, qu'elle ne se remarie pas, ou bien qu'elle se réconcilie, et que le mari ne répudie pas sa femme » (I Cor., VII, 10, 11).

Cependant, « les temps sont courts ». L'humanité doit se préparer au retour du Christ. En conséquence, « il est bon pour l'homme de s'abstenir de la femme » (I Cor., VII, 1). « Il est bon de demeurer comme moi », dit Paul aux célibataires (VII, 8) ; la veuve « sera heureuse si elle reste comme elle est » (40) ; « celui qui ne marie pas sa fille fait mieux » (38) ; « en raison de la détresse présente, [la virginité] est l'état qui convient » (26). Le moment n'est-il pas venu de « s'attacher sans partage au Seigneur » ? Or « celui qui est marié se soucie des affaires du monde, de plaire à sa femme et le voilà partagé » (33, 55). Le mariage certes n'est pas interdit. Mais il est toléré, comme un moindre mal. C'est une « concession » (6) accordée « en raison de l'impudicité » (2) à ceux qui « ne peuvent se contenir ». « Mieux vaut se marier que brûler » (8), puisque Satan « tire parti de l'incontinence » (5). L'homme est autorisé à prendre femme pour ne point pécher : ceci l'astreint à user précautionneusement du mariage. « Que ceux qui ont des femmes vivent comme n'en ayant pas » (2). Qu'ils s'abstiennent au moins « pour un temps, afin de vaquer à la prière » (5). Tel est l'enseignement de l'Écriture.

Dans l'Église primitive qui prenait corps au sein de la formation culturelle hellénistique, la tendance ascétique s'accentua, et d'abord sous l'influence des rites sacrificiels en usage dans d'autres sectes. Dès que la célébration eucharistique fut pensée comme un sacrifice, s'affirma la nécessité pour les participants de purifications préalables et, pour l'officiant, de la continence, sinon de la virginité. Ce qui était conseil dans la première Épître aux Corinthiens devint exigence. Intervint aussi la morale propre aux philosophes : elle les autorisait à user des femmes pour des satisfactions occasionnelles; mais elle les détournait du mariage, car il dérange de la contemplation, il trouble l'âme : mieux vaut la courtisane que l'épouse. Enfin et surtout, la pensée chrétienne fut entraînée par le fort courant qui, dans les cités d'Orient, menait les intellectuels à se représenter l'univers comme le champ d'un conflit entre l'esprit et la matière, à se figurer tout le charnel placé sous l'empire du mal. La répugnance devint ainsi plus vive à l'égard de la copulation, des humeurs corporelles, à l'égard de la procréation, et par conséquent du mariage. Pouvait-on s'élever vers la lumière sans se détacher de son corps ? De petits groupes de parfaits, les moines, gagnèrent le désert, s'enfermèrent, professant l'horreur des femmes. Les écrits attribués à l'apôtre André, à Tite, disciple de Paul, propagèrent cette morale du refus. Célébrant la pureté de sainte Thècle, ils entretenaient le rêve d'unions désincarnées, d'accouplements spirituels comme le sont ceux des anges.

De ces attitudes héritèrent les Pères de l'Église latine. Saint Jérôme n'en doute pas : Adam et Eve sont demeurés vierges au Paradis. Leurs corps ne s'unirent qu'après la chute, dans la malédiction. Toutes les noces sont donc maudites. Rien ne justifie le mariage, sinon qu'il sert à repeupler le ciel en engendrant des vierges. « S'il n'y avait pas de mariage, il n'y aurait point de virginité. » Mais en soi le mariage est le mal. Forcément fornicateur, le mari devient en outre adultère s'il lui arrive d'aimer sa femme avec quelque chaleur : il en fait une prostituée. Dans l'*Adversus Jovinianum* toutes les armes d'un combat forcené contre la femme et le mariage furent accumulées par Jérôme. De celui-ci, Grégoire le Grand est tout proche et son influence fut incomparablement plus forte. Il fut sans cesse lu, relu dans les monastères et dans l'entourage des évêques.

Pour Grégoire, la société humaine, sous la direction des
« prélats » qui la guident, se divise en deux parts : une
élite, le groupe des « continents », de ceux qui se
contiennent, qui résistent aux séductions de la chair ; un
rebut, formé de tous les « conjoints », les hommes et les
femmes qui n'ont pas refusé le mariage. Inférieurs,
méprisables, car le mariage est inéluctablement souillé.
Par le plaisir. Depuis la faute d'Adam, parce que
l'homme se laisse aller, parce que son esprit a perdu la
maîtrise de son corps, il n'est plus, hélas, de copulation
sans plaisir ; depuis lors, la loi primitive du mariage est
« transgressée [1] ». Epouser est une faute. La limite entre
le mal et le bien passe entre les « conjoints » et les
« continents ».

Saint Augustin est moins sévère. Sans doute est-il
persuadé que dans l'homme la lutte est constante entre la
volonté qu'éclaire l'intelligence et les pulsions libidineuses. Et lorsqu'il médite sur le texte de la Genèse, il
reconnaît dans Adam, comme saint Ambroise, la part
spirituelle de la condition humaine, dans Eve, la part de
sensualité. Satan a triomphé lorsqu'il est parvenu à
s'assurer de l'esprit en l'affaiblissant par la chair. Tout un
versant de la pensée augustinienne est dominé par le
dualisme : le mal vient du corps, donc de la femme,
inférieure et charnelle ; comme Jérôme, comme Grégoire, Augustin situe les « conjoints » bien au-dessous des
continents, au plus bas de la hiérarchie des mérites.
Toutefois, il admet que l'homme, livré par la faute
originelle à la concupiscence, inéluctablement mauvaise,
garde le pouvoir de résister à cette invasion maléfique. Il
y parvient par le mariage, forme moins imparfaite de la
copulation. Ce péché qu'est l'acte sexuel, mortel dans la
fornication, devient véniel dans le mariage : il peut être
racheté. Augustin déplace ainsi la limite entre le mal et
le bien : elle ne sépare plus les conjoints des continents,
mais les fornicateurs des conjoints. Il y a du bien dans le
mariage. Le mariage est bon d'abord parce qu'il fait se
multiplier les hommes et permet ainsi de repeupler le
Paradis, remplaçant par des élus les anges déchus ; il est

bon surtout parce qu'il est le moyen de brider la sensualité, c'est-à-dire la femme. Au Paradis, écrit-il, le mal vint de ce que le désir pénétra « cette partie de l'âme qui aurait dû être soumise à la raison comme la femme à son mari ». Par le mariage peut être rétablie la hiérarchie primitive, la domination de la chair par l'esprit. A condition, bien sûr, que l'époux n'ait point la faiblesse d'Adam et que, lui, règne sur son épouse.

S'enracina le sentiment, obsédant, que le mal vient du sexe. Il explique tant d'interdits aussitôt dressés par les dirigeants de l'Église latine. Que fut la pénitence, sinon principalement la décision de refuser le plaisir sexuel ? L'état de pénitent, cet « ordre » particulier où Philippe Ier et Bertrade s'introduisirent à Paris en 1105 lorsqu'ils s'avancèrent, pieds nus, vers les prélats, impose en premier lieu cette abstinence. Hors de cette situation d'exception où sont placés les grands pécheurs, les époux sont sans relâche conviés à se contenir, menacés s'ils sont négligents d'engendrer des monstres, à tout le moins des enfants malingres. Il leur faut rester écartés l'un de l'autre, durant le jour, bien sûr, mais aussi durant ces nuits qui précèdent les dimanches et les jours de fêtes, en raison des solennités, les mercredis et vendredis, en raison de la pénitence, et puis tout au long des trois carêmes, trois périodes de quarante jours avant Pâques, avant la Sainte-Croix de septembre, avant Noël. Le mari ne doit pas non plus s'approcher de sa femme pendant les menstruations, ni trois mois avant qu'elle n'accouche, ni quarante jours après. Pour qu'ils apprennent à se contrôler, il est enjoint aux jeunes mariés de rester purs les trois nuits qui suivent leurs noces. Enfin, le couple idéal est bien entendu celui qui, par décision commune, s'astreint à la chasteté totale. Dans les premiers siècles, les dirigeants de l'Église latine se détournèrent presque tous du mariage, comme d'une chose répugnante. Ils le repoussèrent aussi loin qu'ils purent du sacré.

L'époque carolingienne fut, dans la région que j'ai choisi d'observer, un moment de vive fertilité culturelle. La réflexion sur les textes patristiques prit un nouveau départ, et cet élan eut tant d'ampleur qu'il entraînait encore en l'an mil les meilleurs des gens d'Église. A l'époque carolingienne se constituèrent les réserves de livres qu'utilisaient Yves de Chartres et ses confrères. Ce moment fut aussi celui d'une remise en ordre de la société par la coopération, plus étroite que jamais dans l'histoire de notre culture, du pouvoir spirituel et du pouvoir temporel. Dès lors que le roi des Francs fut sacré, incorporé par ce rite au collège des évêques, il se sentit tenu de faire appliquer les principes énoncés par ceux-ci. Mais en les modérant. Obligeant ses confrères les prélats à garder les pieds sur la terre. La conjonction des deux pouvoirs fit ainsi refluer la vague d'ascétisme et ce dégoût qu'inspirait l'institution matrimoniale. Les hommes d'études continuaient de lire, de copier Jérôme et Grégoire. Mais on les voit délaisser l'*Adversus Jovinianum,* porter leur attention vers les textes augustiniens, méditer sur ce que le mariage peut avoir de bon. Soucieux de conduire au bien les laïcs, les évêques s'aperçurent qu'ils n'y parviendraient pas en inculquant l'aversion de l'état conjugal, et qu'au contraire, en célébrant cet état, en le proposant comme le cadre possible d'une existence vertueuse, ils atteindraient leur but. Pour affirmer les assises de la société séculière, ils s'appliquèrent à moraliser le mariage [2].

A Paris, en 829, les dirigeants de l'Église franque sont rassemblés autour de l'empereur Louis le Pieux. Le fils de Charlemagne tient, au centre, la place du Christ. Dix ans plus tôt il a travaillé à réformer le corps ecclésiastique. Il s'occupe maintenant d'ordonner la part profonde de la société. Prenant pour modèle Rome, que l'on prétend alors faire revivre, la Rome de Constantin, l'empereur écoute l'avis des sages. Il transmettra ces consignes aux « puissants », à ceux qui tiennent en son nom le glaive et qui contraindront le peuple à se bien conduire. Ainsi le corps social régénéré reviendra aux formes que Dieu lui veut. Éclairés par l'esprit, les évêques parlent. Leur discours, destiné aux laïcs, traite évidemment du mariage. On en conserve le résumé, un aide-mémoire en huit propositions. Les voici [3] :

1. « Les laïcs doivent savoir que le mariage a été institué par Dieu » (d'entrée de jeu, l'institution matrimoniale est ramenée vers le sacré, par référence au texte de la Genèse).

2. « Il ne doit pas y avoir de mariage pour cause de luxure, mais bien plutôt pour cause du désir de progéniture » (la référence est ici à saint Augustin : la procréation justifie le mariage).

3. « La virginité doit être gardée jusqu'aux noces. »

4. « Ceux qui ont une épouse ne doivent pas avoir de concubine » (mais il est clair que les hommes qui ne sont pas mariés le peuvent).

5. « Les laïcs doivent savoir comment chérir leur femme dans la chasteté et qu'ils leur doivent honneur comme à des êtres faibles. »

6. « L'acte sexuel avec l'épouse ne devant pas être accompli dans l'intention de jouir mais de procréer, les hommes doivent s'abstenir de connaître leur épouse quand elle est enceinte. »

7. « Comme le dit le Seigneur, sauf pour cause de fornication, la femme ne doit pas être renvoyée, mais plutôt supportée, et ceux qui, leur épouse répudiée pour fornication, en prennent une autre, sont tenus, selon la sentence du Seigneur, pour adultères. »

8. « Les chrétiens doivent éviter l'inceste. »

La morale matrimoniale que les prêtres enseignent aux laïcs, c'est-à-dire aux « grands », est une morale d'hommes, prêchée aux mâles, seuls responsables. Elle tient en trois préceptes : monogamie, exogamie, répression du plaisir. Le reste, l'obligation de rester vierge jusqu'à la cérémonie nuptiale, de chérir sa femme, de l'honorer, apparaît superfétatoire.

Ce texte très simple fut aussitôt développé par l'évêque d'Orléans, Jonas, en un traité, *De l'institution des laïcs* : ce livre est l'un de ces miroirs placés devant les yeux des princes, pour qu'ils reconnaissent leurs défauts, les corrigent et soient mieux capables de remplir leur mission : montrer l'exemple au peuple. L'œuvre est de très bonne pédagogie. A des *bellatores* dont la fonction est militaire, Jonas propose un combat, de lutter contre les vices, et promet cette joie que l'on ressent les soirs de victoire. Pour lui, le mariage est l'une des armes dont il faut user en de telles batailles : la plus utile, puisqu'elle est dirigée vers le pire adversaire, la convoitise sexuelle. Le mariage est une médecine, instituée pour guérir de la luxure. Remède efficace, mais dangereux, qu'il convient d'employer avec prudence. Le guerrier, s'il en abuse, s'amollit. Jonas prêche, discrètement, une morale d'état, adaptée à une certaine catégorie de la société. Elle n'impose pas comme aux moines, comme aux clercs, l'abstention, mais la mesure. Point d'interdit : de la modération. Affaire d'hygiène, celle du corps, et par conséquent celle de l'âme.

Jonas d'Orléans s'interroge sur les valeurs de la conjugalité. Lecteur de saint Augustin, mais lecteur aussi de Cicéron, il place parmi ces valeurs l'*amicitia*. Amitié, c'est-à-dire fidélité, cette vertu des bons sujets qui fait la force de l'État. De l'amitié il passe aux noces, à l'amour, reconnaît dans le mariage l'image de l'union mystique entre Dieu et la créature. Mais sans oublier qu'il est aussi l'image, et le support, de l'ordre politique. Réalisme de ces pasteurs, travaillant, de concert avec les princes, à refouler les turbulences.

Donc l'état conjugal est bon. Plus ou moins cependant. Jonas distingue trois degrés. Au plus bas, disciplinant les pulsions primaires, le mariage est simple concession à la nature pécheresse ; à ce titre, on le tolère. On fait plus, on le conseille lorsque son but est l'engendrement. On le porterait aux nues si, tout le sexuel en étant évacué, il devenait « société fraternelle ». Mais cette forme parfaite est hors d'atteinte : en ce bas monde, la volupté ne peut être totalement bannie de l'acte procréateur, ni le mariage être « sans faute ». Inévitable est la transgression dont parle Grégoire le Grand. Du moins le mal peut-il être racheté par des pénitences congrues. Il peut être restreint à force d'exercices. Morigéné par son évêque, le bon prince doit se surpasser, s'approcher de l'*honesta copulatio,* s'entraîner, ce manuel en main, à vivre le mariage de manière toujours plus conforme à la volonté divine, et par là toujours plus utile au maintien de l'ordre public.

Trente ans plus tard, cet ordre vacillait. Dans la France du Nord, la renaissance culturelle était à son apogée, l'édifice politique, lui, se désagrégeait. Cette renaissance et cette désagrégation stimulaient la réflexion des hommes d'Église. Elle l'était principalement par la montée des périls. Aussi lorsque Hincmar, archevêque de Reims, traita fort abondamment, de la conjugalité, il la montra en premier lieu comme un rempart contre le déferlement des violences. Je retiens deux de ses ouvrages, l'un *Du divorce,* l'autre *De la répression du rapt.* Celui-ci est un discours sur la paix, reflet sur terre de la Jérusalem céleste, la paix que le roi et les évêques sont conjointement chargés de restaurer. On la voit brisée, mise en miettes par l'irruption de la cupidité, le goût de prendre. C'est un défaut proprement masculin, comme est masculine la vertu de force dont il est la forme dévoyée : l'homme est naturellement ravisseur, de biens et surtout de femmes. Le retour à l'ordre exige donc que soit raffermi le « pacte conjugal » par quoi s'opère pacifiquement la distribution des femmes, et que soient donc exaltés les rites civils, profanes, par quoi l'opération se conclut : les formalités d'épousailles – ce que le latin nomme la *desponsatio,* premier acte des procédures matrimoniales, l'accord entre le promis et la promise, ou plutôt entre leurs parentés respectives. Hincmar l'affirme, et notamment dans l'autre traité, *De divortio* [4] : le lien se noue selon les « lois du monde », conformément aux « coutumes humaines ». L'archevêque voit dans le mariage ce qu'il est effectivement : une

institution sociale, relevant de la loi naturelle ; une
« association » dont les participants sont inégaux : « Entre
le mari et l'épouse s'établit une relation sentimentale
(*dilectio*) excellente, primordiale, sauf que dans cette
conjonction la direction (*prælatio*) revient à l'homme ; la
soumission (*subjectio*) à la femme. » L'homme est « prélat » : il commande. Toutefois, de la hiérarchie procède
la complémentarité. En effet, comme la lune et le soleil,
comme l'eau et le feu, le principe féminin et le masculin
se corrigent par leur réunion, mutuellement, de leurs
déficiences. Dans le mariage, la rouerie de la femme
s'atténue, en même temps que la brutalité de l'homme.
Ainsi peut naître l'harmonie. La progéniture en est le
fruit, source de joie et perpétuation du couple. Reparaît
ici le religieux, la morale augustinienne, mais se glissant
à l'intérieur d'une armature purement profane.

Cette conception, très « renaissante », imprégnée de
souvenirs romains, maintient en effet le mariage dans le
ressort de la juridiction civile. Hincmar rappelle [5] une
affaire dont il fut témoin au palais d'Attigny du temps de
Louis le Pieux. Devant les grands rassemblés, une
femme était venue s'accuser ; elle confessait son péché
mais réclamait justice à l'empereur, quant aux « choses
déshonnêtes » – Hincmar n'en dit pas plus – advenues
entre elle et son mari. Louis crut devoir soumettre la
cause aux évêques alors réunis en concile. Ils s'en
dessaisirent, l'abandonnant « aux laïcs et aux conjoints
(...). Ceci plut aux nobles, ajoute Hincmar, parce que le
jugement de leurs épouses ne leur était pas enlevé. » De
fait, dans la France du Nord, au IXe siècle, le mariage
était de ces affaires dont les prêtres ne se mêlaient encore
que de loin. Nulle mention de bénédiction nuptiale dans
les textes, sinon à propos des reines, et ne constituant
dans ce cas qu'un élément du rituel du sacre, de la
consécration : ainsi lors des noces de Judith, fille de
Charles le Chauve, qui épousait en 856 un roi saxon
(Hincmar fut l'ordonnateur de ces liturgies) et de celles
d'Ermentrude, qui épousait en 866 Charles le Chauve
lui-même. L'évêque de Bourges interdit aux clercs

relevant de sa juridiction, de participer aux noces. Les
« noces », il est vrai, succédant à l'accord d'épousailles,
célébraient dans les rires et les beuveries l'union des
corps. Mais, lors de la *desponsatio,* de la conclusion du
pacte, cérémonie beaucoup plus décente, on ne voit pas,
sauf dans le diocèse d'Orléans et dans celui de Bâle, que
la présence des prêtres ait été requise. Les rites instituant
la conjugalité se situaient dans la « couche populaire »,
ou plutôt sur le versant profane de la culture : les
chroniques carolingiennes, à propos des mariages prin-
ciers, n'évoquent que des réjouissances et le cortège
menant la mariée jusqu'à son lit. Hincmar, excellent
connaisseur du droit, définit le mariage par ses formes
civiles, se référant à la tradition romaine classique : la
copula du mariage légitime, dit-il, s'établit « entre personnes libres et de rang égal (...) la femme libre étant
remise à l'homme par décision paternelle, dotée selon la
loi et honorée par les noces publiques » et la *commixtio
sexuum,* la fusion des sexes, parachève l'union [6]. Nulle
mention n'est faite de prières ni d'une quelconque
intervention ecclésiastique.

Or, durant cette période de l'histoire chrétienne, la
réflexion théologique procédait directement de la liturgie. Elle fut féconde, à propos du baptême, de l'eucharistie, de la pénitence. A propos du mariage, elle
demeura bloquée puisqu'il n'existait pas de liturgie
matrimoniale. Hincmar ni ses contemporains ne se sont
interrogés sur la valeur du consentement; ils n'ont pas
privilégié par rapport à l'union des corps l'échange de
foi. On sent pourtant chez eux une aspiration à combler
ce vide : les savants qui forgèrent les *Fausses Décrétales*
crurent bon d'y glisser des textes relatifs à la bénédiction
nuptiale, attribués aux papes Callixte et Evariste. Et l'on
voit Hincmar s'avancer, tâtonnant, par delà les « noces
légales », comme il dit, lesquelles, unissant les corps,
instituent le mariage dans la société « naturelle », vers
autre chose, vers ce « mystère », qui s'accomplit dans
d'autres noces « mystiques », « signes », celles-ci, de la
relation spirituelle entre le Christ et l'Église. Il cherche,

insatisfait. Mais le vocabulaire, l'outillage mental dont il dispose ne lui permettent pas d'aller plus loin. Le poids d'une longue tradition de refus le paralyse.

Dans la France carolingienne, l'institution matrimoniale demeurait en effet reléguée sur les marges de la sacralité. Cependant, comme elle formait l'assise maîtresse de la paix publique et comme les structures de l'État associaient intimement les évêques au maintien de cette paix, les dirigeants de l'Église furent amenés à s'en soucier plus que s'en étaient souciés leurs prédécesseurs, et à s'en occuper mieux, avec moins de répugnance. Préparée par la sacralisation de la royauté, c'est-à-dire du pouvoir d'ordonner la société terrestre, la lente, la très progressive sacralisation du mariage prit à ce moment son départ. L'enveloppe rituelle restait toute profane, mais une morale commença de s'y infiltrer. Sollicités d'exalter les valeurs de conjugalité, les prélats saisirent l'occasion de mettre l'accent sur deux exigences. D'une part, « la loi évangélique d'une seule épouse [7] », comme dit Remi d'Auxerre, fut hautement proclamée à l'encontre de princes qui, tels le roi Lothaire II ou le comte Etienne, avaient changé de femme. D'autre part, fut affirmée plus vigoureusement l'interdiction d'épouser une cousine en deçà du septième degré de parenté – des degrés comptés à la manière germanique, naïve, corporelle *per genicula,* partant de l'épaule et poussant en ligne droite, d'articulation en articulation, jusqu'à la dernière phalange.

Déployée sur sept générations, l'aire de consanguinité recouverte par une telle conception de l'inceste était démesurée, au plein sens de ce terme – sans mesure, et tant de personnes étaient exclues qu'il était à peu près impossible de respecter l'interdit. La règle nous surprend. Elle surprenait visiblement les savants de l'époque. Ils cherchaient en vain ce qui pouvait la fonder. Rien dans l'Écriture ne la justifie : les prescriptions du

Lévitique 18 et 20 sont cent fois moins astreignantes. Dans la loi romaine, on trouvait bien allusion aux sixième et septième degrés, mais à propos de l'héritage, et la manière romaine de compter les échelons, en aller et retour, réduisait à son vingtième à peu près le nombre des cousins prohibés. Au concile de Paris en 829, l'interdit fut énoncé sans explication. Personne, pas même Isidore de Séville, dernier recours, n'en fournissait de satisfaisante. Il est remarquable aussi que cette seconde exigence contredisait radicalement la première, d'indissolubilité : la présomption d'inceste n'autorisait pas seulement, comme celle de fornication, le divorce, elle l'imposait.

L'insistance des évêques, obligés de répéter sans cesse qu'il ne faut pas répudier son épouse, qu'il ne faut pas épouser une parente, atteste que sur ces deux points leurs exhortations butaient contre un écueil. Ils se heurtaient à des manières différentes de concevoir la conjugalité et de la vivre. La résistance ne venait pas, comme les prêtres affectaient de le croire, d'une indocilité maligne, du désordre. Elle venait d'un autre ordre, d'un autre ensemble de règles, de principes, indigène celui-ci, non point importé comme l'avait été le christianisme, vénérable, et dont nous ne savons rien, sinon par cette résistance même qu'on le voit opposer, puisqu'il n'était pas conservé par l'écriture, mais dans les mémoires et manifesté par les seules dispositions du cérémonial, par des paroles, par des gestes fugaces. L'historien qui, sondant l'obscurité, palpant l'obstacle, tente à l'aveuglette de s'en représenter la configuration, de deviner ce qu'était la morale des guerriers, doit se garder du manichéisme. Il en est, lui aussi, menacé.

Cette morale ne s'opposait pas à l'autre comme la sauvagerie à la civilisation, ni, tout simplement, comme la matière à l'esprit. Le système symbolique sur quoi se plaquaient la morale laïque et les pratiques du mariage n'avait pas pour seul fondement des valeurs matérielles; la production, l'argent, le marché n'en constituaient pas la clé, comme ils le font dans notre culture. Les hommes dont je cherche à savoir comment ils se mariaient ne raisonnaient pas d'abord en termes d'intérêts économiques. Dans la conscience des chevaliers, ce genre de souci demeurait encore marginal à la fin de la période que j'étudie, au début du XIIIᵉ siècle – bien que, par l'envahissement progressif d'attitudes mentales formées en contrebas de la société aristocratique, à ses lisières, parmi ces auxiliaires que les princes recrutaient dans la masse du peuple et qui se haussaient, les ministériaux et les fournisseurs des cours, la *cupiditas,* la convoitise, le désir de prendre, partagé par tous les détenteurs du pouvoir, tendît à se commuer insensiblement en *avaritia,* en désir de l'argent. La clé du système de valeurs aristocratique était sans doute ce que l'on nomme, dans les textes rédigés en latin au XIIᵉ siècle, la *probitas,* la qualité de preux, cette vaillance du corps et de l'âme portant à la fois à la prouesse et à la largesse. Tout le monde était alors persuadé que cette qualité maîtresse se transmet par le sang. Transmission – et voici la fonction du mariage : assurer convenablement, « honnêtement », dans l'honneur, le report, d'une génération à l'autre, de cette vaillance, valeur virile ; propager le sang sans que sa qualité s'altère, en évitant, comme on disait alors, qu'il ne dégénère, qu'il vienne à perdre ses qualités génétiques. La fonction du mariage était de conjoindre à un géniteur vaillant une épouse telle que son fils légitime, cet être qui porterait le sang et le nom d'un ancêtre valeureux, fût capable de faire revivre celui-ci en sa personne. De la femme tout dépendait. Elle n'était pas en effet tenue pour simple lieu de passage, comme elle l'est aujourd'hui dans certaines cultures d'Afrique noire. Dans l'Europe carolingienne et post-carolingienne, on croyait à l'existence d'un sperme féminin, en tout cas au concours équivalent de l'homme et de la femme lors de la conception, et l'on croyait aussi que l'effet immédiat des rapports sexuels était de mélanger indissociablement les deux sangs. Telles sont, semble-t-il, les assises primaires sur quoi s'érigeait la morale matrimoniale parmi les guerriers, ces hommes dont rien de ce qu'ils pensaient ne nous est rapporté directement.

Du moins connaissons-nous un peu de ce que pensaient les rois, lesquels étaient des guerriers par une moitié de leur personne. Les prescriptions qu'ils édictaient nous ont été transmises par l'écriture dont la sacralisation du pouvoir civil déterminait la renaissance. Et comme ces souverains, intermédiaires entre les puissances spirituelles et les temporelles, retenaient ordinairement, des consignes épiscopales, celles seulement dont la teneur ne contredisait pas trop violemment la morale profane, nous discernons, par les décisions royales enregistrées dans les capitulaires, quelques traits de cette morale, ceux qui s'accordaient le mieux à ce que réclamaient les gens d'Église. C'est-à-dire presque tout : on le voit en particulier à propos de la répression de ce que l'on appelait alors le rapt.

Il incombait au roi de poursuivre les ravisseurs comme il poursuivait les incendiaires, les meurtriers et les larrons : le rapt est, à l'époque féodale, l'un des quatre cas de la justice de sang, directe héritière de la justice royale carolingienne. Le souverain, épaulé par les évêques, devait disjoindre les couples qui ne s'étaient pas formés dans la paix, selon les rites prescrits : de telles unions n'étaient pas des mariages. Il fallait les dissoudre, restituer la femme dérobée, la remettre entre ces mains dont on l'avait par violence retirée, afin que le tissu social ne se déchirât pas, que, par l'enchaînement des vengeances familiales, le trouble ne s'étendît pas dans la haute société. Cette intention est très évidente dans les capitulaires du début du IXe siècle. Ils déclarent illicite l'accouplement du ravisseur et de celle dont il s'est emparé; la fille était-elle déjà promise à un autre homme, celui-ci peut la prendre, en faire son épouse légitime; s'il n'en veut plus, la parenté garde son droit de céder cette fille en mariage à qui lui plaît, sauf toutefois à l'homme qui l'a enlevée, l'essentiel étant d'éviter que le clan du promis, frustré, n'attaquât le clan du ravisseur;

en effet, si la fille était encore vacante, n'avait pas été précédemment livrée par les gestes de la *desponsatio,* il suffisait que le père y consentît, et d'une légère pénitence pour que le couple illégalement constitué fût établi parmi les couples légitimes. Le fait est clair : le mariage est affaire de libre décision – non point celle des conjoints, certes : la libre décision des parents de la femme.

Or dans le petit nombre de textes qui subsistent du IXe siècle, on voit le rapt partout. Veuves, moniales, filles, promises ou non, épouses apparaissent comme autant de proies pourchassées par des meutes de jeunes hommes. Il faut imaginer beaucoup de ces captures simulées : elles permettaient d'esquiver ce qu'imposaient le droit ou les convenances. Le rapt était un moyen pour les maris de se libérer de leur femme en s'arrangeant pour qu'elle leur fût ravie, un moyen pour les frères de priver leur sœur d'héritage, pour les pères de s'épargner les lourds frais de la cérémonie nuptiale. Parmi les causes de cette formidable violence, se trouve aussi, certainement, le plaisir de prendre, cette cupidité sauvage dont Hincmar se désolait. Intervenaient enfin, et de façon semble-t-il déterminante, les rites sociaux. Le rapt n'était-il pas un jeu, le jeu des jeunes, comme l'était certainement le viol collectif dans les villes françaises de la pré-Renaissance qu'étudie Jacques Rossiaud ? Traitant du mariage dans le système culturel indo-européen [8], Georges Dumézil distingue quatre manières d'épouser, qui se réduisent à deux formes contrastées. Dans l'une, la fille fait l'objet d'un échange légalisé; elle est donnée par son père, ou bien achetée par le mari; très ouvertement, cérémonieusement, au cours de solennités exaltant la paix publique. Dans l'autre, cette paix est niée, elle est rompue par un acte individuel, libre, déjouant tout contrôle : la fille se donne ou bien est prise par un héros de l'épopée. La distinction entre ces deux types me paraît correspondre à celle qui se marque au temps que j'étudie, et très nettement au XIIe siècle lorsque la culture profane sort de l'ombre, entre deux modèles de conduite proposés aux

hommes de l'aristocratie, selon qu'ils étaient « vieux » ou
« jeunes ». Si l'on entend bien sûr, comme on le faisait à
l'époque, par vieillesse et jeunesse non point deux classes
d'âges, mais la réfraction sur la pratique sociale de deux
systèmes de valeurs, valeurs d'ordre, de sagesse – de
première fonction – d'une part, valeurs d'impétuosité, de
force vive – de seconde fonction – d'autre part. Lorsque
Guillaume de Malmesbury fait grief à Philippe Ier
d'oublier que la « majesté » et l' « amour » ne vont pas
ensemble, il évoque deux façons de se tenir devant les
femmes, l'une convenant aux gens assis, rassis, l'autre
aux jeunes gens; romançant à partir de l'événement, il
place au cœur de l'intrigue cette action insolite, indé-
cente : un rapt nocturne, commis par un roi quadragé-
naire. Dans la haute société du XIe siècle européen, ou du
IXe, l'antagonisme majeur n'était-il pas celui qui opposait
les jeunes mâles aux plus âgés ? Le code de comportement suivi par la « jeunesse », ne procédait-il pas de cette
situation conflictuelle ? Ce code n'engageait-il pas à
s'emparer brutalement des femmes, à la barbe des maris
ou des marieurs ? Les rapports sont évidents entre cet
exercice et la chasse, dont on sait le rôle qu'elle tenait
dans l'éducation des garçons nobles. Ce rituel de rapine
fut peu à peu refoulé vers le symbolique, le ludique; on
le voit au XIIe siècle réduit à ce jeu contrôlé : l'amour
courtois. Mais, selon toute apparence, ces rites étaient
pratiqués dans leur vérité par l'aristocratie carolingienne. J'ai dit que tous les gens d'Église ne partageaient pas,
à la fin du XIe siècle, la même conception du bon
mariage. Les guerriers non plus n'étaient pas unanimes.
Les règles édictées contre le rapt par les rois carolingiens
répondaient à l'attente d'une part seulement d'entre eux,
les *seniores*, les chefs de famille : d'accord avec les
évêques, ils parlaient d'ordre afin que la turbulence
juvénile ne vînt pas retrancher de leurs pouvoirs.

Si l'on considère ces pouvoirs, cet ordre, la part assise
de la société, les couples socialement reconnus, stables,
formés selon la sagesse, dans la paix, on découvre un
autre trait : il n'existait pas une seule manière officielle

de vivre en conjugalité. Hincmar parle de l'une d'elles, lorsqu'il en décrit sommairement les rites, évoquant la dot, les gestes par quoi la fille est accordée; il lui donne son nom, spécifique, « accouplement en mariage légal » – c'est-à-dire conforme à la « loi », la loi romaine. Par là même, il distingue cette forme d'autres formes dont il reconnaît implicitement qu'elles existent. Déjà, en 829, le rapport que présentaient les évêques à Louis le Pieux prenait en compte cette diversité. Il opposait à l'« épouse » la « concubine ». Les savants du IXᵉ siècle prétendaient relever de ses ruines la Rome antique. Des codes promulgués par les anciens empereurs, ils exhumaient un modèle de mariage, le *connubium legitimum,* aux stipulations strictes, exigeant notamment que les conjoints soient libres et de même statut. Mais dans ces textes, ils découvraient les traces d'une union, parfaitement officielle elle aussi, plus simple, infiniment plus répandue, le concubinage. L'Église avait jadis tenu pour valide cette sorte très commune d'accouplement, et de façon formelle, en 398, dans le canon 17 du concile de Tolède. Les évêques francs, intransigeants quant à la monogamie, affirmaient en 829 qu'un homme ne doit avoir qu'une seule compagne. Mais ils toléraient, à défaut du plein mariage, le concubinage. Il le fallait bien. Ils n'entendaient pas détruire la société. Et ce dédoublement n'était pas sans avantage : il permettait d'appliquer les préceptes avec souplesse : on pouvait refuser au prêtre une épouse, mais lui laisser sa concubine; admettre que le guerrier qui chassait la sienne pour contracter un « mariage légitime » n'était pas pour cela bigame. Il suffisait de citer un autre texte canonique, la lettre du pape Léon Iᵉʳ [9]. « L'homme que l'on marie après avoir renvoyé sa concubine ne se remarie pas : ça n'était pas un plein mariage (...) toute femme unie (*juncta*) à un homme n'est pas l'épouse (*uxor*) de cet homme. » Ces mots autorisaient à ne point bousculer les usages.

On connaît mal le droit matrimonial franc. On sait du moins qu'il reconnaissait en contrebas de la *Muntehe,* équivalent du « mariage légitime » romain, et fort au-dessus de la simple liaison, la *Friedelehe.* On utilisait cette conjugalité de seconde zone pour discipliner l'activité sexuelle des garçons sans engager toutefois définitivement le destin de l'« honneur ». De tels ménages, en effet, naissaient des héritiers moins assurés que les rejetons de couples légitimes ; s'il advenait à leur père de contracter une alliance de rang supérieur, les enfants du second lit évinçaient ceux du premier. Moins ferme, l'union nouée de cette manière était fréquemment temporaire. Officielle cependant, rituellement conclue : le *Morgengabe,* prix de la virginité, acquitté au matin de la nuit nuptiale, en constituait le signe public. La fille avait été davantage prêtée que donnée. Mais sa parenté l'avait prêtée solennellement, par contrat, par libre décision, dans la paix.

Qu'il y eût deux manières de prendre femme apparaît bien au comportement de Charlemagne, lequel, beaucoup plus tard il est vrai, fut canonisé. L'empereur avait engendré des filles. Il ne les maria pas, il ne les donna pas, par crainte de multiplier les prétendants à la succession royale ; il les garda dans sa maison et dans son *Munt,* en son pouvoir. Il les prêta en *Friedelehe,* obtint ainsi des petits-fils dont les droits ne comptaient pas face à ceux des petits-fils issus de mariages légitimes. Quant à lui-même, outre quatre épouses légitimes (l'une aussitôt répudiée, les autres successivement mortes) et au moins six liaisons passagères, privées, non point publiques, contractées dans les périodes de veuvage, on lui connaît une compagne, une *Friedelfrau,* Himiltrude, qu'il avait prise avant son premier mariage plein. Le pape Etienne II tint cette union pour légale. Le garçon qui en naquit reçut un nom royal, Pépin, le désignant pour éventuellement succéder. Toutefois, lorsqu'en 806 Charlemagne opéra le partage de ses biens, il ne le compta pas parmi ses vrais fils ; il ne lui légua pas de royaume. Pépin regimba ; après sa rébellion, on l'enferma dans un monastère, comme les bâtards véritables, issus des passades de la vieillesse. Malheureusement pour lui, les *Muntehen* ultérieures avaient été fécondes.

L'usage d'un lien matrimonial aussi flexible fut durable. Les sources écrites le montrent vigoureusement implanté dans l'aristocratie du Nord-Ouest de la France aux X⁰-XI⁰ siècles. Les migrations scandinaves l'avaient peut-être ici ravivé. On en parle en tout cas comme d'un mariage « à la manière danoise ». Voici ce qu'en dit, plus tard, vers 1040-1048, Raoul Glaber, au livre IV de ses *Histoires* : « Dès leur arrivée dans les Gaules, les Normands eurent presque toujours des princes nés d'unions illégitimes [c'était le cas en particulier de Guillaume le Conquérant dont la mère avait épousé *more danico* Robert, comte des Normands; Guillaume pour cela porta le surnom de Bâtard; cette femme devint ensuite sans doute l'épouse légitime d'un vicomte]. Mais on ne trouvera rien de trop répréhensible à cet usage si l'on se souvient des fils des concubines de Jacob [Raoul Glaber est moine; sa morale est rigoureuse; il ne juge pas cependant qu'il faille condamner cette sorte d'union, ni jeter le discrédit sur les enfants qui en sont nés; il se réfère à l'Ancien Testament; on y découvre en effet des pratiques matrimoniales peu conformes à celles que recommandaient les évêques; ce qui n'était pas sans faire problème : les panégyristes devaient être prudents lorsqu'ils entreprenaient de comparer le roi carolingien à Salomon ou à David, et tous ceux que heurtaient les exigences de l'Église en matière sexuelle n'avaient point de peine à tirer de la Bible des arguments contradictoires]. » Songeons, dit Glaber, aux concubines de Jacob dont les fils « malgré leur naissance, héritèrent toutes les dignités de leur père comme leurs autres frères et reçurent le titre de patriarche. Il ne faut pas oublier non plus que sous l'Empire, Hélène, mère de l'empereur romain, était aussi une concubine. » Toutefois, comme les enfants des *Friedelfrauen* de l'époque franque, les enfants des épouses *more danico* étaient tenus au X⁰ et au XI⁰ siècle pour des héritiers de second rang. Guillaume le Bâtard dut lutter âprement pour recueillir la succession de son père, et, préoccupé par la dévolution de la couronne, Philippe I⁰ʳ s'acharna, je l'ai dit, à faire reconnaître la pleine légitimité de ses noces.

La pratique du concubinage tenait bon car elle servait les intérêts familiaux : elle protégeait les héritages sans brider trop ouvertement la jeunesse et sans non plus porter atteinte au système de valeurs profanes. Ce système exaltait la prouesse virile; il entretenait chez ces guerriers, ces chasseurs, le rêve d'exploits difficiles; il incitait à lancer les jeunes hommes dans l'aventure. Ils en ramenaient des compagnes. Tel ou tel de ces accouplements de hasard pouvait devenir régulier si leur père ou leur oncle s'entendait avec la parenté de la fille conquise, apaisait les rancœurs, payait le *Morgengabe*. Le pacte limitait les turbulences. Mais les chefs de maison se réservaient de le rompre, de lui substituer un pacte de qualité supérieure. Ils veillaient à ce que ne fussent fermement, définitivement introduites dans le lit des garçons que des femmes dont les avantages avaient été soigneusement pesés. A celles-ci seules revenait le rang d'épouses. Pour leur faire place les concubines étaient éventuellement renvoyées.

L'accord de concubinage ne se concluait pas sans rites. Mais ceux par quoi se nouait le mariage légitime étaient différents : d'une part, nécessairement préliminaires, d'autre part, beaucoup plus amples et ostensibles. Il importait que la future épouse fût d'abord solennellement cédée – c'étaient les épousailles – puis solennellement conduite vers la couche de l'époux – c'étaient les noces. Autour du lit nuptial, se déployait, se prolongeait la fête, bruyante, rassemblant une foule nombreuse, appelée à constater l'union charnelle, à s'en réjouir et, par les débordements de son propre plaisir, à capter les dons mystérieux capables de rendre cette union féconde. Il s'agissait bien de cela : de la chair et du sang. Pour les guerriers comme pour les prêtres, la fonction du mariage était de procréer. La femme était menée en cortège dans la maison pour y enfanter de bons héritiers. Reçue pour cela. Pleinement absorbée avec sa progéniture attendue. Ceci ressort d'un passage du *Manuel* de Dhuoda. Au livre VIII, cette grande dame, contemporaine de Charles le Chauve, enseigne à son fils comment prier, pour qui il doit chanter les Psaumes : « Prie, lui dit-elle, pour les parents de ton père qui lui ont laissé leur bien en légitime héritage » – apparaît ici clairement le lien entre la mémoire des ancêtres et la transmission du patrimoine : prie pour les parents de ton père, parce que ton père a reçu d'eux ce qui va te rendre riche et puissant à ton tour. Et Dhuoda poursuit : « Qui ils étaient, quels étaient leurs noms, tu trouveras cela écrit à la fin de ce livret. » Les défunts énumérés au livre X du même ouvrage sont effectivement le grand-père et la grand-mère paternels, les oncles et les tantes paternels. Toute référence à l'autre ascendance est écartée. Et par cette épouse même : elle ne dit rien à son fils de ses propres ancêtres.

L'intégration de la femme à la maison de l'homme qui seul avait le droit de la féconder allait parfois jusqu'à changer son nom personnel (il n'existait pas à cette époque de nom de famille, de surnom transmis de génération en génération) : Mathilde devenait ainsi Blanche ou Rose. Rupture, capture. Toutefois, pour que cette femme tînt dans la maison son rôle, la peuplât d'enfants légitimes, il fallait bien son ventre, il fallait bien son sang. Dans sa progéniture, ce qui venait par son sang de ses ancêtres se mêlait donc inéluctablement à ce que son mari, par son sang, tenait des siens. Conjonction très ouvertement proclamée par le choix que l'on faisait lorsque l'on nommait ces garçons et ces filles. On choisissait des noms d'aïeux dans les deux branches. La famille s'était approprié l'épouse en la dénommant autrement, mais elle voyait pénétrer dans son intérieur, réincarnés dans la personne de ces descendants homonymes, des étrangers. Cette intrusion inévitable imposait une grande prudence, et de longs pourparlers avant que la cérémonie nuptiale ne vînt confondre les sexes et mêler les deux sangs. Il appartenait aux responsables de l'honneur de chaque entité familiale de mener les négociations. A leur terme se situaient une autre cérémonie, d'autres rites. Non point ceux-ci, comme pour, plus tard, les *nuptiae,* d'exaltation joyeuse et de tapage, mais de gravité. Ils se déroulaient dans l'aire de la sagesse et des palabres, de la foi jurée, de la paix. Dans la maison de la future épouse, se rendaient les parents du futur mari. Des paroles étaient échangées. Elles engageaient personnellement l'homme et la femme que l'on décidait d'unir, mais davantage les hommes qui détenaient sur chacun d'eux le pouvoir, le *Munt,* comme on disait en tudesque. L'assistance, moins nombreuse qu'aux noces, l'était trop cependant pour que tous entendissent les mots. Tous du moins pouvaient voir les gestes qui les accompagnaient, des gestes de dévestiture et d'investiture, et les objets qui, passant d'une main dans une autre, signifiaient le transfert de la possession. Ce cérémonial d'accord était parfois très antérieur à la consommation du mariage, et ceci n'allait pas sans risque : un homme entreprenant pouvait surgir, s'emparer de la fille. De la *desponsata.* Comment traduire ? « Fiancée », « promise » ? Ces mots ont de nos jours perdu leur force. Or la *desponsatio* serrait vigoureusement le lien. La femme était déjà donnée.

Introduite après tant de précautions dans la maison, l'épouse y demeurait suspecte. Une adversaire. Les hommes vivaient la conjugalité comme un combat, rude, requérant vigilance assidue. Se devine, en effet, tapi au plus profond de la psychologie masculine, le sentiment que la femme – bien que l'image globale que l'on se faisait des structures du cosmos la situât du côté de la nuit, de l'eau, de la lune, de tout ce qui est froid et bleu – est plus ardente, dévorante. Son mari craignait de ne pouvoir seul éteindre ses feux. Quand Jonas d'Orléans le mettait en garde contre l'épuisement qui le guette s'il ne se modère pas, il était sûr d'être entendu. Mais le mari savait aussi que la partenaire qu'il affrontait dans le champ clos du lit nuptial ne joue pas franc jeu, qu'elle feint, qu'elle se dérobe. Peur du coup bas, de la trahison.

La concordance entre la morale des prêtres et celle des guerriers, vieux et jeunes, n'était nulle part plus étroite que dans cette attitude où se conjoignent la méfiance et le mépris pour la femme, périlleuse et fragile. Attitude justifiée par tous les moyens et, puérilement, par l'étymologie que manipulaient les savants de l'époque. Le mot latin désignant le mâle, *vir,* renvoyait pour eux à *virtus,* c'est-à-dire à la force, à la rectitude, tandis que le féminin *mulier* rejoignait *mollitia* qui parle de mollesse, de flexibilité, d'esquive. Méfiance et mépris faisaient tenir pour nécessaire de soumettre la femme, de la tenir bridée comme invitent à le faire les phrases de la Genèse ou des Epîtres que répétaient les gens d'Église. Les laïcs applaudissaient à tout ce qui pouvait laisser croire que le Seigneur s'est montré plus sévère à l'égard de la fornication féminine et qu'il appelle à la châtier. Et les évêques, s'ils se sentaient tenus de veiller sur les veuves et sur les épouses répudiées parce que leur devoir était de protéger les faibles, les « pauvres » comme ils disaient, laissaient aux mâles de la maison le soin de dresser les femmes, de les corriger comme étaient dressés et corrigés les enfants, les esclaves ou le bétail. Il s'agissait là d'un droit de justice que personne ne mettait en doute, primordial, absolu, excluant tout recours à la puissance publique. Lorsqu'une femme osa porter plainte publiquement à Attigny contre son mari, à propos de ce qui se passait dans la maison et peut-être dans le lit, ce fut, je le répète, un scandale. Les évêques eux-mêmes scandalisés renvoyèrent l'affaire aux hommes mariés, lesquels sans aucun doute la renvoyèrent à l'époux et à ses proches.

L'honneur domestique dépendait en effet pour une large part de la conduite des femmes. Le grand péril était qu'elles s'abandonnent au péché, au péché de la chair, à quoi leur tempérament les incline. Pour se garder de la honte, les laïcs jugeaient nécessaire de contrôler strictement la sexualité féminine. Comme les prêtres, ils tenaient le mariage pour un remède à la fornication. A la fornication qu'ils redoutaient : celle des femmes. Le devoir des pères était donc de marier leurs filles pour se garder du déshonneur dont elles risquaient d'être la cause. A peine mort, Charlemagne avait été ouvertement critiqué : il avait fauté puisque, négligeant de placer ses filles par un mariage légitime sous le contrôle d'un époux, il les avait abandonnées à leur perfidie native; il portait la responsabilité de leur conduite, dont certains jugeaient qu'elle avait quelque peu terni l'honneur de la maison royale. Aux maris, le devoir était de protéger de la tentation leur épouse : elle était menacée; elle ne vivait point écartée des hommes. Dans les demeures aristocratiques, la femme du maître accueillait les hôtes. Comme la reine dont Hincmar décrit les fonctions dans le palais carolingien, elle veillait sur les réserves de la maison, sur le trésor. Il lui incombait d'emmagasiner toutes les prestations, toutes les offrandes et d'en prévoir la redistribution. Dirigeant une escouade de serviteurs mâles, elle entretenait des rapports quotidiens avec le chef de ce service, le chambrier. Quelles relations pouvait-elle avoir avec cet homme dans le réduit secret, obscur, où l'on serrait les provisions, les bijoux, les instruments et les attributs de la puissance ? Libre cours était laissé aux suspicions, aux racontars, tels ceux qui coururent dans tout l'empire carolingien à propos de Judith, femme de Charles le Chauve, et du chambrier Bernard. Grand danger. Le pire était qu'elle fût fécondée par un autre que son mari, que des enfants d'un autre sang que celui du père, celui du maître, vinssent un jour à porter le nom de ses ancêtres et à recueillir leur héritage. A ce que les prêtres répétaient de la culpabilité d'Eve, les grands prêtaient attentivement l'oreille.

En fin de compte, tout donne à penser que les dirigeants de l'Église carolingienne étaient écoutés lorsqu'ils exposaient leur conception du mariage aux dirigeants des maisons nobles, sauf quand ils en venaient à condamner ce qu'ils appelaient adultère masculin, c'est-à-dire la répudiation, et ce qu'ils appelaient inceste. En ces deux points, les deux morales ne pouvaient s'ajuster. Le souci majeur de l'aristocratie, transmettre de mâle en mâle, la vaillance ancestrale, imposait en effet de renvoyer la femme qui tardait à donner des garçons, et parfois de changer d'épouse lorsque se présentait l'occasion d'une alliance plus honorable ; il imposait aussi, lorsqu'il fallait mélanger deux sangs, de les choisir plutôt issus d'une même souche, de prendre la femme dans la proximité parentale, aussitôt franchi le troisième degré de consanguinité.

La christianisation des pratiques matrimoniales fut, semble-t-il, aisée dans les couches inférieures de la société, parmi les gens qui ne possédaient pas beaucoup, parmi ceux surtout qui ne possédaient rien, tous les asservis qui n'avaient pas même la liberté de leur propre corps. Dans le peuple, dont nous savons très peu, le mariage selon l'Église se substitua sans peine aux formes très profanes d'accouplement, au concubinage. Les inventaires dressés au IXe siècle montrent les paysans des grands domaines encadrés dans des cellules conjugales bien assises. Le resserrement du lien matrimonial servait ici les intérêts des maîtres : il aidait à fixer les dépendants, à les enraciner sur leurs tenures ; il favorisait leur reproduction, c'est-à-dire l'accroissement du capital domanial. A ce niveau de la société, la christianisation du mariage affermissait les rapports de production. Elle les dérangeait lorsque, contrariant les stratégies des maisons nobles, elle menaçait de les affaiblir. C'est pourquoi les conflits que l'on perçoit au IXe siècle entre les deux morales se situent au sommet de la pyramide sociale, opposant aux prélats les rois et les plus grands seigneurs.

Sous le règne de Louis le Pieux – ce surnom est révélateur – au moment où conjointement prenaient consistance la notion d'empire et celle des devoirs prescrits au roi sacré, le palais carolingien s'était ouvert tout grand aux exhortations épiscopales. L'empereur l'avait purifié en chassant les compagnes de son père, en casant dans des couvents ses sœurs dont il jugeait la conduite impudique. Quand Eginhard écrit la vie de Charlemagne, il laisse habilement filtrer dans l'éloge un peu de la réprobation dont il était à ce moment convenable de faire preuve à l'égard du comportement sexuel de son héros; le texte de la *Visio Wettini* propose l'idée que le grand empereur a péché, qu'il est actuellement soumis à la *purgatio;* l'entrée au Paradis lui est refusée tant qu'il ne s'est pas lavé de sa faute – secrète, mais sans aucun doute de nature sexuelle. Et l'on sait la longue dérive de cette suspicion : Charlemagne s'est uni à sa sœur; de cette copulation incestueuse est né Roland, son neveu mais aussi son fils.

La docilité cependant fit bientôt place à l'insoumission et l'on sent l'affrontement se durcir au temps de Charles le Chauve. Contre les très grands princes qui, moins « pieux », ne se retiennent pas de répudier, Hincmar écrit le *Traité du divorce :* « Le mariage noué légalement ne peut pour aucune raison être dénoué, sinon par séparation spirituelle conjointe [lorsque le mari et la femme décident ensemble d'entrer en religion] ou pour fornication corporelle attestée par confession manifeste ou par conviction ouverte (...) hors de ces cas, il faut que l'homme garde son épouse », *volens nolens,* même si elle est *iracunda,* mégère insupportable, *malis moribus,* dévergondée, *luxuriosa, gulosa,* gourmande des plaisirs du monde. Et « si l'époux se sépare de l'épouse fornicatrice, il ne doit pas se remarier. » Ainsi fut-il interdit au roi de Lotharingie de renvoyer sa femme légitime, stérile, pour épouser légitimement la concubine dont il avait déjà des enfants. Par la voix du pape Jean VIII, l'Église commençait de confondre, pour les priver de tous droits, les fils nés d'un concubinage avec les vrais bâtards, fruits d'une rencontre fugace [10]. Ces rigueurs étaient nouvelles. Elles accompagnaient la remontée de la tendance ascétique. Une période s'achevait, la belle époque de l'épiscopat, où le réalisme des grands prélats, leur discrétion, leur sens du possible, avaient autorisé des accommodements entre la doctrine de l'Église et les pratiques de la noblesse.

Dans le palais de Compiègne, près de Charles le Chauve vieillissant, Jean Scot Erigène, très grand savant, réfléchit sur des textes grecs qu'il est à peu près seul capable de lire. Il rêve du prochain retour du Christ. Il se persuade que, pour accueillir la lumière, il faut tourner déjà le dos au monde visible, se libérer de sa pesanteur, c'est-à-dire de la chair. Lorsque dans son traité *De divisione naturae,* il médite sur Adam dans le jardin d'Eden, sur l'homme dans une perfection initiale dont la faute allait le dépouiller mais dont le souvenir lancinant demeure, et vers laquelle chacun doit tendre de toutes ses forces, Jean Scot n'exclut pas que le corps d'Adam et celui d'Eve aient pu s'unir au Paradis, mais il prétend qu'Adam eût été capable de mouvoir son sexe comme les autres organes de son corps, par sa seule volonté, sans trouble et sans ardeur : « Dans la tranquillité du corps et de l'âme, sans la corruption de la virginité, le mari avait, ou plutôt aurait eu, la possibilité de féconder le flanc de l'épouse [11]. » Il imagine ainsi une reproduction de l'espèce humaine non pas *sine coitu,* sans conjonction des sexes, mais *sine ardore,* sans le feu du plaisir. Il ne s'écarte pas ici de la ligne augustinienne. Il s'aventure beaucoup plus loin lorsqu'il annonce qu'« à la résurrection, le sexe sera aboli et la nature unifiée [12] ». Au sein de la *natura,* la fracture est celle qui sépare les sexes; la fin du monde annulera la bisexualité; elle annulera plus exactement le féminin : lorsque les lumières déferleront, on en aura fini avec cette imperfection, cette tache sur le limpide de la création qu'est la féminité. Jean Scot le dit formellement : « Il y aura seulement l'homme comme cela eût été s'il n'eût pas péché. » A l'arrière-plan de sa pensée se profile l'image de l'androgyne des premiers jours. Eve, côte d'Adam. Eut-elle au Paradis une existence propre ? A-t-elle été vraiment séparée ? L'eût-elle été sans la faute ? La chute est-elle autre chose pour Jean Scot que cette coupure : la sexualisation de l'espèce ? Et la reproduction dont il rêve, l'union des corps sans plaisir, autre chose qu'un retour aux origines, un réemboîtement? Mais ici-bas la réunification ne peut se produire. Il faut l'attendre, l'espérer, comme on espère la fin du monde charnel. S'y préparer. En s'abstenant. En renonçant à poursuivre plus longtemps par l'acte sexuel cette quête inutile, dans ces postures grotesques, ces gestes frénétiques comme ceux des damnés. De l'accouplement paradisiaque, le mariage de l'homme et de la femme est un simulacre dérisoire. Il est, de nouveau, condamné.

La condamnation du mariage prit de la netteté au cours du Xe siècle tandis que, dans l'effritement de l'ordre carolingien, la vague du monachisme se gonflait peu à peu jusqu'à submerger tout le corps ecclésiastique. Que sont les moines, les purs, sinon les « eunuques » dont parle Jésus? Ils ont retranché d'eux-mêmes toute sexualité : Eudes de Cluny, obsédé par la souillure, ne cesse de répéter que, sans le sexe, l'emprise du démon sur l'homme serait moins assurée. A l'extrême fin du Xe siècle, Abbon, l'abbé de Saint-Benoît-sur-Loire, en vient à faire coïncider la hiérarchie sociale et l'échelle des perfections spirituelles, dont on gravit les degrés en se libérant du sexe. Les bons moines ne sont pas seulement continents, ils sont vierges. Ils passent les premiers. Et puisqu'ils tiennent le premier rang dans le cortège qui conduit l'humanité vers son salut, ceux qui suivent doivent les imiter. Quant à ces hommes, à ces femmes, méprisables, qui ont décidé de se marier, ils sont si loin, en fin de procession, à peine sortis des ténèbres, qu'on les distingue mal de ceux qui tout simplement forniquent. Adultère ou non, le mariage appartient au mal. On entend, de nouveau reprise, la parole de saint Jérôme : « Quiconque aime trop son épouse est adultère. » S'ils veulent s'approcher du bien, les conjoints doivent se séparer. Beaucoup le font, entraînés par le courant de plus en plus vif qui, dans l'attente de la fin du monde, portait à la pénitence.

Tandis que le mépris pour le monde, le refus de la chair se propageaient depuis les monastères réformés, la volonté plus arrêtée de se laver de toute souillure explique sans doute que la prohibition de l'inceste, formulée du bout des lèvres au IXᵉ siècle, ait été répétée toujours plus haut dans les conciles francs ultérieurs. Celui de Trosly en 909, pour éviter les mariages consanguins, invite à rechercher attentivement si les futurs ne sont pas parents et charge de cette *inquisitio* préalable un prêtre, nécessairement présent pour cela aux cérémonies d'épousailles. Au concile d'Ingelheim en 948, même consigne : les familles sont pressées de clarifier le souvenir de leur ascendance. Dans ces années commencèrent de s'installer lentement les procédures que révèlent les lettres d'Yves de Chartres : solliciter la mémoire généalogique, compter les degrés de parenté, les prouver par serment.

Que sait-on de l'angoisse des hommes qui voyaient s'approcher le millième anniversaire de la passion du Christ ? On sait du moins qu'alors s'exaspéra le mouvement pénitentiel. Raoul Glaber, excellent témoin, puisque, comme tous ses contemporains, il attribue aux facteurs spirituels une influence décisive, insiste fortement sur le caractère d'abstinence du mouvement pour la paix de Dieu. Dans les grandes assemblées réunies parmi les prés autour des reliques des saints, où l'on s'engageait à limiter les violences, la nécessité de réprimer tous les élans de la chair et du sang était en même temps proclamée. Les prélats qui appelaient à déposer les armes, à jeûner, appelaient de la même voix à contenir l'impétuosité du sexe. Pour Glaber, en effet, le désordre du monde procède de ce remuement luxurieux dont on voit qu'il affecte aussi bien le haut clergé que la noblesse. Pour désarmer le courroux du ciel, pour que se renoue l'alliance entre Dieu et les hommes, il importe de se purifier. Renoncement. Plus que jamais il faut contrôler le mariage. Remède à la concupiscence, le mariage est pour Abbon la forme la plus élémentaire, le degré le plus bas de l'ascèse. Encore faut-il que la conjugalité soit vécue comme un exercice ascétique.

Pour suivre de près l'histoire d'une morale et celle

d'une pratique dans leurs rapports avec l'histoire des structures matérielles, je choisis de partir de ce moment, du début du XIe siècle. Il est, au sens le plus fort du mot, critique : la crise, c'est cette véritable révolution qui fit s'installer, dans le bruit et la fureur, ce que nous appelons la féodalité. Ce bouleversement social, tout ce trouble que les conciles de paix, que les macérations collectives aspiraient à conjurer, demeura cependant masqué pendant le premier quart du XIe siècle par ce qui survivait des armatures politiques et culturelles carolingiennes. Apparemment même, passé le choc des incursions normandes et la dégénérescence dynastique, il se produisit comme une renaissance du carolingien : cette époque d'anxiété fut peut-être vécue comme une sorte de retour à l'ordre monarchique. C'est du moins l'impression que laisse la lecture de Raoul Glaber. Il montre la chrétienté de l'an mil menée vers son salut par deux guides associés : le roi de France, Robert, le roi d'Allemagne, Henri. Les autres souverains comptent à peine : le peuple franc conduit toujours la marche de l'histoire. Ces deux rois sont de même sang, cousins issus de germains; ils sont de même âge, à quelques mois près : en l'an mil ils ont vingt-sept, vingt-huit ans. Ils travaillent de concert à la bonne organisation de la société chrétienne. Je les choisis l'un après l'autre, Henri puis Robert, pour guider les premiers pas de cette enquête.

XIᵉ SIÈCLE

Le mariage selon Bourchard

Henri fut présenté comme un modèle d'époux chrétien. Pour la manière exemplaire dont il avait vécu la conjugalité, on le vénéra comme un saint. Beaucoup plus tard, il est vrai : le pape cistercien Eugène III le canonisa en 1146. A cette occasion, on écrivit sa biographie. Ce texte révèle par conséquent la conception que certains clercs se faisaient du mariage au XIIe siècle, non pas en l'an mil. Plus récente encore est l'image donnée de l'épouse, Cunégonde. De 1200 date sa *Vita* et la bulle qui la canonisait [1]. On y lit l'éloge de la chasteté conjugale absolue. Cunégonde, est-il écrit, a « consacré sa virginité au roi des cieux et l'a conservée jusqu'à la fin avec le consentement de son chaste époux »; la biographie de cette vierge supposée célèbre, « ceux qui se châtrent à cause du Royaume des Cieux », et la bulle d'Innocent III relatant que, lors du procès de canonisation, des témoins, se fondant « sur la renommée et les écrits », vinrent affirmer que Cunégonde « avait bien été accouplée maritalement à saint Henri empereur, mais n'avait jamais été connue charnellement par lui »; la bulle rapporte aussi le discours qu'aurait tenu Henri, sur son lit de mort, aux parents de son épouse : « Je vous la rends telle que vous me l'avez confiée, vous me l'avez donnée vierge, je vous la rends vierge »; la bulle enfin fait état d'un miracle : suspectée d'adultère, Cunégonde, pour se disculper, se soumit au jugement de Dieu, à l'ordalie du fer rouge : elle marcha dessus, pieds nus, sans dommage.

Les premières traces de cette histoire de mariage blanc ne sont pas antérieures à la fin du XIᵉ siècle. La légende, évoquée notamment par Léon d'Ostie dans la chronique du monastère bénédictin du Mont-Cassin, semble bien s'être formée parmi les promoteurs de la réforme ecclésiastique. Elle porte un excellent témoignage sur l'image que l'on pouvait se faire alors, dans ces milieux rigoristes, de la conjugalité idéale. Mais rien de tout cela n'est dit par ceux qui écrivaient du vivant d'Henri et de Cunégonde ou quelque temps après leur mort. Ni Thietmar de Mersebourg, ni Arnoud d'Alberstadt n'y font la moindre allusion. Quant à Raoul Glaber, loin de glorifier la chasteté des deux époux, il déplore la stérilité de leur union. Cet accident fut à l'origine du récit légendaire. L'empereur Henri mourut sans enfant et la royauté germanique échut plus tard à Henri IV, à Henri V, adversaires acharnés des papes réformateurs : contre eux fut célébrée la sainteté de l'empereur de l'an mil.

Ceux qui la proclamèrent auraient pu seulement souligner que le souverain n'avait pas renvoyé son épouse stérile. Cette docilité aux injonctions ecclésiastiques commençait à devenir commune au milieu du XIIᵉ siècle. En l'an mil elle était le signe d'une exceptionnelle dévotion. Henri avait été élevé en effet par des hommes d'Église dans la cathédrale d'Hildesheim ; il fut l'ami des grands abbés, Odilon de Cluny, Richard de Saint-Vannes, qui purifiaient les monastères ; héritant de son père la dignité ducale en Bavière, il avait bien fallu qu'il se mariât. Il s'y était résolu tard, à vingt-trois ans ; il avait pris grand soin d'éviter l'inceste, acceptant pour cela de prendre femme dans un niveau inférieur de la *nobilitas*. En 1002, quand les évêques durent donner un successeur à Otton III, le fait que Henri, son cousin issu de germains n'eût pas non plus d'enfant après huit ans de mariage et se refusât à se séparer de son épouse, en faisait un excellent candidat : l'espoir d'une nouvelle déshérence séduisait les électeurs.

Monté sur le trône, Henri régla sa conduite sur une conception mystique de la fonction royale dont l'expression superbe se voit aux œuvres d'art sacré qu'il commanda, les manuscrits des Péricopes, l'autel d'or de Bâle et cet extraordinaire manteau dont les broderies, lors des solennités majeures, enveloppaient le corps du souverain dans les constellations du firmament. Entraîné par le courant millénariste, persuadé d'être l'empereur de la fin des temps, il s'appliqua, dans l'attente du dernier jour, à rétablir l'ordre en ce monde, à restaurer la paix au sein du peuple de Dieu, à le purifier. Pour remplir cette mission, il importait qu'il fût lui-même très pur et ceci le retint davantage de répudier Cunégonde. Il mena l'œuvre de rénovation de concert avec les évêques. Il accrut leur pouvoir temporel, leur abandonnant, dans leur cité, les prérogatives régaliennes. Il s'appliqua à les bien choisir, parmi les meilleurs clercs de sa chapelle, pour leur sagesse. Il recrutait les hommes les mieux capables de s'acquitter des tâches pastorales, de rassembler le troupeau des laïcs, de surveiller leurs mœurs, de les détourner du mal. Dans l'imminence du Jugement dernier, la politique et l'éthique se confondaient.

L'un de ces évêques, celui de Worms, Bourchard, intéresse directement l'enquête que je poursuis. De très haute noblesse, de très forte culture, éduqué au monastère de Lobbes, en Lotharingie, en pays roman – et l'on sent sous le latin qu'il manie l'empreinte tenace de cette formation première –, non pas moine, servant Dieu dans le siècle, Henri II à son avènement le trouva établi dans sa cathédrale. Comme les prélats carolingiens, il se colletait avec le monde charnel; il ne lui tournait pas le dos; il retenait ses chanoines de fuir vers les monastères. Son rôle, pensait-il, était de réformer la société chrétienne par la parole, par le sermon, par des tournées périodiques de contrôle et d'enseignement à travers son diocèse. Bourchard, entre 1107 et 1112, mit au point l'instrument d'une telle pastorale, un recueil de textes normatifs, le *Decretum* [2]. C'est pour cela que je regarde vers ce prélat rhénan : l'ouvrage composé dans sa cathédrale me permet de percer les ténèbres et d'apercevoir un peu mieux les pratiques du mariage.

Bourchard ne travailla pas seul à cette compilation. Son voisin, l'évêque de Spire, l'aida, son ami, l'évêque de Liège, lui procura l'assistance d'un moine de Lobbes. L'œuvre pourtant, en un temps où les sièges épiscopaux étaient autonomes, où la prééminence de celui de Rome n'était que doctrinale, fut personnelle : l'évêque forgeait pour lui-même, pour sa propre action, son outil, sans nulle intention de constituer un code applicable à l'Église entière. Lorsque le prélat doit rendre un jugement, punir, distribuer ces pénitences qui effacent ici-bas le péché, il éprouve, s'il est consciencieux, le besoin de se référer à des précédents, aux sentences des anciens, et donc d'avoir sous la main pour chaque cas un texte *auctoritativus,* comme l'on disait à l'époque, qui fasse autorité. Il cherche donc dans les livres qui sont autour de lui; il réunit des fiches, il les classe de la manière qui lui paraît la plus commode; il organise de la sorte ce qu'il est convenu d'appeler une collection canonique, un recueil de « canons », de préceptes tirés de l'Écriture, de l'œuvre des Pères, des actes des conciles et des papes. L'usage était ancien de ces manuels, étroitement ajustés aux besoins de leur auteur, mais pouvant être utilisés par d'autres [3]. Depuis quelques décennies, ils s'amélioraient, notamment dans la province où Bourchard avait étudié. L'habitude se prenait de découper les grands textes réglementaires, de répartir systématiquement ces extraits, de placer face à face, à propos d'une question, les dispositions restrictives et les permissives, de faire enfin ample recours aux décisions des conciles récents, du IXe et du Xe siècle. Ainsi se présente la collection de Bourchard de Worms : pour chaque cas, sous une rubrique exposant sommairement les raisons du choix, un petit dossier capable d'aider l'évêque, par la confrontation d'autorités discordantes, à corriger avec *discretio,* c'est-à-dire en distinguant prudemment s'il lui convient d'être indulgent ou sévère [4]. Librement, puisqu'il n'existe pas encore de législation générale.

Bourchard est en effet fort libre; il tranche à sa guise dans les écrits antérieurs. Va-t-il plus loin? Marc Bloch le lui reproche : « Le recueil canonique, compilé entre 1008 et 1012 par le saint évêque Bourchard de Worms, fourmille d'attributions trompeuses et de remaniements presque cyniques [5]. » De fait, des décisions récentes sont quelquefois placées sous le couvert d'autorités vénérables; ici et là des mots sont supprimés, ajoutés, pour préciser l'énoncé, l'accommoder. Peut-on parler de cynisme? L'époque, tout simplement, ne professait pas un respect aveugle à l'égard de la lettre. Lui importait l'esprit du texte, celui qu'elle lui assignait. Et Bourchard se souciait d'efficacité pratique. Par coups de pouce, il perfectionnait l'instrument, se réservant de l'employer au mieux, avec foi et charité.

On le lui emprunta très vite. Le manuscrit du *Décret* fut copié. Les copies, retouchées pour s'adapter aux conditions locales, se répandirent de toutes parts dans les bibliothèques épiscopales; elles servirent jusqu'au milieu du XIIe siècle, avant que ne se diffusât la collection de Gratien. Leur succès fut immense dans l'Empire, en Allemagne, en Italie, mais aussi en Lotharingie. Il gagna par là la France du Nord. Le *Décret* fut ici d'un emploi courant : Yves de Chartres y puisa la plus grande part de ses références. Ce texte soutint donc la réflexion et l'action des dirigeants de l'Église dans la région qui m'occupe. C'est à ce titre que je le considère. Et d'autant plus attentivement qu'il fait une très large place au mariage.

Ceci paraît dès les premières pages, dans le chapitre 94 du livre I. En ce point, Bourchard traite du système de délation qu'il a institué dans son diocèse pour préparer les visites pastorales. Dans chaque paroisse, sept hommes élus s'engagent par serment à dénoncer les délits à

l'évêque lorsqu'il viendra. Pour aider ces jurés à bien
mener cette *inquisitio,* Bourchard dresse la liste des
questions qu'ils doivent se poser à eux-mêmes et poser à
leurs voisins [6]. Quatre-vingt-huit infractions sont ainsi
classées par ordre de gravité décroissant, depuis l'homicide jusqu'à des manquements très véniels, comme
d'avoir omis d'offrir le pain bénit. Les quatorze premières interrogations portent sur le meurtre, faute majeure
et qui par l'entrecroisement de vengeances qu'il provoque ébranle profondément l'ordre social. Mais aussitôt
après, au second rang, viennent les vingt-trois questions,
plus du quart de l'ensemble, qui touchent au mariage et à
la fornication. Ici encore, partant du plus grave, l'adultère (question 15) pour aboutir (question 37) à cette
suspicion : tel homme n'a-t-il pas favorisé dans sa maison
l'adultère en ne surveillant pas d'assez près les servantes
ou les femmes de sa parenté – négligence légère, vite
excusée par l'obligation, celle-ci primordiale, de traiter
de son mieux ses hôtes. Se révèle ainsi une échelle de
culpabilité dégressive. Le plus coupable est l'homme
marié qui prend l'épouse d'un autre; celui qui entretient
chez lui une concubine l'est moins; passent après ceux
qui répudient et se remarient, puis ceux qui répudient
seulement. De bien moindre conséquence, la simple
fornication vient ensuite : deux degrés encore : l'un des
partenaires est marié; aucun ne l'est. Très véniel enfin,
car très fréquent dans les grandes maisons remplies de
chambrières, le jeu auquel se livrent ensemble adolescents et femmes célibataires. L'exigence première, on le
voit, est de monogamie : l'attention répressive se relâche
dès que le lien conjugal n'est plus en cause. Le mariage
est bien conçu comme un remède à la convoitise
sexuelle. Il ordonne, il discipline, il maintient la paix.
Par lui, l'homme et la femme sont écartés de l'aire où
l'on s'accouple librement, sans règle, dans le désordre.
Les questions suivantes portent sur le rapt, sur la rupture
de la *desponsatio,* sur l'inceste – spirituel d'abord (selon
cette hiérarchie, l'esprit devance la chair) : épouser sa
commère ou sa filleule, de baptême ou de confirmation;

puis charnel –, sur les accouplements contre-nature, enfin, tout en bas de l'échelle, sur la prostitution. Si l'on ajoute ce qui, dans d'autres parties du questionnaire, concerne le meurtre du conjoint, l'avortement, l'infanticide, les machinations par quoi les femmes espèrent gagner le cœur de leur mari, ou bien l'empêcher d'engendrer, elles-mêmes de concevoir (la question relative aux manœuvres anticonceptionnelles ou abortives intervient à propos de l'homicide, en bas de liste, avant le meurtre d'un esclave et le suicide, mais après, la hiérarchie est éclairante, le parricide qui passe en premier, le meurtre d'un prêtre, celui de son propre enfant, celui de son conjoint), ce sont trente questions sur quatre-vingt-huit qui ont trait à la sexualité. Au cœur de la notion de péché, de souillure, après le sang versé, mais avant les « surperstitions », se place le sexe. Au cœur du dispositif de purification se place le mariage.

Ce questionnaire est d'intention morale : il entend éclairer les consciences et, désignant où est le mal, entretenir en elles le sentiment salutaire du péché. Il est aussi d'intention policière : il sert à débusquer les délinquants pour qu'ils soient châtiés par l'évêque. L'évêque choisira la peine en consultant les textes normatifs qui forment le gros du *Décret*. Cet ouvrage est monumental : une sorte de cathédrale dont le plan repose sur l'idée d'un progrès vers le salut. Vingt sections jalonnent la voie menant de la terre au ciel. Les cinq premières traitent des hommes à qui revient de guider la marche, de réprimer, de redresser : l'évêque et ses auxiliaires, prêtres et diacres – puis du cadre de l'action purificatrice : la paroisse – enfin des instruments de cette action : les deux sacrements que le clergé distribue, le baptême et l'eucharistie. Au point d'arrivée : le *Liber speculationum*, méditation grandiose sur la mort et l'au-delà, immédiatement précédé par le chapitre le plus épais, le dix-neuvième, intitulé, selon les manuscrits,

Corrector ou *Medicus*. Ici se trouve justement la clé de l'autre monde, les remèdes qui préparent au bon passage, capables de guérir de ses ultimes défaillances celui qui va se présenter, non plus devant cet homme, l'évêque, mais devant la lumière de Dieu. Cette liste de médications n'est pas, comme l'était l'interrogatoire préalable des paroissiens, directement destinée aux pécheurs. Le pécheur ne peut se soigner lui-même. Le livre XIX procure à ceux qui corrigent, au prélat et à ses aides, un tarif de sanctions, un pénitentiel.

Il se peut bien que, dans l'effervescence du millénarisme, cette partie du *Décret* ait paru la plus utile, et d'abord à l'auteur lui-même. Bourchard de Worms en effet, rédigeant le prologue de toute la collection, reprit le prologue d'un pénitentiel précédent. De telles listes de péchés, stipulant pour chacun la punition compensatrice, abondaient : elles facilitaient la tâche des pasteurs. Trop : elles leur évitaient de penser : en 813, le concile de Châlon avait mis en garde contre ces petits livrets « pleins d'erreurs et d'auteurs incertains ». Ils étaient cependant indispensables en raison des formes que la pénitence revêtait encore et des fonctions qu'elle remplissait dans la chrétienté de l'an mil [7]. Pour expier sa faute, le pécheur devait, durant un temps déterminé, changer de vie, se « convertir », se transférer dans un secteur particulier de la société et le manifester par des signes ostensibles, se conduire autrement, se vêtir, se nourrir autrement. Donnant par ce retranchement satisfaction à la communauté, ainsi délivrée du membre pourri qui risquait de la contaminer, la pénitence contribuait à l'ordre social, à la paix. Travaillant à réformer la société, Bourchard voulut composer un *bon* pénitentiel. Il clôt son œuvre par cet instrument de rénovation.

Entre le prélude ecclésiastique, sacramentel, et ce final sont classés les textes canoniques concernant les mœurs du peuple laïc que, dans la reviviscence de l'esprit carolingien, l'évêque, de concert avec le roi, a mission de rectifier. L'ordre suivi me paraît aller du public au privé. Au début sont placés les cas qui, brisant avec fracas la paix, nécessitent les purifications solennelles dont l'évêque est l'administrateur. Ce sont les affaires de sang : le *Décret* traite en premier lieu (livres VI et VII) de l'homicide et de l'inceste. Plus loin, l'évêque est requis d'intervenir en tant que protecteur attitré de certains groupes plus vulnérables : d'abord ces pénitents professionnels dont la « conversion » est définitive, les moines et les moniales (livre VIII), puis les femmes qui ne sont pas « consacrées » (livre IX). Ici même il est parlé du mariage, à propos, remarquons-le bien, du féminin, zone de faiblesse dans l'édifice social. Des femmes, on passe immédiatement aux incantations, aux sortilèges, puis au jeûne, à l'intempérance, tout cela (livres X à XIV) touchant de beaucoup moins près l'ordre public. Dans les cas énumérés ensuite (livres XV et XVI), l'évêque n'agit plus qu'en auxiliaire, en conseiller des princes temporels. Enfin, au plus privé, au plus intime, juste avant le pénitentiel, sont placés des textes réprimant la fornication. Je tiens pour très remarquable qu'une telle disposition sépare aussi nettement ce qui concerne la conjugalité de ce qui concerne la sexualité. C'est à mon avis la preuve que l'évêque Bourchard, dans la tradition d'Hincmar et de ses prédécesseurs carolingiens, considère d'abord le mariage comme un cadre de sociabilité. Le prélat est convié à s'en occuper en tant que mainteneur de l'ordre public. L'institution matrimoniale apparaît sous le même jour dans le livre XIX, le *Medicus*.

C'est encore une suite de questions. Mais l'inquisition ne porte plus sur l'ensemble d'une communauté paroissiale; elle n'est pas publique; elle est intérieure, personnelle : c'est un dialogue entre le confesseur et le pénitent. Très bref, sur le mode : « As-tu fait ceci ? tu mérites cela », avec, de temps en temps, une explication courte qui montre la gravité de l'acte. A l'interrogatoire com-

mun, un supplément est ajouté à l'attention particulière
des femmes. S'agissant d'elles et de péchés, il est bon de
pousser plus loin l'inspection. Bourchard de Worms en
est persuadé : l'homme et la femme constituent deux
espèces différentes, la féminine étant faible et flexible et
ne devant pas être jugée comme il convient de juger les
hommes. Le *Décret* invite certes à tenir compte de
la fragilité des femmes : « La religion chrétienne
condamne de la même façon l'adultère des deux sexes.
Mais les épouses n'accusent pas aisément leurs maris
d'adultère et n'ont pas la possibilité de tirer vengeance.
Alors que les hommes ont coutume de traîner leurs
femmes devant les prêtres pour cause d'adultère [8]. » Le
Décret surtout appelle sans cesse à tenir compte de la
perfidie féminine : naturellement trompeuse, l'épouse
doit demeurer, même en justice, sous l'étroite tutelle de
son homme : « Si après un an ou six mois, ton épouse dit
que tu ne l'as pas encore possédée, et si toi tu dis qu'elle
est ta femme, on doit te croire toi parce que tu es le chef
de la femme [9]. » Le poids ni la mesure ne sauraient être
les mêmes. Pour cette raison, le *Medicus* scrute plus
attentivement l'âme des femmes. Le « médecin », le
« correcteur » est un homme. Cette annexe du pénitentiel présente l'intérêt de montrer comment en ce temps
les hommes voyaient la femme.

Elle est à leurs yeux la frivolité même, bavarde à
l'église, oublieuse des défunts pour qui elle devrait prier,
légère. De l'infanticide, elle porte l'entière responsabilité, puisque le soin de la progéniture incombe à elle
seule. Un enfant meurt-il ? C'est la mère qui l'a
supprimé, par négligence, vraie ou feinte, et cette
question précise, par exemple : « N'as-tu pas laissé ton
enfant trop près du chaudron d'eau bouillante ? » L'avortement, bien sûr, est affaire de femme. Tout comme la
prostitution. Elles sont, on le sait bien, promptes à vendre
leur corps, ou bien le corps de leur fille, de leur nièce,
d'une autre femme. Car elles sont luxurieuses, lubriques.
Rien ne figure dans l'interrogatoire concernant le plaisir
conjugal. Les questions se pressent en revanche sur le

plaisir que la femme peut prendre seule, ou avec d'autres femmes, ou avec de jeunes enfants. Dans son monde à elle, le gynécée, la chambre aux nourrices – cet univers étrange, inquiétant, dont les hommes sont écartés, qui les attire et où ils s'imaginent que se déploient des perversités dont ils ne profitent pas. Nous atteignons encore, à la fin de ce questionnaire, le plus secret. Car le texte du pénitentiel est construit sur un plan semblable à celui de la collection canonique : il va du public au privé. Dans l'interrogatoire commun aux deux sexes, les fautes qui retentissent sur l'ordre social, l'homicide, le vol, l'adultère et l'inceste précèdent les délits que l'on commet le plus souvent à l'intérieur de la maison, la fornication hors mariage, la magie, l'intempérance, l'irréligiosité. Et les peines sont plus ou moins lourdes selon que le péché ébranle ou non la paix publique.

L'image la moins confuse du système de valeurs à quoi se réfère Bourchard – lequel par discrétion et par souci d'efficacité veille certainement à se tenir au plus près de la morale commune – est fournie par le tarif des pénitences. La hiérarchie des peines correspond à la hiérarchie des fautes. Selon que le pécheur est jugé plus ou moins coupable, l'abstinence qui lui est imposée est plus ou moins rude et la durée de la purgation plus ou moins longue. Les sanctions dont le *Medicus* fournit la longue liste peuvent, me semble-t-il, se répartir en trois catégories. La punition de premier style est de jeûner au pain et à l'eau – et, bien entendu, de suspendre toute activité sexuelle – pendant un certain nombre de jours consécutifs, l'unité du système étant la dizaine, avec multiples et sous-multiples. La punition de second type dure beaucoup plus longtemps : l'unité en est l'année. Mais elle est d'abord plus légère, l'abstinence portant seulement sur la consommation de la viande et sur les jeux de l'amour. Elle est d'autre part entrecoupée, se concentrant sur les *feriae legitimae,* les « jours légaux » durant lesquels l'Église appelle au recueillement : les trois carêmes, les mercredi, vendredi et samedi de chaque semaine. Enfin, ce qui importe peut-être davantage, la pénitence est plus discrète : comme des dévots s'infligent par piété les mêmes privations, le pécheur peut se dissimuler parmi ces pénitents volontaires. Le troisième type impose au pécheur durant sept années ce que le texte, latinisant un mot de langue vulgaire, romane, appelle *carina* : une quarantaine, un carême supplémentaire : jeûner au pain et à l'eau quarante jours consécutifs. Distribuons parmi ces trois casiers les infractions à la morale matrimoniale et sexuelle.

Sauf rares exceptions, ce sont les délits jugés mineurs et de caractère très privé que rachète l'abstinence du premier genre, les dix jours au pain sec et à l'eau. Cette peine s'applique à la masturbation masculine, lorsqu'elle est pratiquée seul (à deux, elle est triplée). Fait notable, la sanction n'est pas plus lourde qui punit le célibataire forniquant avec une « femme vacante » ou sa propre servante. Si le mariage n'est pas en cause, l'indulgence est grande à l'égard des incartades sexuelles masculines : pour un homme il est égal de se masturber ou d'user d'une jeune domestique, à condition que ni lui ni elle ne soient mariés. Mais lorsqu'il est pris dans le carcan matrimonial, il lui faut se bien tenir : la même peine, dix jours de jeûne, punit toute entorse à la chasteté conjugale [10]. De quoi s'agit-il ? D'aimer sa femme avec trop d'ardeur ? Le texte, en un autre passage, précise : il inflige dix jours au mari qui a connu son épouse dans une position prohibée, ou bien lorsqu'elle a ses règles, lorsqu'elle est enceinte – et la punition est doublée si l'enfant a déjà bougé. Elle est quadruplée, devenant alors une *carina*, s'il s'est approché d'elle un jour interdit – bienveillante, l'Église réduit la sanction de moitié lorsque l'homme est en état d'ivresse. L'unité de mortification reste en ce cas la dizaine : la faute est en effet commise dans le secret de la chambre et de la nuit. Mais la « loi du mariage » est transgressée et l'époux trop vif paraît quatre fois plus coupable qu'un célibataire cueillant ici et là son plaisir. Car celui-ci a des excuses : il ne dispose pas pour éteindre ses feux d'une femme légitime. Le mariage est remède à la concupiscence. Il écarte du péché – et l'on sent, prête à percer, l'idée qu'il est un sacrement. Mais il exige la discipline. L'époux qui ne parvient pas à se dominer mérite une correction sévère. Celle-ci l'est : crever les yeux d'un autre homme, lui couper la main, la langue, n'est pas châtié plus durement : quatre fois dix jours de pénitence [11]. Et c'est aussi la punition des femmes, concubines abandonnées pour une épouse légitime, qui, vindicatives, entreprennent de tarir par des sortilèges, le jour des noces, la virilité de leur ancien compagnon [12]. Rêvons sur ces équivalences.

A l'autre extrémité de l'échelle, la sanction la plus prolongée, une quarantaine pendant sept ans, punit outre la bestialité, d'une part le rapt, d'autre part l'adultère. Sept années de carême pour l'époux qui livre son épouse à d'autres hommes, autant pour l'homme qui s'empare de l'épouse d'autrui ou d'une moniale, épouse du Christ (s'il est lui-même marié, la pénitence est doublée; non point parce que l'adultère est double et que le mâle en soit jugé seul responsable – c'est qu'il avait sous la main de quoi « calmer sa *libido* [13] »; la même logique inflige cinq jours de jeûne à l'homme marié qui s'abandonne à caresser les seins d'une femme, deux seulement au célibataire). Par le rapt, par l'adultère, l'activité sexuelle masculine porte atteinte en effet aux ordonnances sociales. Les ravisseurs de femmes brisent les pactes conjugaux. Ils sont coupables de ces crimes publics qui font lever la haine entre les familles, suscitent des représailles, souillent la communauté, la déchirent. Il est naturel d'exiger d'eux une pénitence qui, durablement, les désigne à tous les yeux. On inflige la même à l'homicide : il a semblablement rompu la paix. De toute évidence, le code ecclésiastique se trouve plaqué sur le code de la justice royale. On le voit bien à tous les emprunts que le *Décret,* à propos de ces fautes, fait aux capitulaires carolingiens. Le mariage en effet présente deux faces. L'une tournée vers la morale sexuelle, l'autre vers la morale sociale, mais celle-ci étend sur l'autre son emprise : si la sexualité des époux est l'objet d'une surveillance plus attentive, c'est que ces hommes et ces

femmes se sont établis en se mariant dans le secteur
ordonné de la société.

La pénitence de seconde catégorie, intermédiaire,
convient à des infractions commises dans le privé, à
l'intérieur de la maison, mais qui paraissent plus mali-
gnes. Ainsi sert-elle principalement à corriger les péchés
féminins. La graduation, ascendante, part de l'unité,
l'année, qui punit la masturbation – si la femme est plus
rudement châtiée que l'homme lorsqu'elle prend seule
un plaisir infécond, n'est-ce pas qu'elle se dérobe ainsi à
la double malédiction de la Genèse, celle qui la voue à se
soumettre au masculin, celle qui la voue à enfanter dans
la douleur? Elle aboutit à l'infanticide (douze années).
De degré en degré on passe de l'avortement, avant que
l'enfant n'ait bougé, à la négligence (étouffer l'enfant
dans son lit, en se retournant dans le sommeil, sans le
vouloir : trois années), à la prostitution (six années). Le
même genre de peine s'applique aussi parfois aux
hommes, aux sodomites, à ceux qui forniquent avec des
parentes dans la maison familiale, à ceux qui se fient aux
sortilèges des femmes. Du côté masculin sont de cette
façon purgés des manquements qui portent l'homme à la
mollesse, qui le dévirilisent, lui retirent sa *virtus,* le font
déchoir, glisser sous l'emprise des femmes. Rien dans les
pénitences de cette sorte qui touche directement au
mariage.

Du *Décret,* je retiens quelques traits de mœurs et de
morale. Et d'abord que l'inceste est placé tout à fait à
part. Il en est traité dans un chapitre spécial, le septième,
où sont rassemblés tous les canons des conciles francs
prohibant l'union entre les parents en deçà du septième
degré de consanguinité. Dès que dans un couple un tel
lien de parenté est mis publiquement en évidence, les
deux époux doivent comparaître devant l'évêque et
s'engager par un serment dont voici la formule : « A
partir de ce jour, je ne m'unirai plus avec cette parente ; je

ne l'aurai ni par mariage ni par séduction; je ne partagerai pas son repas, nous ne serons pas sous le même toit sauf à l'église ou dans un lieu public et devant témoin [14] » : ce sont les mots mêmes que Philippe Ier et Bertrade durent prononcer avant qu'on ne les déliât de l'excommunication, lancée sur eux, je l'ai dit, pour inceste. Rupture, et possibilité pour l'homme et la femme ainsi séparés de se remarier avec la permission de l'évêque. Le mariage incestueux est donc tenu pour nul, non avenu. Ce n'est pas un mariage. Il n'existe pas. C'est comme si les chairs ne s'étaient pas mêlées pour devenir une seule chair, comme si la parenté de sang avait fait obstacle à cette confusion. L'inceste se situe sur un autre versant de la morale.

Toutefois les rapports sexuels entre consanguins sont l'occasion d'une souillure dont il faut se laver par une pénitence. De la copulation entre parents – non pas de leur mariage puisqu'il est impossible – il est question dans le livre XVII, consacré à la fornication. Les textes rassemblés émanent eux aussi des conciles carolingiens, Verberie, Mayence, Tribur. Ils interdisent à l'homme de connaître la sœur ou la fille de sa femme, la femme de son frère, la *sponsa*, la fille promise, déjà cédée à son fils. Ces délits reparaissent dans le pénitentiel, assortis de peines de second type. L'attention dont ces égarements domestiques sont l'objet dans le *Medicus* [15] incite à se représenter l'intimité de la maison aristocratique comme une aire privilégiée du jeu sexuel. Hors de la chambre des époux, un espace privé s'étend, plein de femmes qu'on peut prendre aisément, servantes, parentes, femmes encore « vacantes », un champ largement ouvert au débridement viril. Dans ce petit paradis fermé, les hommes, nouveaux Adams, les jeunes, les moins jeunes, et d'abord le patron, le chef de la maisonnée, fort de ses droits, sont sans cesse soumis à la tentation. C'est la belle-sœur qui se glisse subrepticement dans le lit, ou bien la belle-mère, ou bien cette future bru, accueillie avant les noces, obsédante. Les femmes sont montrées là perverses et pervertissant les mâles. Voyons-les d'abord comme des proies. Dans la maison, la virginité paraît fragile. D'un prix minime? Cette question, posée comme toujours à l'homme seul lorsqu'il s'agit d'un divertissement entre les deux sexes : « As-tu corrompu une vierge? Si ce n'est pas ton épouse, de sorte que tu as simplement violé les noces, un an d'abstinence. Si tu ne l'épouses pas, deux ans. » Seulement.

Bourchard a composé un manuel servant à juger, non pas un traité de morale. Il ne sermonne pas les laïcs. Sauf pour doser les pénitences à l'intention des maris qui transgressent quelques interdits formels pour des affaires de calendrier ou de postures, en matière de mariage il ne parle pas du sexe. Cependant, en filigrane, transparaît un peu des relations entre les époux. On les devine lorsque Bourchard évoque les incantations, les sortilèges affaires de femmes, toujours quelque peu sorcières, faibles, usant de procédés sournois. Le but de telles manigances est d'agir sur l'amour, de « changer de haine en amour ou inversement la *mens* de l'homme [16] ». *Mens*? Est-ce vraiment l'esprit, le sentiment? Il s'agit bien plutôt de ces pulsions qui portent à l'acte. De tels charmes, les femmes sont soupçonnées d'user quelquefois hors du mariage; lorsque l'*amator,* l'amant s'apprête à des noces légitimes, celle qui fut sa concubine, jalouse, s'applique à éteindre ses feux. Mais le plus souvent, ce sont procédés d'épouses cuisinières, préparant des mets ou des breuvages capables de gouverner l'ardeur de leur mari. Il leur arrive de les employer afin que se flétrissent les forces de l'homme et pour ainsi se dérober aux maternités. Bourchard nous fait voir des femmes s'enduisant à cette fin le corps de miel, se roulant dans la farine, cuisant de ce blé les gâteaux à l'intention de l'époux importun [17]. Plus souvent ces pratiques tendent à attiser le feu viril. Car les femmes, on le sait bien, sont insatiables. La morale – cette morale d'hommes hantés par la crainte de l'impuissance et qui, le pénitentiel l'atteste, soucieux de se revigorer, se mêlent parfois de cette magie – la morale est alors plus sourcilleuse. Deux ans seulement d'abstinence s'il s'agit de pain pétri sur les fesses nues de l'épouse, de poisson étouffé dans son giron, mais cinq ans si le sang menstruel est versé dans la coupe du mari, et sept ans lorsque est bu le sperme marital.

En tout cas, le mariage est essentiellement vu sous son aspect social. Bourchard se soucie d'en évacuer la souillure. Mais d'abord de maintenir l'ordre et la paix. Il place donc au seuil du livre IX les définitions qui distinguent du concubinage le mariage légitime. Il insiste sur la publicité des noces. Et le pénitentiel prévoit une peine – légère, privée, un tiers d'année d'abstinence – pour celui qui a pris une femme sans la doter, sans venir à l'église avec elle « pour recevoir la bénédiction du prêtre comme il est prescrit par les canons [18] ». Bourchard veut le mariage ostensible. Mais il passe vite sur le rite de bénédiction, comme d'ailleurs sur l'obligation faite aux jeunes mariés de rester chastes les trois premières nuits après leurs noces. Ce sont raffinements de dévotion. A l'époque, on est loin de les exiger de tous.

Aussi rapide est l'allusion au consentement mutuel. C'est sur l'accord des deux parentés qu'est mis l'accent. Et puisque « les mariages légitimes sont ordonnés par le précepte divin [19] », il convient que l'accord soit conclu dans la sacralité, entendons dans la paix qui vient de Dieu. Toute violence doit être bannie, comme toute démarche insidieuse. Lorsque la fille est soustraite à sa parenté sans entente préalable, par le rapt ou la séduction, volée, le couple doit être définitivement disjoint. Or, à propos du *discidium,* de la rupture solennelle, officielle, et des capacités de remariage, à propos de l'indissolubilité, Bourchard fait montre d'une grande souplesse. Il sait bien que trop de rigueur contrarierait des relations sociales. Les textes rassemblés autorisent donc le prélat à dissoudre, outre les incestueuses, beaucoup d'autres unions. La décision lui revient, après qu'il a, mettant en œuvre la vertu de discrétion, méticuleusement pesé ce qu'il y a de mauvais dans le couple. Bien sûr, il considère en premier lieu le comportement de la femme dont vient généralement la

malice. Fornicatrices, les femmes le sont par nature, et
lorsqu'on les accuse devant lui, d'adultère, il est en droit
de prononcer le divorce : le Seigneur Jésus a prévu le cas.
Mais les femmes sont principalement perfides et l'évêque doit se garder d'être enjôlé. Ainsi par ces épouses qui
se présentent, clamant que leur mari, trop âgé sans doute,
n'est pas en état de consommer le mariage. Il écoutera
d'abord l'homme. Celui-ci nie-t-il, elle restera dans son
lit. C'est lui que l'on doit croire. Cependant, si quelques
mois plus tard, la femme renouvelle la plainte, crie
qu'elle veut être mère, si l'impuissance de son homme est
prouvée par « jugement droit », c'est-à-dire par jugement
de Dieu, l'évêque sera bien forcé d'annuler. Tout en
restant vigilant : n'y-a-t-il pas un complice, l'amant ? De
même, si l'épouse vient accuser son mari d'adultère, il
doit traiter l'homme comme il traite les femmes et
rompre cette union souillée. Mais en fait, qui voit des
femmes réclamer justice à l'évêque et de les débarrasser
de leur époux ? L'initiative vient toujours des mâles.
Doit-on les croire aveuglément quand ils se plaignent,
quand ils accusent ? Ne sont-il pas points par le désir
d'une autre femme ? Combien, pour la prendre en faute,
jettent celle dont ils sont las dans les bras d'un homme ?
Combien, pour réclamer sous prétexte d'inceste la
dissolution de leur mariage, attirent dans leur lit leur
belle-sœur ou leur belle-fille ? Combien se disent noués
devant leur épouse, incapables de la connaître ?

Si l'évêque a le droit, et parfois le devoir, de rompre le
lien conjugal, il est moins libre de permettre à ceux qu'il
désunit de contracter, leur conjoint vivant, un nouvel
engagement. C'est ici que la discrétion est nécessaire.
L'évêque ne doit pas oublier que les hommes sont
davantage portés à la polygamie, qu'ils ont le pouvoir, la
force physique, l'argent et que, moins malicieux peut-
être, ils disposent de moyens plus efficaces pour obtenir
la séparation légale et satisfaire leurs convoitises. Il met
moins d'entrave au remariage des femmes, car il n'est pas
prudent de les laisser sans un homme qui les surveille et
les corrige : mariées, elles sont moins dangereuses que

ces femmes insatisfaites qui, dans les maisons, poussent au viol, à l'adultère et défont les bons mariages. A-t-on surtout le droit d'empêcher d'utiliser, pour conclure à nouveau des alliances profitables, ces épouses victimes d'un mari et légitimement divorcées ? Seules les veuves sont suspectes. Elles ont peut-être machiné la mort de leur époux. Sont-elles lavées de tout soupçon de meurtre, s'apprêtent-elles à de nouvelles noces, des hommes se lèvent, affirmant qu'elles se livraient secrètement à celui qu'on va leur donner pour mari. Faut-il laisser faire ces remariages ? Au concile de Meaux, les évêques ont dit oui. A Tribur, non. Le prélat choisira. Mais à l'égard des hommes qu'il a libérés d'une épouse, il lui faut se montrer beaucoup plus rigoureux. Sa sagesse a séparé, rejeté le membre pourri. Sa sagesse le retient de consentir à une nouvelle union. En particulier lorsque la raison du divorce – et c'est le prétexte le plus communément saisi – est l'adultère de la femme. Il est si facile d'accuser. Dans la promiscuité des maisons nobles, les ragots vont bon train : on trouve toujours de ces jaloux prêts à témoigner qu'ils ont aperçu, entendu. Comment un homme, fût-il évêque, ne les écouterait-il pas, persuadé qu'il est de la dévorante ardeur féminine : le très saint empereur Henri n'a-t-il pas un moment cru coupable la très sainte Cunégonde, l'obligeant à marcher sur le feu. Toutefois, l'évêque se souvient des paroles de Paul : il doit tout mettre en œuvre pour réconcilier les conjoints désunis ; il doit se ménager l'occasion de les remettre un jour ensemble, une fois les rancœurs apaisées. Point de remariage donc pour les maris délivrés de leur épouse fornicatrice, ni pour ceux qui allèguent le rapt de leur femme ou leur propre impuissance. Mais alors, ne risquent-ils pas de brûler, privés du remède à leur lubricité ? Le péril est minime : l'homme seul peut aisément recourir à cette forme dépréciée de la conjugalité qu'est le concubinage. Il y trouvera le confort sexuel. Il sera seulement privé de vrais héritiers. Les préceptes épiscopaux contrarient moins les appétits de jouir que les stratégies matrimoniales déployées pour des intérêts domestiques. Il existe tout de même dans le *Décret* deux motifs pour un mari de répudier, non seulement légitimement, mais utilement, de manière à changer d'épouse. S'il convainc sa première femme d'avoir attenté à sa vie. S'il prouve qu'elle est sa parente.

Car en ces deux cas, le tabou du sang entre en jeu. Bourchard ne se souciait pas de limiter la liberté sexuelle des jeunes mâles. Il se souciait peu de continence. Pour lui le pacte conjugal liait moins des individus que des familles. Ceci le rendait attentif aux empêchements de parenté – bien qu'il fût très conscient de l'usage pervers que pouvait en faire l'homme qui ne supportait plus son épouse. Mais sa préoccupation première était la paix. Il tenait le mariage pour l'armature maîtresse de l'ordre social. L'esprit du *Décret* est très carolingien. On me dira, c'est germanique. Le monastère de Lobbes, où Bourchard avait étudié, d'où lui vinrent références et conseils, n'est pas situé en Germanie. Si les circonstances, si les problèmes posés par la pastorale avaient été très différents dans le nord du royaume de France, les prélats de cette région eussent-ils si bien accueilli la collection canonique constituée par l'évêque de Worms ?

Robert le Pieux

Robert, roi de France, ne fut pas, comme Henri son cousin, canonisé. Certains de ses contemporains s'efforcèrent pourtant de le faire passer pour une sorte de saint. En témoigne le surnom qui lui resta : *pius,* le pieux. En témoigne surtout l'entreprise du moine Helgaud, de Saint-Benoît-sur-Loire. Dans les années qui suivirent la mort du souverain, il écrivit sa biographie, analogue à celle que l'on composait à la gloire des bienheureux [1]. Cette « lecture », proposée aux gens d'Église pour soutenir leur méditation et pour inspirer leur prédication, décrit une existence exemplaire. Il est sans cesse question des vertus du roi, du pouvoir qu'il avait de guérir les malades et qu'il devait à ses mérites. Sa « très sainte mort » lui a ouvert aussitôt les portes du ciel; il y règne; nul ne l'égala dans la sainte humilité depuis le très saint roi David. Humilité ? C'est la vertu majeure des bénédictins. Le roi David ? Le panégyrique est construit, Claude Carozzi l'a montré, autour d'un épisode central, la « conversion » du roi, lequel changea sa vie, décidant de se conduire jusqu'à la fin de ses jours en pénitent. Il voulait ainsi racheter un péché, le péché même de David : une entorse à la morale du mariage. Cette faute est discrètement évoquée, mais au centre exact de l'ouvrage : elle constitue de ce discours l'articulation capitale.

Helgaud vient de rapporter les actes édifiants du souverain, d'exalter ses vertus mondaines, le sens de la justice, la générosité, la mansuétude dont Robert a fait preuve dans l'exercice de l'office royal. Il s'interrompt. Contre l'éloge, des « malveillants » se sont élevés : « Non, ces bonnes œuvres ne serviront pas au salut du roi, car il n'a pas craint de commettre un crime, celui d'accouplement illicite, allant jusqu'à prendre pour femme celle qui était sa commère et qui, en outre, lui était liée par le sang. » Remarquons-le : le biographe ne nomme pas cette compagne illégitime ; il parle de *copulatio,* non de mariage : il s'agit en effet d'un inceste. Aux accusateurs, Helgaud répond : qui n'a pas péché ? Qui peut se flatter d'avoir « un cœur chaste » ? Voyez David, le « très saint roi ». Il développe alors le parallèle : le « crime » de David consistait en concupiscence et en rapt ; celui de Robert, d'avoir « agi contre le droit de la foi sacrée ». David a commis un double péché : l'adultère et le meurtre de son rival ; Robert, en prenant la femme qui lui était doublement interdite, par la parenté spirituelle d'abord, puis par la parenté charnelle. Mais David et Robert ont été l'un après l'autre guéris, réconciliés, l'un par Nathan, l'autre par l'abbé de Saint-Benoît-sur-Loire. Le roi de France a reconnu que son « accouplement » était détestable, il s'est avoué coupable, puis il s'est séparé de cette femme dont le contact le souillait. David et Robert ont péché, mais « visités par Dieu, ils ont fait pénitence ». Comme David, Robert a confessé sa faute, il a jeûné, prié ; sans abandonner le poste où la providence l'avait placé, il a vécu comme les moines, professionnels des macérations salvatrices. *Felix culpa* : renversant sa conduite, il a pu s'avancer pas à pas vers la béatitude. Par discrétion, Helgaud n'en dit pas plus. Aussitôt, il place une anecdote : le père de Robert, Hugues Capet, sortant de son palais pour aller à vêpres, aperçut dans un recoin un couple occupé à l'amour ; il jeta sur eux son manteau. Morale de ce petit *exemplum :* gloire à celui qui ne crie pas sur les toits le péché d'autrui : cette discrétion, la règle de saint Benoît l'impose, XLIV, 6 : « Soigner ses blessures et celles des autres sans les dévoiler, ni les rendre publiques. » L'obligation de retenue fait qu'Helgaud, bon témoin, nous laisse sur notre curiosité. Plus discret encore, Raoul Glaber, autre bénédictin, ne dit absolument rien des déboires conjugaux du roi de France. Bien que, très ouvertement, Robert ait commis non seulement l'inceste mais l'adultère, aussi coupable sinon plus que son petit-fils Philippe Iᵉʳ : il eut trois épouses légitimes; lorsqu'il se maria pour la troisième fois, la première n'était peut-être pas encore morte, la seconde, en tout cas, bien vivante, demeurait dans les parages, toute disposée à regagner, l'occasion s'y prêtant, le lit royal.

En 988-989, aussitôt après l'élection de son père, Robert, associé au trône, avait reçu à seize ans une femme. Elle s'appelait Rozala; on l'appela, dans la maison où elle entrait, Suzanne. Trois ans plus tard, elle fut répudiée, mais vécut jusqu'en 1003. En 996-997, Robert épousa Berthe. Il la répudia entre 1001 et 1006. A cette date, il avait pour femme Constance, qui lui donna l'an d'après son premier enfant légitime. Il pensa la répudier, elle aussi, mais Constance, la mal nommée, une impossible virago, violente, ne se laissa pas faire.

Cette suite d'accords et de ruptures révèle comment on pratiquait le mariage dans une grande maison, celle des ducs de France, tout juste devenus rois. Et d'abord que c'est le père, le chef de famille qui marie. Lorsque Robert à dix-neuf ans renvoya l'épouse que Hugues Capet lui avait choisie, peut-être manifestait-il par ce geste son indépendance : il parvenait à l'âge d'homme et ses camarades l'encourageaient à secouer le joug de l'autorité paternelle : beaucoup plus tard, alors qu'il se plaignait de ses fils indociles, l'abbé Guillaume de Volpiano lui rappelait qu'il en avait fait autant à leur âge. Une chose est sûre toutefois : pour aller plus loin, pour prendre une autre femme légitime et la choisir lui-même, il attendit que son père fût sur son lit de mort. Il avait alors vingt-cinq ans.

Autre trait : la volonté de prendre pour épouse une

femme de rang au moins égal. Donc, issue de l' « ordre
des rois ». En effet, en 987, parmi les arguments avancés
par les partisans de Hugues Capet contre son concurrent
au trône figurait celui-ci : Charles de Lorraine avait
« pris dans l'ordre des vassaux une femme qui ne lui était
pas égale. Comment le grand duc [Hugues] aurait-il
supporté de voir reine, et le dominant, une femme issue
de ses vassaux ? » Cette nécessité obligeait à chercher, et
fort loin. Hugues Capet porta ses regards jusqu'à Byzan-
ce, sollicitant une fille de l'empereur. Il dut se rabattre
sur Rozala ; elle convenait : elle avait pour père le roi
d'Italie Béranger, descendant de Charlemagne. Le sang
de Berthe, l'épouse que Robert se donna lui-même, était
meilleur encore : elle était fille du roi Conrad de
Bourgogne, petite-fille de Louis IV d'Outre-Mer, roi
carolingien de France occidentale. Le pedigree de
Constance était moins éclatant : son père n'était que
comte d'Arles – en vérité très glorieux : il venait de
chasser les Sarrasins de Provence –, sa mère, Adélaïde
(ou Blanche), la sœur du comte d'Anjou. Robert s'était-il
abaissé jusqu'à prendre femme, comme Charles de
Lorraine, dans des maisons vassales ? On ne sait rien des
aïeux de Guillaume d'Arles : ils étaient peut-être eux
aussi carolides. La mère de Constance avait en tout cas
été l'épouse du dernier roi carolingien Louis V – lequel
n'aurait certainement pas accueilli dans son lit une
femme qui ne fût pas de très bon sang ; son mari l'avait
presque aussitôt renvoyée, et le comte d'Arles reprise,
sans que personne apparemment ait parlé d'adultère ;
mais elle avait été « consacrée » reine par les évêques, et
les effets d'un tel rite ne s'effacent pas : Constance ne
fut-elle pas pour cette raison considérée comme fille de
reine ? Au XIIIᵉ siècle, elle était devenue, dans la
mémoire de Gervais de Tilbury, la propre fille de
Louis V, il l'aurait cédée, en même temps que le
royaume, au fils de Hugues Capet. Sans doute, les
chroniqueurs contemporains n'attribuent-ils pas une
origine carolingienne ou royale à cette troisième épouse.
Mais ils ne disent pas davantage de Rozala, de naissance

bel et bien royale. Ceci marqué, il se peut qu'en 1006, la volonté d'isogamie fût devenue moins vive.

Elle était contrariée par le souci d'éviter d'épouser de trop proches parentes. Hugues Capet avait exposé la difficulté au Basileus : « Nous ne pouvons trouver une épouse de rang égal en raison de l'affinité qui nous lie aux rois du voisinage », et Henri Ier, fils de Robert, dut aller chercher femme à Kiev. Mais la considération du rang passait d'abord. Robert était peut-être cousin éloigné de Constance; il l'était sûrement de Rozala, au sixième degré, c'est-à-dire, cette fois, à l'intérieur de l'aire de l'inceste telle que la circonscrivaient les évêques; la plus royale de ses trois épouses, Berthe, était aussi la plus proche : cousine au troisième degré seulement. Notons que la seule parenté qui parût à l'époque de nature à provoquer l'annulation du mariage fut celle de Berthe : elle crevait les yeux. Mais pour le fils de l'« usurpateur » Hugues Capet, s'unir à la nièce de Charles de Lorraine méritait de transgresser l'interdit.

De ces filles de roi, les deux premières avaient d'abord épousé des comtes, alliances normales : la stratégie dynastique portait à choisir l'épouse du fils aîné dans une maison plus puissante. Ces filles donc n'étaient pas vierges, et l'on ne s'attarda point à cette imperfection. Elles étaient veuves, Rozala, du comte de Flandre Arnoul, Berthe, du comte de Blois Eudes. Saisies dans les premiers jours de leur veuvage, le motif du choix était clair : par de tels mariages, le Capétien espérait mieux tenir, sinon la couronne, du moins la principauté, le duché de France. Une partie en était perdue, abandonnée aux chefs normands, sauvages, à peine évangélisés; le centre, autour d'Orléans et de Paris, restait fermement en main; ailleurs, les comtes de Flandre, ceux de Blois, ceux d'Anjou développaient leur propre puissance. Il fallait au bon moment s'attacher l'un ou l'autre par une alliance. C'est à cela précisément que servait le mariage.

Hugues Capet avait misé sur la Flandre. Lorsque mourut le comte Arnoul, son fils aîné était enfant. L'idée fut, en 989, de donner à ce garçon pour paraître l'héritier du royaume. La tutelle s'avéra difficile. On risquait dans l'affaire de perdre le château de Montreuil, récemment conquis et cédé en douaire à Rozala (il fut plus tard le douaire de la première épouse, flamande elle aussi, de Philippe Ier; on aperçoit que certains biens patrimoniaux avaient cette fonction : on les utilisait de génération en génération pour doter l'épouse du chef de maison). Rozala, inutile, fut répudiée « par divorce [2] » : la séparation eut lieu dans les formes, sinon que la famille réussit à ne pas lâcher Montreuil. En 996, l'urgent pour le Capétien était de retenir ce qu'il pouvait en Touraine, de résister aux empiétements du comte d'Anjou et du comte de Blois. Le premier était moins indocile, le second plus puissant et plus dangereux : Eudes s'était fait donner le comté de Dreux pour admettre que son seigneur reçût la couronne en 987; sur le flanc de l'Orléanais, tous les guerriers étaient ses vassaux. Heureusement les deux maisons comtales s'affrontaient. A la cour, le vieux roi penchait pour l'Angevin; son fils, et naturel adversaire, pour le Blaisois. Quand Eudes de Blois mourut en février 996, le comte d'Anjou se jeta sur la ville de Tours, et quelques mois plus tard, libéré par l'agonie de son père, Robert se jeta sur Berthe, la veuve. Selon l'historien Richer, il fut d'abord son « défenseur », et à ce titre reprit Tours, puis il l'épousa, espérant dominer le comté de Blois, comme jadis la Flandre, par les fils, à peine majeurs, de sa nouvelle épouse. L'aîné mourut presque aussitôt; le second, Eudes II, devint vite arrogant, gênant, par ses intrigues menées jusqu'au cœur de la maison royale. Déçu, le souverain décida de revenir à l'amitié angevine. En changeant de femme : c'était ainsi que souvent se renversaient les alliances. Il renvoya Berthe, il prit Constance; elle était cousine germaine du comte d'Anjou Fouque Nerra. Eudes gardait à la cour ses partisans. Il travailla à détruire le nouveau mariage et faillit réussir. On le sait par ce que raconte Oderanus de Sens [3]. Ce moine chroniqueur était aussi orfèvre, très fier de son ouvrage, la châsse de saint Savinien, ornée de

l'or et des gemmes que le roi Robert et la reine
Constance avaient offerts en 1019; par ce don, explique-
t-il, le couple rendait grâces au saint qui l'avait protégé
naguère : Robert était parti pour Rome; Berthe, « la
reine répudiée pour cause de consanguinité, l'accompagnait, espérant, soutenue par certains de la cour du roi, se
voir restituer tout le royaume par ordre du pape »;
Constance, éperdue, pria; trois jours plus tard, on lui
annonçait le retour du roi « et dès lors Robert chérit son
épouse plus que jamais, plaçant tous les droits régaliens
en son pouvoir ». En 1022, le comte de Blois et ses amis
livrèrent un dernier assaut. Ce fut l'affaire des hérétiques
d'Orléans, d'excellents prêtres, amis de la reine. On les
brûla. Constance, elle, demeura. Toutes ces intrigues
font reconnaître que le mariage légitime, dans une
société pratiquant largement le concubinage, était
d'abord l'instrument d'une politique. On voit l'épouse, la
dame, déplacée comme un pion, de case en case; de la
partie, les enjeux étaient d'importance : il s'agissait
d'honneur, de gloire, de pouvoirs.

Je n'ai rien dit d'un souci majeur : assurer le prolon-
gement de la lignée par l'engendrement d'un fils
légitime. Ce souci pourrait à lui seul expliquer le
comportement de Robert. Rozala avait été fertile : elle ne
l'était plus lorsque le jeune roi la reçut; « trop vieille »,
elle fut, Richer le dit, rejetée pour cela. Berthe avait
moins de trente ans; elle avait démontré sa fécondité;
cinq ans après son mariage, elle restait stérile; c'était une
raison amplement suffisante pour s'en séparer. L'avantage de Constance était sa grande jeunesse; elle mit au
monde sans tarder deux garçons; la chose faite, Robert se
sentit tout à fait libre, en 1008-1010, de la chasser de son
lit pour y replacer Berthe; à cette fin, il partit pour
Rome; heureusement pour la nouvelle reine, saint
Savinien veillait.

Le lien matrimonial se dénouait donc fort aisément à
la cour de France, dans une province moins attardée que

ne l'était la Germanie de saint Henri. Nous autres
historiens, qui ne voyons que le dehors, nous sommes
tentés d'attribuer aux trois mariages successifs trois
motifs différents : Rozala fut peut-être choisie parce
qu'elle était fille de roi, Berthe, parce qu'elle représentait
un atout majeur dans le jeu serré qui se menait en
Touraine, Constance, parce qu'il était urgent de donner
à la couronne un héritier. De l'*ardor,* de l'inflammation
du désir, nous n'avons le droit de rien dire. Remarquable
en tout cas est la liberté que l'on prit à l'égard des
prescriptions de l'Église. Quelle fut l'attitude de ses
dirigeants?

On ne voit pas qu'ils aient vigoureusement réagi à la
première répudiation ni au premier remariage, adultère
pourtant, et formellement condamné comme tel par tous
les canons que s'apprêtait à réunir Bourchard de Worms.
Le terme technique, réprobateur, *superductio,* dont
devaient abondamment user les chroniques plus tard, à
propos de Philippe Ier, n'apparaît alors nulle part. Le seul
écho d'une réticence est dans l'*Histoire* qu'écrivait
Richer, un moine de Reims qui n'aimait guère les
usurpateurs capétiens : « De la part de ceux qui étaient
d'intelligence plus pure [il pense à son maître Gerbert], il
y eut, dit-il, critique de la faute d'une telle répudiation. »
Critique discrète cependant, et « sans opposition paten-
te ». Plus loin le chroniqueur rappelle aussi que Gerbert
aurait détourné Berthe d'épouser Robert. C'est tout.
Nulle allusion à la bigamie. Les noces furent solennelles,
consacrées par l'archevêque de Tours qu'entouraient
d'autres prélats [4]. Les adversaires de cette alliance parlèrent seulement de consanguinité trop proche, comme
Helgaud. Dans un poème satirique, l'évêque Adalbéron
de Laon, mauvaise langue, raille le comte de Nevers
d'avoir, par intérêt, conseillé cet « inceste [5] ». Le mot est
là.

De fait, ce ne fut pas l'adultère mais le lien de parenté
qu'évoquèrent ceux qui voulurent dissoudre ce mariage.
Ceci rend plus évident ce trait de la morale ecclésiastique, insistant à cette époque très fortement sur l'inceste,

isolant cette faute, comme on le voit dans le *Décret* de Bourchard, la séparant tout à fait des problèmes posés par l'application du précepte évangélique d'indissolubilité. Ainsi, ce fut « pour avoir contre l'interdiction apostolique épousé sa cousine » que le roi de France et « les évêques qui avaient consenti à ces noces incestueuses » furent sommés par un concile en 997 de rompre l'union [6]. Un an plus tard, à Rome, un autre concile que présidait l'empereur Otton III décidait que Robert devait laisser sa cousine Berthe « qu'il avait épousée contre les lois », lui imposant, ainsi qu'à sa fausse compagne, sept années de pénitence, le menaçant d'anathème s'il persistait dans son péché, suspendant enfin les prélats coupables jusqu'à ce qu'ils aient donné satisfaction. Ne nous méprenons pas : ces mesures étaient politiques. On voulait à la cour pontificale que le roi de France reculât sur deux fronts : qu'il restituât l'archevêché de Reims au bâtard carolingien déposé naguère pour trahison et qu'il cessât de soutenir l'évêque d'Orléans contre les moines de Saint-Benoît-sur-Loire réclamant l'exemption du contrôle épiscopal. Le comte d'Anjou, directement lésé par le mariage royal, agissait d'ailleurs dans la coulisse : il avait entrepris fort opportunément un pèlerinage au tombeau de saint Pierre. Robert fut ému : il céda sur Reims et sur l'exemption. Le légat pontifical lui promit « confirmation de son nouveau mariage ». Pour bien marquer sa prééminence sur les évêques de la France du Nord, le pape maintint la sentence, mais pour peu de temps et sans y croire. Le roi garda sa femme, Archambaud les fonctions d'archevêque de Tours. On ne doit pas se fier au grand tableau pompier que peignit Jean-Paul Laurens : il s'inspire d'une légende tenace : le roi Robert ne fut jamais excommunié. Il renvoya Berthe, mais au moins deux ans, quatre ou cinq ans sans doute, après le décret du concile de Rome, et pour d'autres motifs. Helgaud a peut-être raison : le roi se monachisait; il songeait davantage à son âme et prenait conscience de ses fautes : ce sont là de ces faits échappant à l'observation de l'historien que nous n'avons le droit ni d'affirmer ni de nier. Du moins, pour justifier ce nouveau divorce, fut repris le bon prétexte : le cousinage. Oderanus parle clair : Berthe fut répudiée « pour raison de parenté ». L'union incestueuse rompue, chacun des conjoints avait parfaitement le droit de se remarier, ce que fit Robert le très saint. Mais quand, en 1008, à Rome, il voulut obtenir l'annulation de son troisième mariage et la reconfirmation du second, il comprit vite que jamais la curie pontificale ne couvrirait ce qui, cette fois, risquait de paraître scandaleux aux plus indulgents.

Si l'on en croit Helgaud, seuls quelques malveillants osaient douter, dans les années trente, de la sainteté de Robert. Encore ne murmuraient-ils qu'à propos de son double inceste. Ils ne disaient rien de sa trigamie. Quel évêque de cette région, si Rome s'était entêtée, aurait osé procéder contre le roi sacré aux rites d'excommunication ? La rigueur se manifesta plus tard, passé le milieu du siècle, au moment où commençait à se déployer, venant du Sud, l'entreprise de réforme et où se forgeait la légende de la chasteté de l'empereur Henri II. La réprobation s'aviva parmi les précurseurs d'Yves de Chartres et du pape Urbain II. Le premier que nous entendons est l'ascète italien Pierre Damien. Dans une lettre à l'abbé Didier du Mont-Cassin, autre rigoriste – donc entre 1060 et 1072 – il rappelle que Robert, grand-père de l'actuel roi de France, fut puni pour avoir épousé sa parente : le garçon que cette compagne illicite mit au monde était doté « d'un cou et d'une tête d'oie » ; est décrite ensuite la scène que Jean-Paul Laurens a représentée : les évêques excommuniant les deux époux, le bon peuple terrorisé, le roi abandonné de tous, sauf de deux petits valets qui se risquaient à le nourrir mais jetaient aussitôt au feu tout ce que sa main avait touché ; pris d'angoisse, assure Pierre Damien, Robert se libéra pour contracter une union légitime [7]. Ce récit, dont on ne saisit pas la source, fut repris dans un fragment d'une histoire de France composée sans doute après 1110, au voisinage du roi Louis VI. Celui-ci en était à disputer son douaire à Bertrade de Montfort, à rabaisser ses demi-frères; il laissait critiquer librement les défauts de son père Philippe Ier, lui bel et bien excommunié, et justement pour cause d'inceste; il n'interdisait pas que la critique fût reportée sur son arrière-grand-père. Mieux informé, l'auteur de ce récit quasi officiel ne parle pas seulement de consanguinité; il confirme la relation d'Helgaud, révélant que Robert était aussi parrain du fils de Berthe; frappé d'anathème par le pape, le roi s'obstina dans son péché : l'*amor,* cette pulsion perverse, charnelle, le tenait sous son joug; « la femme accoucha d'un monstre; terrorisé, le roi fut contraint de la répudier; lui et son royaume furent pour cela absous [8] ». Victoire du ciel, victoire aussi de l'Église. Elle était réelle à l'époque où ce texte fut écrit, dans la parfaite soumission du roi de France. Encore était-il nécessaire, au début du XIIe siècle, pour obtenir des laïcs obéissance aux ordres émanant du Tout-Puissant et des prélats, de recourir aux grands moyens : tabler sur une anxiété tapie sans aucun doute au fond de toutes les consciences : la crainte des effets tératologiques de l'union consanguine. On en venait surtout bien tard à célébrer cette victoire. Imaginaire : Robert, en vérité, n'avait pas lui-même été vaincu.

V

Princes et chevaliers

Robert était roi, placé hors du commun par la liturgie
du sacre, rangé dans cet *ordo regum* dont parle Adalbéron
de Laon, la seule catégorie sociale, avec celle des
serviteurs de Dieu, qui apparût comme un « ordre »,
ordonnée à la manière des milices célestes par une
morale particulière. Robert, surnommé le Pieux, fut
pourtant, malgré l'Église, incestueux et trigame. Il n'est
pas surprenant de voir, pendant la première moitié du XIᵉ
siècle, d'autres grands personnages qui, eux, n'étaient
pas sacrés, faire aussi peu de cas des consignes ecclésiastiques.

Je retiens deux exemples. Celui d'abord de Galeran,
comte de Meulan. Sa conduite étonna sans doute. Un
peu de son souvenir est en effet resté dans les œuvres
littéraires en langue vulgaire dont on se divertissait dans
les cours au XIIIᵉ siècle. Très peu : son nom. Mais sous
son nom sont décrites les contradictions dont la relation
conjugale peut, à la limite, être le lieu. Quant à la
manière dont il se comporta réellement, on sait seulement qu'il renvoya sa femme légitime. Nous n'en
connaissons pas la raison, ignorant s'il prit occasion de la
parenté ou de l'adultère supposé et quel avantage il
s'apprêtait à tirer de nouvelles noces. La répudiée se
réfugia près d'un évêque. Ils étaient les protecteurs
naturels des femmes. A l'époque même, beaucoup

s'appliquaient dans la France du Nord à étendre la paix de Dieu sur les « pauvres », tous les désarmés, victimes de la soldatesque. Lorsque l'évêque de Beauvais, en 1024, obligea les chevaliers de son diocèse à jurer qu'ils refréneraient leur turbulence, il leur fit dire en particulier : « Je n'attaquerai pas les femmes nobles [celles qui ne l'étaient pas se trouvaient déjà soustraites, toutes ensemble, aux violences, avec les paysans, avec le peuple, par les stipulations du serment de paix], ni ceux qui voyagent avec elles sans leur mari. » La même sauvegarde était promise aux veuves et aux nonnes. Comme les vierges consacrées, comme les veuves, les femmes moins méritantes, les épouses, se trouvaient transférées, en l'absence de l'homme astreint à veiller sur elles, leur *dominus,* leur maître, sous la protection directe de Dieu, c'est-à-dire des dirigeants de l'Église. A plus forte raison s'y plaçaient-elles lorsqu'elles étaient chassées du lit conjugal. Les évêques se devaient d'en prendre soin et, comme on le lit dans le *Décret* de Bourchard de Worms, exhorter leur mari à les reprendre. Voici pourquoi l'évêque de Chartres Fulbert intervint, et c'est par lui que nous connaissons l'affaire. A l'archevêque de Rouen [1], qui l'informait de l' « effronterie » de Galeran, il répond : depuis longtemps il me fatigue ; je lui répète qu'il ne peut se remarier du vivant de sa femme ; voici maintenant qu'il me demande de la lui rendre parce qu'elle s'est enfuie ou, si elle refuse, de l'excommunier ; sinon, me dit-il, nous l'induirions à forniquer ; or l'épouse a refusé : connaissant son mari, elle préférerait encore entrer dans un monastère. Fulbert ne la forcera pas à devenir moniale, il ne lui interdira pas non plus de prendre le voile ; en tout cas, il ne la contraindra pas à rejoindre son mari qui la hait, et qui sans doute la tuerait. Galeran le presse alors de l'autoriser à prendre une autre épouse, affirmant à tort que la première l'a abandonné. L'évêque lui refuse ce droit « aussi longtemps que l'*uxor* ne sera pas ou moniale ou morte ». Cette lettre apprend que le comte de Meulan, après répudiation, a déjà engagé des procédures de remariage, qu'il est donc, en esprit au moins et en toute bonne conscience, bigame ; qu'il tient cependant à ce que sa nouvelle union soit approuvée par l'autorité épiscopale – ce désir est constant à cette époque dans la haute société que j'étudie – et qu'il use pour fléchir les prélats d'un argument de poids : il est sans femme, il brûle, il va pécher. Cette lettre apprend également que le bon évêque, l'excellent juriste qu'est Fulbert de Chartres, propose, dans sa discrétion, lorsqu'il est dangereux de ramener la femme dans le lit conjugal, une solution : l'entrée de la répudiée en religion. Préférable à l'assassinat. C'est là l'une des fonctions remplies par les couvents de femmes. On y case les épouses en difficulté. Faut-il établir quelque rapport entre la multiplication des monastères féminins en France du Nord dans le cours du XIᵉ siècle et l'évolution des pratiques matrimoniales, le renforcement des scrupules qui retenaient les grands de purement et simplement répudier ?

Mon second exemple est plus significatif. Je parle du fils de Fouque Nerra, le comte d'Anjou Geoffroi Martel qui mourut en 1060. Une pièce du cartulaire de l'abbaye du Ronceray [2] nous renseigne comme le ferait une chronique. Cette charte, comme tant d'actes de ce temps conservés dans les archives ecclésiastiques, relate une contestation à propos d'une aumône que le donateur ou ses ayants droit ne voulaient pas lâcher. Le monastère prétendait avoir reçu en donation un vignoble près de Saumur. Geoffroi l'avait repris et octroyé « à ses épouses ou plutôt à ses concubines » (voilà le mot, gros, qui condamne). De ces femmes, la notice procure la liste : « A Agnès en premier lieu, puis à Grécie, ensuite à Adèle, fille du comte Eudes, puis de nouveau à Grécie, enfin à Adélaïde l'Allemande. » *Primo... deinde... postea... postremo* : le vocabulaire est superbe. Très bel exemple de polygamie successive. Nous en sommes informés par hasard, parce que cette terre a servi de dotation maritale. Comme le château de Montreuil utilisé par Hugues Capet pour doter l'épouse de son fils, ce bien ne venait pas des ancêtres, il avait été conquis, en même temps que

le château de Saumur, par Fouque Nerra en 1026.
Fouque l'avait donné en douaire à sa dernière femme
légitime. Veuve, celle-ci le conserva et, lorsqu'elle partit
à Jérusalem dans l'espoir de mourir près du Saint-
Sépulcre, elle le légua à sa fille Ermengarde, déjà veuve
elle-même et qui peut-être en fit cadeau aux moines
pour le repos de l'âme de son mari. La première histoire
de ces rangées de ceps porte un nouveau témoignage sur
cette pratique, commune, dit-on, aux sociétés indo-
européennes [3], l'habitude de prélever sur le patrimoine
une portion marginale, prise sur les acquêts, pour
l'attribuer aux femmes de la maison, et qui se transmettait dès lors de mère à fille, de tante à nièce. Il advint
cependant qu'Ermengarde fut remariée par ses proches à
l'un des fils du roi Robert le Pieux, Robert, duc de
Bourgogne. Cette seconde union d'Ermengarde, un
moine dont on connaît la rigueur, Jean de Fécamp, la dit
illicite : le duc, « ayant répudié son épouse légitime, se
vautra dans un commerce déshonnête et souillé par le
cousinage [4] » : il était en effet parent au quatrième degré
de sa nouvelle épouse. Ceci n'empêcha pas les noces,
mais Geoffroi Martel en prit prétexte pour ressaisir cette
part du douaire de sa mère défunte. Il en fit bénéficier
ses femmes à tour de rôle ; la dernière, Adélaïde, garda le
bien deux ans après son veuvage, jusqu'à ce que le
nouveau comte d'Anjou s'en emparât. Se montre ici un
autre trait : le faible pouvoir de la femme sur le
sponsalicium, la *dos* qu'elle reçoit de son époux : il est
rare qu'elle en jouisse longtemps lorsque, veuve, elle n'a
pas d'enfant ; lorsqu'elle est répudiée, son pouvoir est
plus précaire encore. Car les dirigeants de la maison, les
mâles ont pour eux la force et répugnent à laisser en
d'autres mains les possessions qu'ont jadis tenues leurs
ancêtres mâles.

Ce texte révèle que Geoffroi Martel eut, tour à tour,
quatre « concubines » – comme disaient les moines –, en
vérité quatre épouses : la dernière est bien dite *uxor* en
1060 dans les chartes délivrées par la chancellerie
comtale. Les premières noces du comte d'Anjou dataient

de 1032. Tard – il avait vingt-six ans –, son père, huit ans
avant de mourir, choisit pour lui une héritière, Agnès,
veuve de Guillaume le Grand d'Aquitaine. De haut
parage : fille du comte de Bourgogne, petite-fille d'un roi
d'Italie, elle descendait de Charlemagne. Dans ce
moment de grand éclat, les princes angevins se mariaient
aussi bien que les Capétiens, sinon mieux. Geoffroi la
renvoya vers 1050. Ce lui fut facile. Tout le monde savait
qu'elle était sa proche parente, par affinité. Le moine qui
tenait l'obituaire de l'abbaye Saint-Serge notait à l'année
1032 : « Le comte prit en mariage incestueux la comtesse
Agnès, qui avait été la femme de Guillaume, son cousin »
au troisième degré ; et le rédacteur des *Annales* de
Saint-Aubin : « Guillaume prit Agnès en mariage incestueux et la ville d'Angers fut brûlée dans un incendie
horrible » : le péché du prince attire le châtiment sur tout
son peuple ; on lit dans la même chronique, à l'année
1000 : « Premier incendie de la ville d'Angers, peu de
jours après que la comtesse Élisabeth fut brûlée [par son
mari Fouque Nerra, et pour cause d'adultère : c'était le
moyen le plus sûr de supprimer tout obstacle au
remariage]. » Dans ce péché, notons-le, Geoffroi Martel
vécut paisiblement pendant vingt ans. Il commença de se
sentir souillé lorsqu'il songea à changer d'épouse. Entre
1049 et 1052, il prit une autre veuve, celle du sire de
Montreuil-Bellay, une fille de la maison de Langeais,
très huppée. Il acceptait pourtant de rabaisser d'un bon
cran le niveau de son union ; il se peut que le roi Henri Iᵉʳ
lui ait alors forcé la main. Puis pendant les huit dernières
années de sa vie, ce fut un va-et-vient de femmes : il
renvoyait Grécie pour la fille du comte de Blois, sa
cousine au quatrième degré, ce qui l'assurait de pouvoir à
tout moment s'en défaire ; il reprenait Grécie, il la
remplaçait par Adélaïde. Cette apparente inconstance
procédait d'un souci majeur : engendrer un héritier. Il
avait quarante-cinq ans lors du premier divorce. Il se
hâtait. Il essayait ici et là, fébrilement. Sans succès : la
stérilité tenait à lui, ce que les hommes, en ce temps-là,
n'avouent pas. Sur son lit de mort, il dut choisir pour

successeur les plus proches garçons de son sang, les fils de sa sœur Ermengarde; l'aîné reçut l'« honneur », le comté; le cadet, un seul château qu'il tint en fief de son frère : c'est, en 1060, l'un des premiers exemples en cette région de ce que les juristes nomment le parage [5].

Dans la première moitié du XIᵉ siècle, les princes usent aussi librement du mariage que le roi, encore moins attentifs, semble-t-il, à la réprobation de l'Église. De l'Église? D'une part au moins des ecclésiastiques. Ces hauts seigneurs sont plus libres que les rois. Leur devoir de défendre un patrimoine n'est pas moins impérieux. La désinvolture qu'ils manifestent doit, je pense, être mise en rapport avec les changements qui à cette époque affectent dans l'aristocratie les relations de parenté. Après Karl Schmid et d'autres élèves de Gerd Tellenbach, j'ai beaucoup écrit d'un phénomène de large conséquence : le passage d'une structure familiale à une autre. A la fin du IXᵉ siècle, la parenté demeurait vécue, si je puis dire, à l'horizontale, comme un groupe rassemblant, sur l'épaisseur de deux ou trois générations seulement, les consanguins et les alliés, hommes et femmes, sur le même plan – ce qui se voit dans le *Manuel* de Dhuoda mais aussi dans les *Libri memoriales,* ces registres qui servaient aux liturgies funéraires et qui montrent réunis en communauté spirituelle par le devoir de prier et par le même espoir de salut des groupes formés, par exemple, d'une dizaine de défunts et d'une trentaine de vivants. Insensiblement, à cet assemblage, un *nouveau* se substitua : vertical celui-ci, ordonné en fonction de la seule *agnatio* – une lignée d'hommes, la place et le droit des femmes se rétrécissant et, le long de ce tronc, le souvenir englobant toujours davantage de morts, remontant vers un aïeul, qui, au fil des temps, peu à peu s'éloignait : le héros fondateur de la maison. De longue date, la maison du roi présentait d'elle-même cette image. Dans la première phase de féodalisation, au

cours du Xe siècle, les maîtres des très grandes principautés en formation, les princes, l'adoptèrent. Cette
image se propagea par mimétisme, et cette fois très vite,
dans le moment de turbulence qui environne l'an mil,
lorsqu'un système nouveau d'exploitation, la seigneurie,
se mit en place. Elle se répandit à travers toute la strate
sociale que ce système isolait désormais plus rigoureusement du peuple.

Déchiffrant les parchemins des archives de Catalogne
– c'est-à-dire dans le royaume de France, mais fort loin
de la région que j'observe – Pierre Bonnassie [6] discerne
entre 1030 et 1060 les signes d'un trouble. Il voit des
garçons qu'on expulse, contraints de s'en aller très loin
sous prétexte de pèlerinage; il en voit d'autres prenant les
armes contre leur père ou leur oncle; il voit des frères
ennemis qui s'entretuent; il entend des contemporains se
lamenter : c'est la dépravation de la jeunesse, les jeunes
ne respectent plus les anciens... Or, des convulsions
comme celles dont la famille comtale de Barcelone était,
par exemple, le lieu, j'en découvre aussi dans celle des
comtes d'Anjou : Fouque Réchin disputa le comté à son
frère aîné, le vainquit, le captura, le déshérita et ne le
libéra jamais de l'étroite geôle où il l'avait enfermé pour
qu'il ne le gênât plus. Est-il sûr que de telles discordes
étaient choses nouvelles? Nous les voyons mieux parce
que les documents changent à ce moment de nature : aux
chartes jusqu'alors engoncées dans des formules rigides,
sèches, qui ne révèlent presque rien du concret de la vie,
succèdent à cette époque même, dans le nord de la
France comme en Catalogne, des narrations très libres,
prolixes relations primesautières de débats poursuivis
devant des assemblées d'arbitrage, et ces petites chroniques dramatisantes insistent volontiers sur les manifes-
tations de la violence. A nombre d'indices, il apparaît
cependant que ce tumulte surprit. Dans ces années, les
tensions s'aggravèrent certainement au sein des familles
et ce fut, peut-on supposer, la conséquence d'une
modification rapide des règles traditionnellement suivies
lors des partages successoraux, l'effet également d'une

concentration des pouvoirs entre les mains du *caput mansi,* comme dit une charte clunisienne, du *caput generis,* comme écrit plus tard Galbert de Bruges – du « chef », du « chef de la maison », de ce qui devient une « race », un lignage. Frustrés, les fils de cet homme réclament dès qu'ils deviennent majeurs, s'emparent de ce qu'ils peuvent, quand ils le peuvent, de vive force, toujours amers, rageurs, comme le sont aussi les époux de leurs sœurs et de leurs tantes qui voient se résorber le droit qu'ils espéraient d'hériter. Dans le même temps, le responsable de l'honneur familial, afin d'en préserver l'éclat, s'applique à contrôler plus rigoureusement la nuptialité des filles et des garçons placés sous son autorité, cédant volontiers les unes, mais n'autorisant que quelques-uns des autres à contracter mariage légitime et cette parcimonie conduit à maintenir dans le célibat la plupart des guerriers, avivant ainsi leur rancœur et leur turbulence. Je tiens ces changements d'attitudes, qui datent de la première moitié du XIᵉ siècle, pour l'un des aspects majeurs de la « révolution féodale ».

Dans cette profonde mutation qui modifia en quelques décennies les structures de la classe dominante, qui la constitua en une juxtaposition de petites dynasties rivales enracinées sur leur patrimoine, agrippées au souvenir de leurs ancêtres mâles, dans la compétition pour le pouvoir seigneurial et dans sa répartition, il semble bien que le mariage ait tenu un rôle de premier plan. Le roi, les grands princes féodaux, resserrèrent le lien d'amitié vassalique en distribuant des épouses aux plus dévoués de leurs fidèles : le mariage fut instrument d'alliances. Il fut surtout instrument d'implantations : en prenant femme, en s'en emparant ou en la recevant de leur seigneur, quelques-uns des chevaliers réussirent à sortir de l'état domestique, quittèrent la maison d'un patron pour fonder la leur. Les documents de l'époque renseignent mal sur ces phénomènes. Mais on les voit se refléter cent cinquante ans plus tard dans la mémoire que les descendants de ces heureux époux conservaient de leur plus lointain aïeul : ils se plaisaient à l'imaginer sous les traits d'un aventurier, d'un « jeune », un chevalier errant prolongeant sa quête à la manière de Lancelot ou de Gauvain, parvenant enfin à se fixer, à s'établir en épousant. Peut-être ce souvenir était-il déformé, et je préfère y revenir plus loin, lorsque j'examinerai les écrits qui le conservent[7]. Mais au cours de la mutation dont je parle, les relations au sein du couple conjugal évoluèrent. Ici, les textes contemporains de cette transformation sont plus explicites : quelques actes, conservés dans les fonds d'archives ou les cartulaires font entrevoir comment insensiblement changèrent les formes du contrat matrimonial.

A l'occasion de l'acquisition d'un bien, il arrivait que le moine ou le chanoine, chargé de la gestion du domaine ecclésiastique, conservât dans le dossier garantissant le transfert de propriété telle pièce livrée par le donateur ou le vendeur et précédemment dressée lors d'un mariage, plus précisément durant la première phase du rituel, la *desponsatio*. Dans les pays où la tradition de l'écriture juridique ne s'était pas tout à fait perdue, la gestualité symbolique impliquait en effet qu'un parchemin contenant les termes de l'accord passât d'une main dans une autre sous les yeux des parents et des amis rassemblés. De tels documents sont rarissimes dans les provinces où je mène mon enquête. Pour cette raison je m'en écarte un peu. Je retourne un moment à cette source d'information d'une exceptionnelle richesse pour les années qui encadrent l'an mil : les cartulaires de l'abbaye de Cluny, celui de la cathédrale de Mâcon, d'autres registres venus d'établissements religieux voisins plus modestes. Il reste là quelques bribes, épargnées par hasard, de ce que la coutume imposait alors d'écrire, partout, jusque dans les moindres villages, à tous les degrés de l'échelle des fortunes, et même dans la paysannerie, parmi les plus petits propriétaires, pour fixer les droits respectifs sur les biens du couple, lorsque celui-ci se constituait. J'utilise cette source, sans perdre de vue que, peut-être, les usages n'étaient pas tout à fait semblables dans l'Ile-de-France ou dans la Picardie, et sachant aussi qu'il ne faut pas trop attendre de ce genre de textes : le formalisme des notaires voile la réalité profonde : rien à peu près ne transparaît des rapports de conjugalité sinon ce qui touche à la propriété foncière.

Parmi ces titres, quelques-uns, mais fort peu, concernent ce que nous appelons aujourd'hui la dot, la donation des parents à leur fille entrant en ménage, ou plutôt du couple qui se formait : « A toi mon cher gendre et à sa femme [je traduis fidèlement, transcrivant les incorrections d'un latin souvent très barbare] moi et ma femme nous donnons [8]... » : le gendre passe en premier, dans le respect des hiérarchies : l'homme est le chef de la femme. De l'an mil date une autre trace – je dis bien trace : l'acte lui-même est perdu; il est rappelé à l'occasion d'une transaction ultérieure : une épouse agit cette fois la première, mais non pas seule, avec son mari (« moi et mon seigneur » *(dominus)*); ils offrent ensemble à Cluny deux exploitations rurales, mais celles-ci viennent de la mère de la femme, qui « la mariant les lui avait cédées en dot *(in dotem)* [9] ». La mère seule ici a doté; sans doute le père était-il mort; notons que le bien venait des ancêtres maternels : une tante de la donatrice avait déjà donné ces terres à Dieu et aux moines de Cluny; sœur, mère, fille : voici que de nouveau se montre cette part de la fortune laissée aux femmes pour leur mariage ou leurs aumônes funéraires. Troisième et dernière mention, datant de la seconde moitié du XIe siècle : un chevalier partage avec ses frères la succession paternelle, à l'exception, dit-il, d'une portion, toute petite, que le père avait donnée « à ses sœurs et à ses filles », vraisemblablement lorsqu'il les mariait [10].

On ne peut cependant affirmer que fût absolument nécessaire un apport de la fille lors des épousailles. Alors qu'il fallait que son mari la dotât et, en Mâconnais, par une *carta,* une charte de donation. Très brève. Voici trois de ces actes qui furent rédigés la même année, en

975-976, dans les environs de Cluny par des prêtres de campagne[11] : « A ma très douce et très aimable *sponsa* [on ne la dira *uxor* qu'après les noces], moi Dominique ton *sponsus*, alors que, par la volonté de Dieu et par le conseil (*consilium*) des parents de nous deux, je t'ai épousée (*sponsavi*) et, s'il plaît à Dieu, je veux entrer avec toi en communauté légitime, par amour, je te donne [ces gens sont de petits propriétaires, Dominique cède « la moitié de sa portion » dans une seule exploitation agricole qu'il tient avec ses frères; par ce don, sa femme devient participante de l'indivision] (...) ceci je te le donne en dot. » « Pour amour et bon vouloir que j'ai contre toi et pour les bons services que tu m'as servis et en d'autres choses m'a promis, en cause de cela je te donne... ». « En pour l'amour de Dieu, de mes parents et de mes amis, je t'ai épousée selon la loi Gombette [référence ici à la loi civile, la vieille loi romaine jadis adaptée pour les Burgondes], de la mienne part, de tout ce que j'ai, toute la moitié je te la donne, à toi ma *sponsa,* et je te dote (*doto*) avant le jour nuptial, et tu en feras après ce jour tout ce que tu voudras. » On le voit : les formules de ces contrats paysans sont diverses. Mais elles ont germé sur le même fond et chaque scribe répète la même, qu'il tire de sa mémoire ou de son manuel. Elles montrent d'abord la distinction entre les « épousailles » et les « noces » : le pacte concernant les biens précède l'union des corps; l'épouse n'entre en possession qu'après la nuit où son mari l'a possédée. Dès lors, elle est pleinement maîtresse de sa portion, égale à celle que garde son époux. Elle entre dans la maison qui l'accueille en associée à part entière, parmi les co-possesseurs du patrimoine. « Je te donne une participation, dit expressément un *sponsus*, à la mienne fraternité qui m'adviendra de mon père et de ma mère[12]. » Remarquons aussi que le mari est censé agir seul : « Moi je... » : c'est ainsi qu'il parle. Remarquons encore la référence obligée à l'amour, au « bon vouloir ». Les formules toutefois mettent soigneusement en évidence que le sentiment et la décision individuelle sont subordonnés d'une part à la volonté divine, d'autre part au « conseil », c'est-à-dire à la décision des deux parentés.

L'acte écrit prend de la solennité lorsque ce sont des riches, des grands que l'on marie. Voici la charte de *sponsalicium*[13] d'Oury, maître du château de Bâgé en Bresse, le plus puissant, avec le sire de Beaujeu, des vassaux du comte de Mâcon. Elle fut rédigée en 994 dans la cité de Mâcon en fort bon latin par un chanoine de la cathédrale et souscrite par le comte et la comtesse. Son long et pompeux préambule expose la théorie ecclésiastique du bon mariage, rappelant « la coutume antique », « la loi de l'Ancien et du Nouveau Testament », « la confirmation du Saint Esprit, nous instruisant par l'intermédiaire de Moïse (?) du mariage de l'homme et de la femme »; la Genèse, II, 24 est citée : « L'homme quittera son père et sa mère et ils seront deux en une seule chair »; Matthieu, XIX, 26, est cité : « Ce que Dieu a joint, l'homme ne le séparera pas »; allusion enfin est faite aux noces de Cana : « Notre Seigneur qui s'est fait homme et qui a fait les hommes a voulu être présent aux noces afin de confirmer la sainteté de l'autorité plénière du mariage. » Selon toute vraisemblance, Oury a lu lui-même cette partie du texte; les mots de l'Écriture sont aussi sortis de sa bouche et l'on voit, par la nécessité de l'acte écrit, par celle de recourir forcément pour dresser cet acte aux gens d'Église, la morale que ceux-ci prêchaient s'infiltrer dans l'esprit des laïcs, imprégner ces gestes très profanes : l'échange, la fille cédée, le contre-don de celui qui la prend en main. « Pour cela, moi, Oury, poursuit-il, respectant une telle autorité, inspiré par le conseil et les exhortations de mes amis, aidé par la piété céleste, je me réclame de la coutume générale de l'association conjugale : par amour, et selon l'antique usage, je te donne à toi, ma *sponsa*, très chère et très aimante, par l'autorité de ce *sponsalicium*... » non pas cette fois une part indivise, mais une série de biens, nommément désignés, un très vaste ensemble domanial prélevé sur la fortune héréditaire, cédé avec l'assentiment d'un frère (les parents eux sont morts) en donation perpétuelle, « pour l'avoir, la vendre, la donner, pour en faire ce que tu voudras, selon ton libre arbitre ». Cette déclaration emphatique reprend en fait les mots que les prêtres des villages transcrivaient dans une langue très fruste, sur des rognures de parchemin, lorsque s'épousaient des croquants.

Les formes changèrent durant le demi-siècle qui encadre l'an mil. Les dernières chartes de *sponsalicium* qui furent recopiées dans les cartulaires de cette région datent des années trente du XIe siècle[14]. Qu'elles disparaissent tient à ce que les procédures judiciaires se transformaient, qu'il n'était plus utile de produire devant les assemblées de justice des preuves écrites, que pour rendre leur sentence les arbitres se fondaient maintenant sur des témoignages oraux ou sur les épreuves du jugement de Dieu. Les archivistes par conséquent ne prenaient plus soin des titres de cette sorte. La coutume demeurait cependant d'une donation formelle du mari lors des épousailles. J'extrais des archives de Notre-Dame de Beaujeu un document daté de 1087 : un homme rappelle qu'il a épousé une femme « sous régime dotal lui donnant le tiers de ses droits sur une exploitation agricole[15] ». Cependant, si les moines et les chanoines négligèrent de conserver les traces de tel contrat, c'est sans doute aussi que, passé 1030 – 1040, la puissance de l'homme sur la totalité du bien conjugal s'était renforcée à tel point que, les prérogatives de l'épouse étant désormais purement fictives, il ne servait de rien d'en faire état.

Apparemment, c'est bien le sens de l'évolution. L'association à part égale des deux conjoints se transforme insensiblement en une petite monarchie où le mari règne en maître. En effet, le mouvement qui conduit les relations familiales à se contracter dans le cadre du lignage affirme la prééminence des mâles; il appelle à protéger le patrimoine ancestral du fractionnement, à limiter le nombre de ceux qui peuvent prétendre en recueillir une part; pour réduire ce nombre de moitié il suffit que soient exclues de la succession les femmes de la maisonnée. Ainsi se résorba le pouvoir féminin sur les biens héréditaires. Cette progressive rétraction apparaît à plusieurs indices.

On voit d'abord s'amenuiser la part accordée à l'épouse par l'acte de *sponsalicium*. Elle était de moitié à la fin du Xᵉ siècle; elle l'est encore en 1008[16]. Mais dans des chartes écrites en 1005-1008[17], le mari déjà n'abandonne plus que le tiers de sa terre; il ajoute un petit cadeau, une parcelle de champ, de vigne. Passé 1030, ce supplément disparaît. De plus grandes conséquences sont les clauses restreignant le droit qu'avait la femme de disposer pleinement de sa part. On les voit apparaître en 1004, 1005, 1006. La cession n'est plus que viagère : à la mort de l'épouse, le bien dotal reviendra, est-il dit expressément, aux héritiers du couple. Le même Oury de Bâgé, en faveur de sa même très chère et très aimante compagne, animé du même amour et de la même bienveillance, augmenta la donation qu'il avait faite une dizaine d'années plus tôt – sans doute son frère était-il mort, il en avait recueilli les biens, il devait rétablir l'équilibre au sein de l'association conjugale; il prit soin de stipuler qu' « après le décès [de sa femme] ces choses reviendront aux enfants qui sont nés ou naîtront d'elle et de moi[18] ». Les formules dont on use au village sont plus restrictives encore : « S'il advient des hoirs de nous-mêmes, le douaire leur reviendra; si nous n'en avons pas, nous aurons l'usufruit tant que nous vivrons [notons-le bien : l'épouse n'a plus que la jouissance, qu'elle partage avec son mari]; après ton décès, il ira à mes proches[19]. » Cette disposition s'installa dans la coutume fermement, en même temps qu'une autre, moins stricte : « Après notre décès, un tiers reviendra à mes proches; de l'autre, tu feras ce que tu voudras[20]. » Les prêtres en effet rédigeaient ces actes : ils veillaient à réserver la part du mort, espérant bien qu'on l'utiliserait pour les aumônes funéraires.

A ce moment de l'évolution, le droit de l'épouse est encore effectif. Survit-elle à son mari, elle dispose jusqu'à sa mort des biens qui lui ont été donnés lors du mariage. Entre 1031 et 1048, le chevalier Bernard, partant pour Jérusalem, se dépouillait de tout; il avait deux frères, il fit offrande à Cluny du tiers de ce qui avait appartenu à leur père et qu'il tenait en indivision avec eux; il donna également « le tiers de ce que sa mère tenait, sa vie durant, et que les moines recevraient après son décès[21] ». Un autre Bernard cède en 1037 ce qu'il possède, avec le consentement de son frère, de sa femme, de tous ses amis; Cluny reçoit la moitié de l'héritage – son frère gardant l'autre; quant au *dotalitium* de l'épouse, le mari en dispose librement, il le donne aussi au monastère, mais sous réserve que la femme en garde l'usufruit jusqu'à sa mort[22]. Enfin, au temps du roi Robert : « A mon cher fils, moi, ta mère, pour amour et bonne volonté [les mots repris ici sont ceux que le mari prononce en dotant sa femme], je te donne ce que je tiens en *dotalitium* de mon seigneur [*senior :* entendons mon mari] et de mon père[23] » : dans ce couple, la dotation de l'épouse avait été constituée par des biens venant à la fois de son propre lignage et de celui de son homme; la donatrice cède la nue propriété, conserve la jouissance sa vie durant, et l'on voit bien la signification de cet écrit : le mari venait de mourir; il était nécessaire de garantir à nouveau les droits de la veuve face aux prétentions de son fils. Confirmation donc, et semblable à celle qu'évoque cette autre pièce tirée, elle aussi, des archives clunisiennes : vers 1080, une femme, avec l'approbation de ses trois fils, fit don d'un très grand domaine; « cette *villa,* dit la notice, elle l'avait retenue en aumône de son mari et de son fils, quand son mari partagea son *honneur* entre ceux-ci[24] ». La femme, par le don d'épousailles était donc assurée contre les risques du veuvage. Elle l'était également contre ceux de la répudiation. Par l'acte que j'ai cité tout à l'heure, Notre-Dame de Beaujeu reçut d'une femme le *sponsalicium* qu'elle avait conservé jusqu'à sa mort bien que son mariage ait été rompu pour cause de consanguinité : tous les maris ne traitaient pas avec autant de liberté que Geoffroi Martel la terre dont ils avaient gratifié leur épouse.

Les stipulations de ces chartes prenaient effet lorsque le lien conjugal se dénouait, lorsque la femme restait seule. Auparavant, ses droits étaient étouffés par ceux que détenait et exerçait l'homme. Ils l'étaient de plus en plus, tandis que les rapports de parenté se resserraient à l'intérieur des structures lignagères, et que, dans les consciences, le groupe familial revêtait l'aspect toujours plus net d'une lignée d'hommes – image que reflète cette clause d'un acte de donation daté de 1025 : « Par la succession des temps, les fils légitimes issus de ma semence par mon épouse légitime se succéderont à tour de rôle par droite et légale ligne de génération[25] » : les « fils », non pas les « enfants » ; ce sont les seuls héritiers vrais ; les filles sont exclues comme le sont les bâtards. Privilège de la masculinité. Importance de la légitimité du mariage. Il en résulte que, dans le couple, le « maître », le mari, le « seigneur » – il porte le nom que l'on donne à Dieu le père – appesantit son autorité : il gère la part du patrimoine ancestral qu'il a donnée à sa compagne, il gère aussi ce qui peut échoir à celle-ci du bien de ses parents. Il en dispose. Il requiert certes son consentement, mais c'est lui qui parle, qui agit. En 1005, un chevalier donne « toutes les possessions que le père de sa femme avait à tel endroit et que lui-même tenait (*tenebat*) de la part de sa femme[26] ». A l'autre extrémité du siècle, une épouse offre à Saint-Vincent de Mâcon la dot qu'elle avait reçue : la donation s'opère « par la main » de Bernard son mari[27]. Tous les droits de la société conjugale sont, voyez les mots, tenus dans la main toujours plus crispée d'un homme.

Cette emprise progressive de l'époux sur la totalité du bien du couple, conjointe aux dispositions réduisant l'étendue du douaire et prévoyant son retour aux mâles du lignage, protégeait la fortune foncière héritée des aïeux d'un danger : le mauvais usage que peut-être allait faire de la portion qui lui en était cédée cette femme d'un

autre sang introduite dans la maison. Mais le renforcement de la puissance maritale aggravait une autre
menace. Qui donnait une sœur, une fille, une nièce en
mariage pouvait craindre que cet homme étranger qui
étendait désormais son pouvoir sur cette femme ne vînt à
mettre la main sur les biens de la lignée. De fait, les
pièces d'archives que j'examine font état du droit des
gendres. Tardivement : passé le milieu du siècle. Vers
1050, le chevalier Achard agonisait dans sa maison des
environs de Cluny ; sur son lit, il dictait ses volontés ; il
désignait les terres qu'il offrait à Dieu pour le salut de
son âme ; il demanda à ses parents d'approuver le don,
c'est-à-dire – telle est la signification de cet assentiment –
de renoncer à leurs prérogatives afin de participer à
l'aumône et au bénéfice spirituel que l'on en attendait ;
ses fils se présentèrent alors les premiers, un cousin les
suivit, puis un proche, enfin le gendre et son épouse ; cet
homme était le dernier de la procession, mais il était là, et
passait avant sa femme, comme la hiérarchie naturelle
l'exige[28]. C'est à la même époque que l'on voit apparaître,
toujours plus menaçants, les gendres des bienfaiteurs
défunts parmi ces hommes, de plus en plus nombreux,
dont les établissements religieux doivent acheter, et de
plus en plus cher, la renonciation s'ils veulent jouir en
paix des donations pieuses.

La parade à ce danger fut de réduire le droit des filles
mariées à l'héritage. Limitant ce droit à certains biens
que leur mère avait elle-même tenus en dot et qui se
trouvaient de cette manière réemployés : une petite
frange sacrifiée en lisière de l'alleu des ancêtres. Toutefois, lorsque le chef de maison ne laissait en mourant
que des filles, le mari de l'aînée s'appropriait le bien tout
entier. Dans ce cas, il supplantait les oncles, les cousins, il
prenait la place de son beau-père : ce qui se produisit
dans trois châteaux de la région mâconnaise à la fin du
XIe siècle[29]. L'une de ces notices des cartulaires clunisiens
qui sont en fait de courtes chroniques montre comment
l'époux utilisait alors les prérogatives de sa conjointe[30] : le
vicomte de Mâcon, revenant de Jérusalem, était mort à

Lyon, à deux pas de son gîte, épuisé ; c'était un « jeune », un célibataire ; il laissait un énorme héritage. Le comte de Mâcon « s'étant emparé en mariage de sa sœur revendiqua pour lui tout l'honneur » (il s'était ainsi marié pour cela même, s'abaissant à prendre femme dans le lignage d'un vassal) ; il se heurta aux moines de Cluny : le défunt leur avait donné presque tout son bien. Devant l'obstacle le comte recula ; il renvoya l'épouse dont il ne pouvait plus tirer avantages, arguant de « raisons établies », c'est-à-dire de la consanguinité ; la femme échut alors, dit le texte, « à un certain chevalier », au propre vassal du comte, lequel avait cédé l'épouse qu'il répudiait à l'un de ses hommes : c'était le meilleur emploi qu'il pouvait en faire, la donner en récompense à un jeune de sa bande, gagner ainsi sa gratitude. Car elle conservait des prétentions : elle et son nouveau mari les vendirent, fort cher, à l'abbaye. Sans les moines, cette femme aurait apporté dans son ménage tout l'héritage de ses pères. Parce qu'elle n'avait plus de frère.

En revanche, si l'épouse en avait, le fait est clair : les droits de ce frère sur les biens ancestraux qui lui avaient été donnés lorsqu'elle s'était mariée primaient ceux du mari. Je prends le cas d'un gendre, Roland le Bressan, que son nom, le surnom qu'il porte, désignent comme un homme d'aventures. Il avait par chance épousé la fille d'un maître de château, le sire de Berzé. Elle était veuve. Avant son remariage, elle avait fait aux moines clunisiens une grosse donation, se réservant l'usufruit viager des biens cédés. Les propriétés venaient de son père. Elle les avait reçues lors d'un premier mariage : les filles ne quittaient pas leur maison les mains vides. Cette femme mourut en 1100. Pour entrer en possession de cette aumône, le monastère dut traiter, discuter âprement avec les hommes qui avaient toujours la terre en main, ou dont la main était prête à se refermer sur cette terre : c'étaient le mari et le frère. Tous deux finirent par renoncer à leurs droits[31]. Ils promirent de faire approuver plus tard le don par les *infantes*, tout petits, de la défunte, lorsqu'ils seraient en âge de s'engager personnellement. Tout cela fut payé. Le frère, Hugues de Berzé, reçut deux cents sous et un palefroi. C'était beaucoup : un frère conservait donc un fort pouvoir sur la part du patrimoine que sa sœur avait reçue en dot. Au mari, Cluny donna beaucoup plus : trois mille sous. Mais ce qu'achetaient à ce prix les administrateurs de l'abbaye, ça n'était pas en vérité les propres droits de cet homme, c'étaient ceux des enfants que lui avait donnés sa femme. Car, dit le texte, Roland donna les trente-six mille pièces d'argent à son beau-frère, « pour qu'il achète des terres au nom des susdits enfants ». Ces deniers lui avaient été versés. Mais ils n'avaient fait que passer dans sa main, car ils ne lui appartenaient pas, pas plus que ne lui appartenait le consentement qu'il avait donné : ses enfants parlaient par sa bouche; ces terres n'avaient jamais été à lui; sur elles, le frère de sa femme, l'oncle maternel de ses garçons, chef du lignage, conservaient un droit de regard – en même temps que le devoir de chérir ses neveux. A cet homme, gardien éminent du patrimoine ancestral, il revenait de réinvestir en biens fonciers le dédommagement en monnaie qu'avaient reçu les enfants mineurs.

Fondée sur ces règles coutumières, encore mouvantes, et que l'on entrevoit par bribes, au hasard d'informations très clairsemées, une stratégie matrimoniale se mit en place. Fort simple. Le chef de maison s'employait à marier toutes les filles disponibles du lignage; dispersant ainsi le sang de ses aïeux, il nouait des alliances, raffermies à la génération suivante par la relation privilégiée attachant les garçons au frère de leur mère. Cette politique fut celle – je reviens dans le nord de la France – d'un gendre qui avait fort bien réussi, Hilduin de Ramerupt. Il avait hérité du chef de sa femme le comté de Roucy et, pour le tenir plus solidement, donné pour épouse à son propre frère sa belle-mère devenue veuve. Il maria et remaria ses sept filles : trois générations plus tard, l'historien peut identifier quelque cent vingt descendants de ce personnage[32]. En revanche, la prudence imposait de n'autoriser qu'un seul fils à prendre épouse légitime, à moins que l'on pût trouver pour un autre une fille sans frère, une héritière. Deux des garçons d'Hilduin se marièrent : l'un d'eux put s'installer dans la maison de sa femme ; à l'autre revint, apparemment intact, l'« honneur », l'essentiel de la succession paternelle. Quant aux mâles en surnombre qui n'avaient pu s'introduire dans une communauté religieuse par la faveur d'un oncle prieur ou chanoine[33], ils attendaient, espérant, comme ce vassal du comte de Mâcon, recevoir un jour une épouse en cadeau, ou bien partaient quérir au loin la richesse : les chartes les montrent nombreux, dans le Mâconnais du début du XIe siècle, s'en allant chercher fortune en même temps que le salut de leur âme sur le chemin de Jérusalem.

La densité exceptionnelle de la documentation permet d'observer la croissance des lignées chevaleresques dans le voisinage de l'abbaye de Cluny durant le XIe siècle, donc de mesurer l'efficacité d'un tel contrôle de la nuptialité masculine. Ce contrôle mit effectivement un terme, aussitôt après l'an mil, au provignement des souches familiales qui se poursuivait depuis des décennies et fractionnait les immenses propriétés constituées à l'époque carolingienne. Il fixa le nombre des maisons aristocratiques. Vers 1100, elles étaient trente-quatre, autant à peu près que de paroisses, dans cette aire très restreinte, la seule en France où l'enquête puisse être rigoureusement conduite. Trois seulement s'étaient formées, deux générations plus tôt, par ramification consécutive au mariage fécond d'un fils cadet. Dans tous les autres lignages, une stricte discipline avait empêché, malgré la profusion des naissances, que des branches adventives ne se déploient autour du tronc. Voici Bernard Gros, seigneur du château d'Uxelles au début du XIe siècle ; il avait eu six fils ; deux furent faits moines ; trois autres, chevaliers, moururent célibataires ; un seul engendra un fils légitime, lequel, vers 1090, tenait en sa main sans partage la forteresse et tous les droits en dépendant[34].

L'un des effets de cette cristallisation fut de soumettre

plus étroitement le féminin au masculin, et, par contre-coup, d'aviver la terreur secrète que les épouses inspiraient à leur mari. Crainte d'une revanche sournoise, par l'adultère et l'assassinat. Combien de princes dont les chroniqueurs de ce temps rapportent que leur femme les empoisonna, combien d'allusions aux « intrigues féminines », aux « artifices néfastes », aux maléfices de toutes sortes fermentant dans le gynécée. Imaginons le chevalier du XIᵉ siècle tremblant, soupçonneux, auprès de cette Eve qui chaque soir le rejoint dans son lit, dont il n'est pas sûr d'assouvir l'insatiable convoitise, qui le trompe sûrement, et qui, peut-être, cette nuit même, l'étouffera sous la couette pendant son sommeil.

Les hérétiques

Une coïncidence me frappe : dans les années vingt du XIᵉ siècle, au moment même où se décèle cette inflexion dans les pratiques matrimoniales de la chevalerie, on voit surgir des mouvements que les dirigeants de l'Église disent hérétiques[1]. Il s'agit là de deux aspects conjoints du trouble général dont le royaume de France était alors ébranlé. Sans doute, l'efflorescence hérétique ne paraît-elle pas séparable des « terreurs de l'an mil », de la forte vague d'inquiétude religieuse qui se gonfla à l'approche du millénaire de la passion du Christ : l'appel à se repentir, à se purifier était de toutes parts lancé ; de toutes parts se formaient des fraternités de renoncement ; certaines parurent suspectes. Cependant l'hérésie fut aussi sans conteste l'une des formes que revêtit la résistance à l'implantation de la « féodalité », c'est-à-dire d'une nouvelle distribution du pouvoir. Elle rassembla ceux qui se sentaient opprimés, les paysans aisés, exclus de la chevalerie et soumis aux exactions seigneuriales, le peuple des villes qui se réveillaient de leur torpeur et, bien sûr, les femmes, plus étroitement contraintes, frustrées de leur droit par les mâles. Le fourmillement des sectes déviantes n'est-il pas en quelque rapport avec les dégradations de la condition féminine ?

Pourchassée, finalement détruite, en tout cas forcée de s'embusquer, de se perdre dans l'ombre, l'hérésie – c'est

le cas de toutes les idéologies de contestation – a laissé
peu de traces. Ces traces sont toutes indirectes. On
perçoit la déviance au moment même où elle est
refoulée, à travers les sarcasmes et les jugements qui la
condamnent. Elle semble faire partout éruption. Nos
informateurs font état de trois points d'émergence en
France du Nord : la Champagne – un hérésiarque
prêchait près de Vertus ; Orléans – la répression s'abattit
sur les dirigeants d'une des meilleures équipes de liturgie
et de recherches spirituelles rassemblée dans la cathédrale Sainte-Croix et dans la chapelle royale ; Arras – les
animateurs en fuite, restaient quelques adeptes « illettrés », entendons des laïcs, qui n'étaient pas forcément
des pauvres.

Les sectes se voyaient elles-mêmes comme de petits
groupes d'élus dont les membres, à la manière des
moines ou des pénitents, s'étaient convertis, avaient
retourné leur manière de vivre, s'étaient « transférés du
siècle mauvais dans un saint collège ». Se détourner
ensemble du monde pervers, s'avancer vers l'immatériel
en s'écartant du mal, du charnel, le propos ne différait
guère du propos monastique. Sinon par le refus d'un
encadrement par l'Église. C'est bien ce qui fut principalement reproché aux hérétiques et ce que fait apparaître le plus clairement le questionnaire employé pour
les démasquer : ils n'acceptaient pas que la piété fût une
institution, qu'il faille pour communiquer avec le divin
l'entremise des prêtres ; ils jugeaient le clergé inutile ; ils
voulaient détruire l'Église. L'Église se défendit, les
dispersa et les brûla. Mais quant à la conduite, à la
manière de chercher le salut, de tendre vers la pureté des
anges, la distance apparaît très courte entre les hérésiarques – ceux d'Orléans appartenaient aux « meilleurs » du
clergé – et les rigoristes de l'orthodoxie. Pour les uns
comme pour les autres, le mal c'était le sexe et, comme à
Jean Scot Erigène, le mariage leur répugnait. Les
hérétiques le condamnaient seulement de manière plus
radicale. Ceux d'Orléans, selon Jean de Ripoll, « déni-
graient les noces ». L'abbé Gozlin de Saint-Benoît-

sur-Loire, suspect de sympathie, dut jurer qu'il « n'interdisait pas les noces » – les noces, c'est-à-dire l'union des corps, non pas celle des âmes, nouée par le *sponsalicium.* Leutard, en Champagne, le « fou » Leutard dont Raoul Glaber montre le corps envahi par un essaim d'abeilles, « chassa sa femme, prétendant la répudier en vertu des préceptes évangéliques ». Tous en effet, méditaient sur l'Évangile, sur le texte de Matthieu, XIX. A la question : « Si tel est le péché avec la femme, il vaut mieux ne pas se marier », Jésus répond par la parabole des eunuques : « Tous ne comprennent pas cette parole, mais ceux à qui c'est donné » : n'étaient-ils pas, ceux-ci, les « élus », le « petit nombre » qu'entendaient représenter, à l'écart du siècle mauvais, les adeptes des sectes pourchassées ? Et lisant dans Luc, X, 34-35 : « Les fils de cet âge-ci se marient et sont donnés en mariage, mais ceux qui ont été jugés dignes d'accéder à cet autre âge et à la résurrection des morts ne se marient ni ne sont donnés en mariage », les hérétiques se persuadaient que l'état conjugal retient de s'élever vers la lumière. Se préparant au retour du Christ, ils rêvaient d'abolir toute sexualité. Dans cet esprit, ces hommes accueillaient près d'eux des femmes, les traitant en égales, prétendant vivre en leur compagnie unis par cette *caritas* qui rassemble au Paradis les êtres célestes dans la parfaite pureté, en frères et sœurs. Cette proposition fut sans doute celle qui choqua le plus. Elle heurtait de front l'armature fondamentale de la société. L'hérésie échoua parce qu'elle fut perçue par les contemporains, présentée aux contemporains par ses adversaires, comme un mouvement féministe. Le moine Paul de Saint-Père de Chartres prend bien soin, dans le récit qu'il fait du procès d'Orléans, de placer parmi les suppliciés une femme, une *monacha,* et Raoul Glaber d'insinuer que le « poison » de la mauvaise doctrine fut introduit dans Orléans par une femme. C'était un bon moyen de discréditer les sectes : la femme n'est-elle pas l'instrument de Satan, malicieuse, empoisonneuse ?

Et surtout, les détracteurs de l'hérésie taxaient d'hypocrisie le refus, dans la mixité, de l'union sexuelle. Comment, ricanaient-ils, des hommes, des laïcs dépourvus de cette grâce spéciale dont les clercs sont imprégnés par les rites de l'ordination sacerdotale, peuvent-ils vivre dans l'intimité des femmes sans forniquer avec elles ? Ils mentent, ce sont des imposteurs. Ils se vautrent en vérité dans la débauche. Loin des regards, dans la nuit forestière propice aux enchantements à quoi les femmes sont expertes, ils pratiquent la commune sexuelle. Qui prétend refuser le mariage aux laïcs les provoque à la fornication et à l'inceste. Tous nos informateurs tombent d'accord. Raoul Glaber affirme que, pour les hérétiques d'Orléans, « la débauche n'était pas un péché ». Et Paul de Chartres reprend ce que l'on chuchotait dans les cloîtres : à la fin de leurs réunions, chacun s'empare de la femme qui se trouve près de lui ; c'est sa mère ou bien sa sœur ; ils brûlent ensuite rituellement les enfants nés de ces copulations monstrueuses et leurs cendres leur servent d'amulettes.

Revenons au réel. Au moment précis où, pour la défense de l'honneur ancestral, le contrôle de la nuptialité devenait plus rigoureux, on voit jaillir une contestation radicale du mariage. Mais, de même que dans l'hérésie, il importe de distinguer deux niveaux, l'un, savant, sur quoi toute la lumière est projetée – lui appartiennent à Orléans ces clercs, sûrs d'eux-mêmes, qui marchèrent au bûcher comme au triomphe – l'autre, que je ne dirai pas populaire, mais « illettré », laïc, beaucoup plus timide – à Arras, devant l'inquisition épiscopale, des hommes et des femmes apeurés, dociles, abjurèrent sans rien dire –, de même ne doit-on pas confondre, comme le faisait volontairement, les amalgamant, la propagande orthodoxe, leurs attitudes à l'égard de l'institution conjugale. Un petit groupe de « parfaits », exigeant la continence, sinon la virginité pour tous, afin que tous deviennent comme des anges, surplombait en fait, et de très haut, une masse de sympathisants. Ceux-ci ne songeaient point à se retirer du monde ni à renoncer à ses plaisirs. Pour eux la contestation hérétique était un moyen de faire obstacle à l'ingérence de l'Église dans les procédures matrimoniales. Alors que la nouvelle disposition des rapports sociaux imposait à la classe dominante de contrôler plus strictement sa reproduction, la morale prêchée par les gens d'Église s'avérait de plus en plus gênante. Parlant de la secte orléanaise, André de Fleury ne dit pas simplement comme Jean de Ripoll qu'elle « dénigrait les noces », mais, plus précis, qu'elle proclamait que « les noces ne doivent pas être faites avec bénédiction, que chacun prenne celle qu'il veut, quelle qu'elle soit ». Cette phrase ne renvoie pas aux ragots colportés par le moine Paul. Elle les corrige. Elle énonce la proposition mal comprise ou délibérément déformée sur quoi ces ragots se sont fondés. Le refus hérétique portait sur le refus de la sacralisation de l'œuvre de chair : les prêtres ne doivent pas se mêler aux cérémonies qui se déroulent à proximité du lit nuptial. Le discours apparaît dès lors dans toute sa cohérence : condamnation des privilèges du sacerdoce, condamnation du ritualisme, condamnation de la chair. Le mariage est chose charnelle. C'est sacrilège que vouloir le sanctifier. Il appartient au « siècle mauvais ». Il ne peut concerner les parfaits, qui n'ont point à le contrôler, puisque de toute façon, qu'il y ait inceste, adultère ou non, il est souillure. Qui s'obstine à prendre une épouse peut choisir « celle qu'il veut » : quelle qu'elle soit, il pèche. L'enquête menée par les prêtres sur les degrés de cousinage, sur la bigamie, est inutile. Proclamant qu'il est incongru de bénir l'union des corps, les hérétiques s'opposaient formellement au développement d'une liturgie nuptiale. Ils furent donc écoutés par tous ceux que ce développement inquiétait dans la mesure où, par cette liturgie, le mariage légitime était distingué du concubinage, où ce dernier était déprécié, rejeté dans l'illicite, où se trouvaient dépistés l'inceste et la bigamie. C'est ainsi que sans doute furent en premier lieu portés à soutenir la contestation hérétique les prêtres concubinaires qui n'acceptaient pas de vivre sans femme, mais aussi tous les nobles qui souhaitaient choisir librement leur compagne et la chasser librement s'ils jugeaient bon d'en prendre une autre. Je fais donc mienne la question posée par Francesco Chiovaro : l'hérésie ne fut-elle pas plus virulente dans les régions où l'intervention des prêtres dans le rituel matrimonial fut plus précoce, et dans le moment même de cette intrusion? Considérant ici l'hérésie non point dans son cœur intégriste, mais dans les ondes dont la prédication hétérodoxe suscitait l'ample déploiement. Et insistant sur ce fait social, la répugnance à laisser les prêtres décider à leur gré du mariage : les chefs de maisons ne pouvaient leur abandonner un contrôle dont dépendait la perpétuation des pouvoirs aristocratiques.

Le défi hérétique fut relevé. Il le fut en particulier par l'évêque de Cambrai-Arras, Gérard. Dans le petit livre qui fut rédigé sur son ordre après le procès de 1024, les arguments dont il avait usé pour convaincre les hérétiques, étoffés, étayés de références à l'Écriture, composent une sorte d'exposé de la bonne doctrine. On y trouve un développement sur le mariage[2], fort précieux puisqu'il révèle les attitudes de l'épiscopat éclairé.

Gérard entend défendre l'institution ecclésiastique, affirmer la valeur des sacrements, faire admettre le privilège qu'ont les prêtres d'ordonner les relations entre le peuple fidèle et son Dieu. Il affirme donc la nécessité de distinguer les « ordres » (*discretio ordinis*) et que la volonté divine répartit les hommes en catégories fonctionnelles hiérarchisées. Les hommes voués sur terre au service de Dieu, sont situés au plus haut degré, immédiatement au-dessous des milices angéliques. Il leur faut donc s'approcher de la pureté des anges. Leur prééminence tient à cette pureté. Le propos de l'évêque de Cambrai fut repris par son collègue de Laon Adalbéron dans un poème dédié au roi Robert qu'il composa entre 1028 et 1031[3]. On discerne ici plus clairement les articulations du système. Les membres de l' « ordre de l'Église » sont soumis à la « loi divine ». Cette « loi sainte les met à part de toute souillure terrestre »; elle leur enjoint de « purifier leur esprit et leur corps »; Dieu « leur soumet le genre humain » s'ils sont chastes. Afin qu'ils le restent, le mariage leur est interdit. Mais à eux seuls. Comment l'interdire à tous : il faut bien que l'espèce humaine survive jusqu'au dernier jour. La fonction des « nobles » et des « serfs » est d'engendrer, de féconder des femmes. Sarcastique, Adalbéron moque les clunisiens qui prêchent aux grands la continence monastique. Toutefois, cette fonction reproductrice doit être remplie le mieux possible. Dans l'ordre. C'est-à-dire que chacun doit s'accoupler à l'intérieur de son « ordre », du groupe fonctionnel où Dieu l'a placé : point de mésalliance. Et d'autre part, que l'accouplement se situe dans le cadre de la conjugalité légitime. Loin d'être interdit aux laïcs, le mariage leur est prescrit. Entendons le bon mariage, vécu conformément aux principes chrétiens et sous le contrôle des prêtres.

C'est ce que dit Gérard de Cambrai lorsqu'il s'applique à réfuter, à propos du mariage, la doctrine des hérétiques. Pour ceux-ci, « les gens mariés ne sauraient en aucune façon compter parmi les fidèles »; les époux qui ne renoncent pas à s'unir par l'acte de chair sont rejetés hors de la secte, dans les ténèbres extérieures. Dans le mariage, point de salut. Que répondre ? Je dois prendre garde, dit Gérard, louvoyer entre deux écueils. Il ne faut pas que j'aille détourner tout le monde, indistinctement, du mariage; il ne faut pas non plus que j'y pousse tout le monde. « Puisqu'il existe entre les gens du siècle et les ecclésiastiques une distinction d'ordre, il convient de maintenir entre eux une distinction de comportement. » L'image d'une société cloisonnée, hiérarchisée qu'il dresse contre le propos égalitaire de l'hérésie soutient sa proposition en matière de conjugalité. La loi morale est dédoublée. « L'homme, proclame Gérard, ecclésiastique [*vir* : le discours s'adresse aux hommes et c'est sciemment qu'il ne parle pas des femmes : il entend marquer en premier lieu la *distinctio*, la coupure majeure, celle qui sépare les deux sexes; elle est si fondamentale et d'une telle évidence à ses yeux qu'il affecte de n'en rien dire] ayant quitté la milice du siècle, étant entré ainsi dans la part de Dieu, ne peut sans dommage pour le *cingulum* [le baudrier, l'emblème de sa profession, la ceinture, mais l'allusion est claire à l'acte sexuel] s'asservir au lit conjugal [il perdrait son éminente liberté : il ne serait plus sujet de la « loi divine », laquelle, Adalbéron le répète, libère de la « servitude » terrestre]. » Quant à l'homme « séculier », « ni l'Évangile ni les Lettres des apôtres ne lui interdisent le mariage légitime ». A une condition : « La *voluptas* [le plaisir] matrimoniale doit être gouvernée *(subjecta)* par lui toujours. » Il y a des temps pour l'union des corps, des temps où l'on peut connaître son épouse, d'autres où il est prescrit de s'en écarter. « En effet, les mariages ne plaisent pas à Dieu qui provoquent les hommes à la luxure et au plaisir comme les animaux, et à s'abandonner à la jouissance, comme fait un cheval ou un mulet. » Mais alors, « qui use du mariage de telle sorte que, dans la crainte de Dieu, l'intention soit davantage l'amour des enfants que la satisfaction de la chair, ne peut du fait de la faute conjugale *(culpa conjugii)* être exclu de la communauté des fidèles ».

Gérard ajoute : le mariage relève de la « loi de la coutume humaine ». *Lex, consuetudo,* cet admirable rhétoricien connaît bien l'opposition établie entre ces deux termes, notamment par le *De inventione* de Cicéron et récemment par Abbon de Saint-Benoît-sur-Loire dans sa collection canonique. C'est très intentionnellement qu'il conjoint ces mots. Il entend souligner ainsi la distinction entre les deux lois, la divine et l'humaine, et rabaisser celle-ci en l'assimilant à la simple coutume. Il parle aux hérétiques, il prétend les convaincre. Il sait l'usage que les intellectuels de la secte font du mot *lex*, il ne veut pas les heurter. La « loi » divine, il l'admet, exclut le mariage; elle le refuse aux clercs situés dans la « part de Dieu ». Le mariage relève d'un autre système de régulation, inférieur, moins solidement bâti : coutumier.

Ces paroles sont d'excellente pédagogie. Elles sont aussi de très lourde conséquence, car elles donnent à penser que le mariage, parce qu'il relève du charnel, ne relève pas du sacré, qu'il n'est pas un sacrement, qu'il n'est pas une institution ecclésiastique.

Gérard – et Adalbéron – se réfèrent à diverses autorités patristiques. A Grégoire le Grand, à Augustin, mais aussi à Denys, à Scot Erigène, dont les écrits sont à leur portée parmi les livres conservés dans leur cathédrale et qui attisent le dégoût qu'ils ont de la chair. Ce dégoût n'est guère moindre que celui professé par leurs adversaires. Sur ce plan, la proximité est évidente entre Gérard et ceux qu'il sermonne : leurs « maîtres » lisaient les mêmes textes. Pour Gérard, le mariage est impur par essence. Il participe au « siècle mauvais ». C'est le lot de ces hommes, inférieurs, qui demeurent asservis au terrestre, empêtrés dans le matériel. Le mariage serait parfaitement bon, si toute joie du corps en était proscrite. Il est impossible d'aller jusque-là. Le plaisir peut tout juste être « gouverné », maîtrisé. Le mariage est donc toujours une « faute », et c'est pourquoi tous les laïcs, même les rois, sont subordonnés aux purs, les prêtres. Je ne crois pas pourtant qu'il faille voir dans Gérard de Cambrai, parce qu'il pense ainsi, le tenant de la tradition pré-augustinienne. Il me semble se situer dans la lignée des évêques, ses prédécesseurs, Jonas d'Orléans, Hincmar de Reims. Comme ceux-ci, il s'appuie sur saint Augustin, affirmant que l'« amour des enfants » justifie le mariage. Comme ceux-ci, il veille à conclure son discours en disant « la loi de la coutume humaine » renforcée, « confirmée » par l'« autorité » divine. Sans doute cette loi n'est-elle pas promulguée par Dieu; l'autorité de Dieu cependant l'étaye. Gérard cite ici le Nouveau Testament, l'Évangile de Matthieu, les Épîtres de Pierre et de Paul. Pour insister d'abord sur la nécessaire soumission de l'épouse à son mari, pour mettre en évidence, en ce point d'appui de toutes les ordonnances sociales, l'infériorité du féminin qu'a décidée le Créateur. Pour affirmer ensuite que le mariage est indissoluble, que, surtout, « l'homme

infidèle est sanctifié par sa femme fidèle » (I Cor., VII).
Par l'échange de services qu'elle permet, l'union conjugale a donc quelque chose de bon : elle aide à la
circulation de la grâce. Et c'est bien pour cela que la
doctrine hérétique est pernicieuse. « Si la société conjugale devait être une cause de perdition pour l'homme, [le
Sauveur] venu réparer ce qui était corrompu, n'aurait
donné ni avertissement ni précepte à propos de cette
faute (*culpa*). » Le mariage est une faute, inéluctablement – et c'est la part de manichéisme dans la conception
de Gérard. Mais cette faute peut être « réparée », on peut
s'en débarrasser, comme des autres germes de corruption
dont s'est occupé Jésus. Dans la filiation stricte de Jonas
d'Orléans, Gérard range les copulations conjugales
parmi les péchés véniels dont il est possible de se
racheter.

Par la « discrétion » même dont il montre un superbe
exemple, l'évêque de Cambrai retourne, en même temps
que l'évêque de Laon, aux structures d'ordre carolingiennes face aux turbulences qui secouent en son temps
le Nord de la Gaule. La morale matrimoniale qu'il
prêche, commentant le Nouveau Testament, accentue –
les tourments de l'époque l'y incitent – les obligations de
caractère pénitentiel : respecter les temps d'abstinence,
ne point s'abandonner au plaisir. Mais Gérard se défend
contre toute extravagance ascétique, persuadé que Dieu
n'attend pas de l'homme qu'il fasse l'ange et, dans
la filiation d'Hincmar, il rejette tout ce qui concerne
la conjugalité du côté du « siècle », c'est-à-dire des
laïcs.

Cependant, c'est bien certain, le mariage des laïcs le
préoccupait moins que le célibat des prêtres. Ce n'était
plus aux illettrés d'Arras que s'adressait le discours latin,
amplifié dans le *Libellus*. Il s'adressait en fait aux clercs.
Car au seuil du XIe siècle, dans le vaste remuement au
sein duquel s'établissaient les nouveaux pouvoirs, la

grande affaire des prélats était de sauvegarder les privilèges des serviteurs de Dieu, leur monopole et leurs immunités. Pour y parvenir, ils tablaient sur la conviction répandue autour d'eux que l'homme chargé du sacrifice, médiateur, intercesseur auprès des puissances invisibles, doit s'écarter des femmes. Réclamer la supériorité du spirituel sur le temporel, maintenir la hiérarchie subordonnant le peuple laïc à un clergé impliquait donc d'instaurer parmi les mâles un strict clivage de caractère sexuel, d'astreindre une part d'entre eux à la chasteté permanente. La proclamation de Gérard de Cambrai préludait ainsi – comme l'entreprise de Bourchard de Worms, comme ces colloques où l'empereur Henri II et le roi de France débattaient, à l'époque même, avec le pape, des mesures capables de restaurer l'ordre sur la terre – à la réformation du corps ecclésiastique, à la lutte contre le nicolaïsme, c'est-à-dire essentiellement contre le mariage des prêtres. L'idéologie du millénaire et des pénitences préparatoires rameutaient autour des équipes monastiques et des chanoines que leur évêque ramenait à la discipline nombre de laïcs. Et bien des chefs de lignage approuvaient ceux qui prônaient le célibat ecclésiastique : ils souhaitaient en effet que fût mis obstacle à l'enracinement de dynasties cléricales dont ils craignaient la concurrence; ils souhaitaient principalement que les garçons qu'ils casaient dans les chapitres cathédraux afin de limiter l'expansion de la famille ne puissent procréer des enfants légitimes.

Le combat fut pourtant rude. On le voit engagé déjà dans la France du Nord en 1031 : le concile de Bourges exclut des ordres les fils de prêtres, interdit de céder une fille à un prêtre, à un diacre, au fils de l'un deux, de prendre pour épouse la fille née de la « femme » d'un prêtre ou d'un diacre[4]. Trente ans plus tard, les évêques réunis à Lisieux en étaient encore à répéter aux chanoines qu'ils devraient chasser leurs compagnes; découragés, ils autorisaient les clercs de campagne à garder la leur. Sans cesse, il fallait revenir à la charge, s'épuiser sans succès devant des résistances obstinées. Il est resté très peu de ce qu'écrivirent ceux qui, dans l'Église, tenaient le parti adverse, car ils furent finalement vaincus. Ces débris révèlent les arguments des contradicteurs. La continence, disaient-ils, est un don de la grâce. On ne saurait donc l'imposer, forcer les gens à être purs. Ils appelaient à une autre sorte de distinction, moins institutionnelle, à tenir compte des complexions individuelles. Ils appelaient à la charité. Et, citant saint Paul, ils parlaient du mariage comme d'un remède à la concupiscence. Pourquoi le refuser aux prêtres ? Ils racontaient aussi l'histoire de Loth et de ses filles, montrant par cet exemple que l'orgueilleux qui pense pouvoir se passer du mariage se trouve en grand danger de forniquer. La continence est meilleure, ils l'admettaient ; pourtant le mariage a du bon. S'adossant eux aussi à la tradition carolingienne, ils réclamaient que la barrière entre le bien et le mal demeurât dressée pour tout le monde entre le mariage et la fornication, qu'elle ne fût pas pour les seuls serviteurs de Dieu transportée entre la continence et le mariage. Cependant, lorsqu'ils demandaient que tous les hommes, prêtres ou laïcs, fussent traités de la même façon, lorsqu'ils niaient le partage social entre le domaine de la loi divine et celui de la loi humaine sur quoi se fondait l'action réformatrice, ils prêtaient le flanc à l'accusation d'hérésie. Controverse tendue – et le peuple soutenant souvent les clercs qui refusaient de briser leur ménage. Il semble pourtant que les protestations s'étouffèrent peu à peu dans les dernières décennies du XIᵉ siècle. La victoire revint aux « grégoriens ».

De cette longue lutte, le concubinage, demi-mesure, fut victime. L'âpreté du combat conduisit, dans l'esprit de Gérard de Cambrai, à prôner la division la plus simple : pas de compagne, légitime ou non, pour les *viri ecclesiastici;* aux *viri seculares,* une compagne est nécessaire, mais ce doit être une épouse légitime. Toute union des corps fut proscrite hors du *connubium legitimum,* solennellement noué par des rites profanes et religieux.

Au concile romain de 1069, le canon du concile de Tolède (398) exigeant la monogamie mais laissant le choix entre mariage et concubinage fut encore une fois cité ; ensuite, les documents officiels de l'orthodoxie n'en font plus jamais mention. Dès lors, les dirigeants de l'Église, tandis qu'ils expulsaient la conjugalité du corps ecclésiastique, commencèrent à rêver d'enserrer le peuple laïc dans un réseau d'encadrement, de le prendre tout entier dans un filet dont la maille serait la cellule conjugale bénite. Plus de marginaux, plus d'unions libres : les célibataires contraints de s'intégrer à la « maison » dirigée par un chef, licitement marié [5]. Par là le modèle clérical et le modèle aristocratique du mariage s'ajustaient. L'évolution que l'on remarque dans la haute société durant le XIe siècle, l'implantation sur des patrimoines, l'affermissement des structures lignagères, l'extension des pouvoirs du mari et du père, n'étaient pas sans lien, je l'ai dit, avec l'effervescence hérétique, et d'abord par les frustrations que ces innovations engendraient. Mais cette évolution s'accordait aussi de façon évidente aux buts que poursuivaient les réformateurs de l'Église. Elle répondait à leurs espérances lorsqu'elle portait à juger nécessaire que les jeunes mâles de la parenté soient contrôlés par le plus ancien et que les femmes passent sans transition de la virginité à la maternité légitime, de la stricte domination d'un père à celle d'un époux, futur père de leurs enfants. La valeur du mariage se haussait d'un même mouvement au sein de l'éthique lignagère et de celle que prêchaient les prélats.

Entre ces deux morales, les discordances cependant s'accentuèrent, sur d'autres faces. Car les promoteurs de la réforme appelaient d'abord à désincarner la conjugalité. Pour venir à bout de la prédication hérétique, les évêques avaient dû reprendre l'un de ses thèmes ; les moines surtout, contempteurs attitrés du monde charnel, avaient pris la tête du combat ; ils répétaient plus haut que tous les autres que le mariage peut, doit être chaste ; ils appelaient à réprimer le désir dans le lit conjugal ; au

plan de la symbolique, ils travaillaient à réduire dans le
rituel matrimonial le rôle des noces, exaltant celui des
épousailles qui manifeste l'union des âmes, insistant sur
l'accord des volontés, le consentement mutuel, sur cette
« charité », ciment de la société conjugale : une fois les
enfants conçus, lors de brèves descentes aux enfers, les
époux étaient conviés à s'établir dans une fraternité
spirituelle fort analogue à celle que célébraient les
hérésiarques. A ces exigences de chasteté s'ajouta la
prétention de contrôler les pactes conjugaux. A mesure
qu'il se moralisait, le mariage glissait peu à peu du côté
du spirituel, donc sous la coupe des prêtres. Lorsque
ceux-ci interdisaient toute union clandestine, ils recevaient l'adhésion des dirigeants des lignages. Mais
ceux-ci regimbaient lorsque les ecclésiastiques se met-
taient à questionner le futur : n'avait-il pas renvoyé une
concubine, une première épouse ? N'était-il pas cousin
de la fille qu'on lui destinait ? Une telle inquisition, les
empêchements qu'elle tendait à mettre en évidence
gênaient les arrangements familiaux. Or, par les progrès
de la réforme, l'autorité ecclésiastique devenait toujours
plus envahissante. Elle en vint, rompant cette fois
délibérément avec la tradition carolingienne, à prétendre
juger seule, à réclamer la compétence exclusive en
matière de mariage [6]. Vers 1080, apparaissent dans la
France du Nord les premières traces de cette revendication exorbitante.

La « féodalisation», la seigneurialisation avaient lentement préparé les chefs de l'Église à s'attribuer ce
pouvoir judiciaire. Dans le cours du XIᵉ siècle, les évêques
et les abbés s'étaient approprié la puissance seigneuriale.
Refoulant les concurrents laïcs, les avoués, les comtes, les
seigneurs de châteaux, ils étaient parvenus à exercer sur
une partie de leurs sujets la justice régalienne, à châtier
les crimes publics. Parmi ceux-ci figuraient le rapt et
l'adultère. L'habitude que prirent les prélats de réprimer
ces infractions à la loi du mariage les encouragea à
transférer ce genre de causes dans ce que Gérard de
Cambrai nommait la « part de Dieu ». Ainsi, par la

simple pratique judiciaire, la « loi divine » empiéta insensiblement sur la « loi de la coutume humaine ». Toutefois, ce furent surtout les difficultés du combat mené contre les prêtres mariés qui incitèrent les évêques à étendre leur compétence en ces matières : il fallait, à toutes forces, placer les opposants en marge de la société, les rejeter dans l'illégal, donc les juger. Les premiers prévenus qui, en raison de leur conduite matrimoniale, comparurent devant un tribunal exclusivement ecclésiastique, furent certainement des chanoines indociles qui tardaient à se séparer de leur femme.

J'ai dit l'âpreté de la lutte contre le nicolaïsme. Elle imposa de serrer les rangs sous la direction du pape. La concentration nécessaire de l'*auctoritas* limita progressivement la *discretio pastoralis,* le pouvoir qu'avait chaque prélat dans son diocèse de doser les peines. Les pénitentiels sortirent de l'usage. Des experts s'appliquèrent dans les bibliothèques à unifier les codes, à forger une règle générale. Non point ductile comme l'était la « coutume » : une « loi », aussi ferme que la « loi divine ». Elle repoussait le mariage aux confins extrêmes du licite, sur la lisière séparant le salut de l'irrémédiable perdition. Elle le maintenait du bon côté ; elle ne le rejetait pas vers le mauvais comme l'avaient fait, dans les années vingt du XIe siècle, les hérésiarques, comme le faisaient, à nouveau, dans leur irrépressible résurgence, les sectes déviantes. Mais elle invitait à sacraliser toujours davantage l'institution matrimoniale pour mieux justifier le droit de l'Église à contrôler sa pratique et pour l'encastrer dans le ressort des spécialistes du droit canon.

Commence alors en cette région le temps des juristes, dans les dernières décennies du XIe siècle, à l'époque du pape Urbain II, d'Yves de Chartres, son agent dévoué, qui, l'un et l'autre, décidèrent de condamner le roi de France comme on condamnait les nicolaïtes opiniâtres, de le retrancher de la communauté des fidèles parce que son comportement conjugal n'était pas conforme aux dispositions de la loi. L'évolution parallèle des structures familiales et de la doctrine ecclésiastique fait comprendre pourquoi ce souverain fut traité plus durement que ne l'avait été son grand-père Robert. Pourquoi d'une part Philippe Ier fut excommunié, pourquoi d'autre part il s'entêta.

AUTOUR DE 1100

Vies de saints et de saintes

Me voici revenu à l'époque d'où je suis parti, celle où
les heurts se multiplièrent, s'aggravèrent entre les chefs
des grands lignages et les prélats réformateurs. De cette
exaspération, la condamnation bruyante du roi de
France est le signe le plus manifeste, mais non point, loin
de là, le seul. Je m'en tiens à un unique exemple, celui
d'un autre prince, le comte de Poitiers, Guillaume IX
d'Aquitaine, le chansonnier. Il avait pris le parti de son
seigneur, ordonnant de chasser de sa cité à coups de
trique les évêques venus relancer contre le souverain
l'anathème. C'est qu'il se trouvait dans la même position : il se débarrassa par deux fois d'une épouse pour en
prendre une nouvelle; séparé légitimement de la première pour cause de parenté, il remplaça bientôt la
seconde par une femme « surduite », elle-même mariée.
Les prélats excommunièrent Guillaume comme Philippe Ier, pour inceste. Cette période de tensions doit être
examinée de très près. Les témoignages qui nous
renseignent demeurent tous ecclésiastiques. Mais le
siècle presse maintenant davantage les écrivains d'Église : qu'ils l'abhorrent et qu'ils affectent de s'en détourner, ou bien qu'ils s'y jettent pour le ramener au bien, ils
commencent à parler plus et mieux du concret de la
vie.

Les prélats qui poursuivaient l'action réformatrice

attaquaient de front les très hauts seigneurs; ils engageaient contre eux des procès retentissants : il fallait
éviter, en désignant ces grands comme les suppôts de
Satan, que le peuple suivît leur exemple. En contrepoint,
ils exaltaient d'autres personnages, héros de la bonne
cause, vantant leurs vertus et propageant le souvenir de
leurs gestes. Ils appelaient à imiter leur conduite. Ils les
rangeaient parmi les saints, parmi ces êtres tutélaires
établis déjà au milieu des élus dans les assemblées
célestes, dont tout pécheur, s'il était dévot, pouvait
espérer le secours, l'efficace intercession auprès du
souverain juge. Près du tombeau de ces bienheureux, on
racontait aux pèlerins par le menu leur histoire. La
première version de cette histoire avait été généralement
mise en forme pour justifier la canonisation, pour obtenir
de l'évêque du diocèse, de l'archevêque de la province,
qu'il procédât à l'élévation solennelle des reliques.
Rédigée en latin dans un monastère, comme le récit de la
vie du roi Robert, cette histoire était lue et relue dans le
privé des communautés religieuses, mais elle alimentait
aussi en anecdotes une prédication amplement développée devant les fidèles illettrés et dont nous devinons la
trame par l'écrit initial, seule trace qui nous soit
parvenue. Le texte lève un coin du voile. Il fait entrevoir
un peu de l'entreprise pastorale, et notamment quelques
aspects de la propagande développée afin que les laïcs se
marient mieux. Encombrés de lieux communs et de
fadaises, pris dans les cadres rigides hérités d'une longue
tradition, ces récits ont au premier abord peu d'attraits.
Prend-on les vies de saints pour ce qu'elles sont, les
armes parmi les mieux fourbies d'une lutte idéologique,
elles montrent comment la réalité vécue fut manipulée
pour les besoins d'une cause, désarticulée, remontée
pour la mise en scène d'un endoctrinement. J'ai choisi
quatre de ces textes édifiants qui touchent à la région
dont je m'occupe et qui furent composés dans le fort de la
crise, entre 1084 et 1138.

L'un est à part. Il émane d'un atelier lointain, l'abbaye
de Saint-Claude en Jura où le propos monastique revêtait

les formes les plus ascétiques. Il prêche un mépris radical du monde et parle du mariage comme d'une déchéance. C'est la biographie de saint Simon [1]. Son père, Raoul, descendant de Charlemagne, avait accumulé les comtés. Comte de Vexin, comte de Crépy, il prenait dans sa main le comté de Bar-sur-Aube en épousant l'héritière, une veuve. Le pacte était conclu : elle était sa *sponsa;* avant les noces, les chevaliers du château de Joigny la livrèrent à un autre seigneur; Raoul revint à bride abattue, prit Joigny, prit l'épouse, l'enferma à La Ferté-sur-Aube, le temps de s'assurer qu'elle n'était pas enceinte; en son absence, un hobereau du pays s'en empara; on put la lui arracher; elle fut enfin placée dans le lit du comte de Crépy, lui donna deux filles et deux garçons. En 1060, Raoul renvoya sa femme, celle-ci ou bien une autre qu'il avait prise entre-temps; le roi Henri Ier venait de mourir; le comte épousa sa veuve, Anne de Kiev, s'approchant ainsi du trône; dangereusement : Philippe Ier était un enfant. La répudiée se plaignit au pape : « Spoliée de tout par son homme, elle avait été chassée sous la fausse accusation de fornication. » Raoul fut excommunié, non pas, cette fois encore, pour adultère, mais pour inceste : « Il s'était uni contre le droit à l'épouse du roi défunt, son cousin. » Ces péripéties, connues par Clarius de Sens et par des textes qu'ont utilisés Chifflet et Mabillon, montrent clairement l'usage que l'on faisait du mariage dans ce milieu social avant le déclenchement de l'offensive grégorienne.

Raoul mort, son fils aîné tué au combat, ses filles mariées, l' « honneur » revint à Simon qui le défendit vaillamment contre toutes les convoitises, en particulier contre le roi Philippe. Tourmenté, dit-on, par le péché paternel – la *cupiditas,* excessive, cette ardeur à tout agripper – chapitré par Grégoire VII, par l'abbé de Cluny, par le légat Hugues de Die, Simon s'adonna longtemps en cachette aux pratiques monastiques; il finit par rejoindre les ermites de Saint-Claude et mourut à Rome en 1080-1082. La répulsion morbide que lui inspiraient les joies mondaines le détourna des devoirs de

chef de lignage dont la mort inopinée de son frère l'avait
chargé : il négligea d'engendrer des fils; il refusa
obstinément de se marier. Lors d'une paix conclue avec
le Capétien, on lui avait pourtant choisi une femme, très
noble et très belle évidemment, la fille du comte de la
Marche. Simon feignit de consentir. Il partit pour
l'Auvergne; il se plia aux rites de la *desponsatio,* revint en
grande pompe pour les noces; à l'arrivée, la *sponsa* le prit
dans ses bras; il laissa faire, veillant pourtant à ce que
l'embrassement fût, de sa part au moins, sans flamme;
conduit dans la chambre nuptiale, alors que tous l'imaginaient dans le plaisir, il se mit à sermonner son épouse,
y passa la nuit. Meilleur, dit le biographe, que saint
Alexis, se préoccupant lui du salut de sa femme, il la
« convertit », il la convainquit de « renoncer à la luxure,
de maintenir la chasteté, de faire vœu de virginité »; il
l'expédia avant l'aube au monastère de La Chaise-Dieu
et s'éloigna lui-même promptement, échappant de jus-
tesse à la vindicte du père de la mariée. A peine rentré en
Ile-de-France, Guillaume le Conquérant le convoquait
en Normandie. « Connaissant de longue date ta fidélité
et ton affection, je souhaite, disait le duc, ajouter à la
nourriture que tu as reçue de moi [le père de Simon
l'avait placé dans la maisonnée de Guillaume, pour qu'il
y fût « nourri », c'est-à-dire éduqué], j'ai refusé de donner
ma fille à de glorieux prétendants, je te la cède pour
femme, je te choisis, je t'adopte comme fils de mon
héritage. » Ce jeune homme – il n'avait pas vingt-cinq
ans – maître de vastes pouvoirs, les princes se le
disputaient, rêvant de l'avoir pour gendre, afin que ses
fils fussent les neveux des leurs et, par ce lien d'affection
privilégié, attachés à leur propre maison. Simon « jugeant diabolique une telle faveur » remercia, très hum-
ble : « Grands sont les bienfaits dont tu as entouré mon
enfance (...) mais nous butons sur un obstacle sérieux;
madame la Reine, ton épouse, m'est liée par le sang. »
C'était vrai – d'une parenté cependant lointaine, au
sixième degré. Guillaume proposa d'enquêter auprès des
anciens du pays, de parler aux évêques, aux abbés :

l'empêchement pourrait être sûrement levé par des aumônes convenables. Le comte de Crépy, endoctriné par les grégoriens, répondit que la dispense devait venir du pape. Il partit aussitôt la chercher et, sur le chemin de Rome, prit l'habit monastique. Cette apologie de la chasteté héroïque – et de la sainte sournoiserie : Simon ment comme il respire et tous, le comte de la Marche et sa fille, ses compagnons d'armes ignorant la haire qu'il dissimule sous sa cuirasse, le duc de Normandie, sont bernés – se situe sur le flanc d'extravagances ascétiques de l'entreprise réformatrice – très à l'écart d'une pastorale efficace parce que modérée, attentive aux réalités sociales, et que servent, justement, les autres vies de saints, celles-ci composées toutes trois aux confins occidentaux de la principauté flamande, entre Boulogne et Bruges, exposant à l'intention des laïcs voués à se reproduire les formes de conjugalité jugées saines et salutaires par les prélats éclairés.

Le héros de l'une d'elles est un homme, Arnoul, « très noble », un rejeton de la maison flamande de Pamele-Audenarde. Un ange était apparu à sa mère alors qu'elle était grosse, enjoignant de nommer l'enfant Christophe : il porterait le Christ, on en ferait un clerc. Mais le chef du lignage le prit, lui imposa au baptême son propre nom et, comme il était bien membré, décida qu'on lui remettrait les armes, solennellement, par les « rites de la chevalerie des nobles » : ce serait le champion de la famille. Il le fut, valeureusement, pourfendit les ennemis, gagna la gloire et la renommée. « On lui offrit de très illustres mariages » : il refusa. Finalement, il s'échappa. Mentant, lui aussi, à sa mère, feignant, tout harnaché, de se rendre à la cour du roi de France, il gagna le monastère de Saint-Médard de Soissons et dénoua là le « baudrier militaire » pour un meilleur service, celui de Dieu.

Autre Simon, Arnoul refusait pour lui-même l'état conjugal. Du moins n'en détournait-il pas les autres, les aidant par ses paroles, au contraire, à le vivre bien. Ce récit fait apparaître, en ses deux degrés, la morale

ecclésiastique : le mariage est dangereux; les parfaits
donc s'en écartent : c'est l'éthique des acharnés de
l'ascétisme, celle aussi des hérétiques; mais le mariage
convient au commun des hommes; Dieu le bénit
lorsqu'il assure la reproduction de la société dans le
maintien de ses hiérarchies : c'est l'éthique carolingienne. Tonsuré, mais conservant ses habitudes militaires,
Arnoul encombrait le cloître. On le plaça dans une
cellule extérieure. Reclus, il garda le silence quarante-
deux mois durant, puis se mit à parler, sans arrêt, par le
fenestron [2]. Il édifiait, donnait des conseils, s'occupant
spécialement des Flamands et des Brabançons. Sa réputation grandit : défenseur attitré de l'honneur lignager et
des vertus familiales, il faisait figure de mentor dans les
difficultés qui préoccupaient particulièrement l'aristocratie de ce temps, les affaires de parenté. Il aidait à ce
que les mariages fussent bons, c'est-à-dire prolifiques.
J'ai dit que, sur son intervention, la providence accorda
enfin à la reine Berthe un fils; Arnoul en choisit
lui-même le nom, royal : Louis. Une autre épouse se fia à
ses pouvoirs [3]. Son mari, ancien compagnon d'armes du
saint, était devenu méchant. Le ciel l'avait puni; tous ses
enfants étaient morts les uns après les autres; gravement
malade, il allait mourir. Ses neveux n'attendaient que
cela pour chasser sa femme et saisir son douaire : on
reconnaît ici la lourde menace qui pèse sur la veuve
lorsqu'elle n'a pas ou plus d'enfant. L'homme de Dieu
prit sous sa protection l'épouse en péril. On porta le
chevalier grabataire « devant la fenêtre ». Il fut exhorté à
se mieux conduire et notamment à rendre les dîmes à
l'évêque. A l'épouse, le saint promit une grande joie
« parce qu'elle avait fidèlement soigné son homme
pendant sa maladie » : la morale du bon mariage gratifie
en effet les femmes qui savent servir diligemment leur
maître. Bien guéri, le seigneur engendra trois mois plus
tard un fils, un héritier, au grand dépit des hommes de
son sang, et la bonne mère « vécut assez longtemps pour
le voir légitimement marié, procréer lui-même des
garçons ».

Par le renom de ses talents, Arnoul devint l'espoir des lignages. Il agissait en ce point même où les deux morales s'accordaient le plus étroitement : la prolificité. Mais il intervenait également sur un autre niveau de concordance, afin que l'union matrimoniale fût contrôlée par la sagesse des parents, soucieux d'abord d'éviter les mésalliances. Guy de Châtillon-sur-Marne avait donné sa fille en épousailles à un chevalier[4] : fort bon parti, il était son égal par ses biens comme par sa naissance. Malheureusement, elle en préférait un autre, inférieur ; elle se suiciderait, jurait-elle, si on lui refusait « les embrassements qu'elle désirait ». Les parents consultèrent le reclus. Arnoul, fidèle interprète du message épiscopal, commença par énoncer le principe du consentement mutuel. On croit entendre Yves de Chartres qui s'évertuait à faire admettre ce principe au moment même où l'abbé d'Oudenbourg s'apprêtait à rédiger la vie de saint Arnoul. « L'autorité canonique interdit d'unir jamais une fille à celui dont elle ne veut pas ; je vous enjoins donc de donner la pucelle à l'homme qu'elle aime pour ne point la forcer à des inconvenances » ; mais attendez : vous verrez « votre fille réclamer haletante ce *sponsus* dont elle souhaite aujourd'hui si fort être éloignée » ; faites sa volonté ; votre honneur n'en souffrira pas. Les parents suivirent le conseil, ils s'en félicitèrent. Ne croyons pas qu'Arnoul ait tablé sur « l'inconstance des filles », comme dit le texte ; ne lui prêtons pas l'idée que la jeune épousée pût, infidèle, rejoindre le premier prétendant dans l'adultère, rompre le mariage pour en conclure un autre : l'union est indissoluble. Non, Arnoul annonçait un miracle. L'aimé était un « jeune », l'un de ces séducteurs que les parents voyaient d'un mauvais œil parader autour des filles de meilleur sang pour s'en faire désirer. Chevalier fameux, il continua de risquer, pour accroître sa gloire, sa vie. Très vite, il la perdit. De nouvelle mariée, la fille indocile devint veuve nouvelle. Le ciel choisit ce détour pour qu'elle « retournât à l'amour de cet époux que ses parents avaient d'abord choisi et que, accouplée à celui-ci, elle soutînt d'un cœur serein le deuil du premier ». L'amour, donc, sied au bon mariage. Dieu, touché par la prière de son bon serviteur et par la vertu d'espérance dont firent preuve de bons parents, permit que se concilient les stratégies lignagères et les consignes des évêques.

Plus riches sont les deux derniers écrits dont je tire maintenant l'enseignement. Racontant l'histoire de deux femmes, l'une mal mariée, l'autre très féconde épouse, ils entendent montrer comment, au féminin, le mariage devrait être vécu. Mais ils révèlent aussi comment il l'était, vraiment, dans la noblesse. A ce qu'ils disent, à ce qu'ils taisent, à la manière dont ils présentent des faits réels, les enjolivent ou les noircissent, se discerne comment les dirigeants de l'Église, discrètement, sans rien brusquer, s'appliquaient à rectifier les pratiques matrimoniales.

Le premier de ces récits – du moins sa version primitive – fut composé en 1084 dans le moment où l'évêque de Noyon-Tournai, associé au comte de Flandre, s'occupait à raffermir les structures d'encadrement sur les rivages marécageux de la mer du Nord, dans des campagnes très sauvages peu à peu gagnées sur les eaux stagnantes [5]. A proximité d'Oudenbourg, que le prélat confiait à saint Arnoul pour y établir une communauté bénédictine, un culte s'était spontanément développé dans la paroisse de Ghistelle, près d'une sépulture : des malades venaient, dans l'espoir d'une guérison, boire l'eau d'une mare ; tout autour du tombeau, la boue s'était transformée en pierres blanches, et ceux qui par dévotion emportaient ces pierres chez eux les voyaient devenir des gemmes. On vénérait, on implorait une femme ici ensevelie. Une martyre : on disait que les séides de son mari l'avaient assassinée. Ce flux de religiosité populaire devait être contrôlé, encadré. On décida de procéder à l'élévation solennelle des reliques et de proclamer la sainteté de cette femme. Pour préparer ces cérémonies, un moine d'une abbaye voisine, Drogon, spécialisé dans l'hagiographie, fut chargé de recueillir la légende et d'en faire un objet d'édification. Quelques années plus tard, ce texte, pour être plus efficace, fut corrigé par un autre religieux [6].

La femme dont les pouvoirs bénéfiques rayonnaient autour de Ghistelle s'appelait Godelive. Un nom tudesque. Le second biographe crut nécessaire de le traduire – la dévotion commençait en effet de se répandre en pays de langue romane : *Caro Deo,* aimée de Dieu : le nom sied à une sainte. Trop bien ? Le personnage pourtant n'est pas mythique. Les chartes du temps portent trace de son père, un chevalier, vassal du comte Eustache de Boulogne. Godelive naquit donc, elle aussi, « de parents célèbres », mais dans la couche inférieure de l'aristocratie – comme le mari à qui elle fut livrée, Bertolf, « puissant », « de race insigne selon la chair » : c'était un officier du comte dans le pays de Bruges. Les deux époux étaient bien assortis, de même rang. Ce fut cependant un mauvais mariage. La *Vita* décrit cette mauvaiseté pour mieux montrer où est le bien. Il importe en premier lieu que le bon mariage soit décidé par les deux parentés, et celles-ci doivent d'abord prendre en compte les qualités morales des conjoints. Ce furent bien le père et la mère de Godelive qui choisirent, mais, parmi l'essaim de prétendants enflammés d'« amour » qui tourbillonnaient autour de leur fille, passive comme il se doit et jolie – bien que brune, noire de sourcils et de cheveux; mais Drogon aussitôt corrige : sa chair en paraissait plus blanche, « ce qui est délectable, plaît dans les femmes et est à l'honneur de beaucoup » – « préférèrent Bertolf à cause de sa *dos* » : c'était le plus riche. Mariage d'argent, mauvais mariage. Autre défaut : Bertolf s'était bien gardé de se présenter en séducteur; il n'avait pas parlé de mariage à la fille, qui n'avait rien à dire, mais à ses parents; toutefois, et c'était la fêlure, il avait agi « par sa seule volonté », comme un cadet qu'il était, cherchant fortune loin de chez lui. Or il avait lui aussi un père, une mère. Il aurait dû requérir au moins leur conseil. On lui en fit plus tard grief, et ces reproches portèrent. Premier précepte, parfaitement admis par les chefs de lignage : le bon mariage n'est pas affaire d'individus mais de familles.

Second précepte, le mari doit se tenir près de sa femme, il a charge de veiller sur elle. Il advint que Bertolf prit son épouse en haine – aussitôt, tandis que, conformément aux usages, il la conduisait de la maison de ses parents, en Boulonnais, à celle où il résidait lui-même, en Flandre maritime, à Ghistelle, avec sa mère. Celle-ci était séparée de son mari; dans cette « petite demeure », le lit matrimonial se trouvait libre. Durant le voyage – assez long : il fallait dormir en route – le diable retourna son esprit. Et l'aversion fut renforcée par le discours que lui tint à l'arrivée sa mère, raillant l'aspect physique de la jeune mariée, les cheveux noirs de cette étrangère. Il y avait aussi du mauvais dans la parenté du mari : il eût fallu qu'elle accueillît mieux la femme qu'il amenait. Mais, dit Drogon, « toutes les belles-mères haïssent leur bru; elles brûlent de voir leur fils marié mais deviennent vite jalouse de lui et de son épouse ». (C'est aussi pour cela que cette biographie m'intéresse, par la relation qu'elle entretient avec le plus concret, le quotidien de la vie, le plus vulgaire, par tous les dictons qu'elle rapporte : elle renseigne bien mieux qu'une chronique.) Bertolf donc s'éloigna de sa femme. Déjà, il refusa de prendre part à la cérémonie nuptiale qui se déroula, selon les convenances, dans sa maison. Durant les trois jours des noces, sa place fut tenue par sa mère, une femme. Scandale. L'ordre moral, l'ordre sexuel était transgressé. Ensuite Godelive resta seule au domicile conjugal. *Desolata,* s'occupant le jour au tissage, la nuit à la prière. « A l'aide de ces boucliers [le travail et l'oraison], elle esquivait les dards de ces rêvasseries dont l'adolescence est d'ordinaire accablée » : le souci du second biographe, pour rendre plus convaincante la version de son devancier, est d'établir qu'abandonnée à son seul gouvernement, cette femme ne devint pas pour cela impudique; car dans l'opinion des gens, la femme, la jeune femme surtout, tombe dans le péché, c'est-à-dire dans la luxure, dès qu'un homme cesse de la tenir à l'œil. Cette surveillance incombe aux maris. Il leur faut être présents, aux bons comme aux mauvais jours, prendre pour eux la peine, tenus qu'ils sont « par droit » de soutenir leur compagne, de vivre avec elle « patiemment » jusqu'à la mort, puisqu'ils sont deux en une seule chair, puisque plutôt « ils forment un seul corps par l'accouplement conjugal ». La chair, le corps : les promoteurs de la canonisation de Godelive n'ont, à mon sens, jamais songé à célébrer en cette martyre une vierge (ce pourquoi, plus tard, au temps où les Bollandistes éditaient la seconde *Vita*, Godelive était principalement vénérée dans Ghistelle). Au XIe siècle, on la tenait pour une épouse, pleinement femme, et c'est à ce titre qu'elle servit, dans le double texte que j'analyse, à démontrer les vertus de la conjugalité.

Consommé, accompli par la *copulatio conjugii,* le mariage est indissoluble : voici le troisième précepte. Bertolf délaissa Godelive. Il voulut s'en débarrasser. L'idée, très simple, de la répudier n'effleura, selon les biographes, ni son esprit, ni celui de son père. On complota dans la maison de la traiter si durement qu'elle se lassât. On la mit au pain et à l'eau. Fatiguée de tant d' « injures », elle s'enfuit. C'était une faute. On l'attendait. Drogon ne s'en rend pas compte. Le moine d'Oudenbourg, retouchant la première biographie, reconnaît que Godelive transgressait ainsi « la loi évangélique », l'interdiction de séparer ce que Dieu a uni : une épouse ne doit pas quitter le foyer conjugal. Elle partit, nu-pieds, affamée, accompagnée bien sûr d'un serviteur : seules les femmes dévergondées vont par les chemins sans escorte. Elle réclama justice à l'homme qui, son mari défaillant, devait défendre ses droits : son père. Celui-ci, sans enthousiasme, se plaignit au comte de Flandre, le seigneur du mauvais époux. Les deux *Vitae* placent ici un discours proclamant – et ces écrits sont à ma connaissance les plus anciens qui le fassent en cette région – que l'Église a compétence exclusive en matière de mariage. Drogon, habilement, fait parler le prince. Il ne peut juger ces sortes d'affaires : elles sont « de chrétienté »; il appartient à l'évêque de ramener dans la voie droite ceux qui « dévient de l'ordre saint »; « je ne

suis, dit-il, que l'auxiliaire », le bras séculier. A l'évêque
d'admonester, au comte, s'il en est besoin, de contraindre. *Auctoritas* d'un côté, *potestas* de l'autre : le partage
est grégorien, il confère au spirituel la prééminence.
L'évêque de Noyon-Tournai jugea de son devoir de
réconcilier les époux : nulle présomption d'adultère en
effet, nulle référence à l'impuissance du mari, aucun
doute sur la consommation du mariage. Godelive eut
moins de chance que la femme du comte de Meulan : le
droit canonique s'était entre-temps affermi, il imposait
qu'elle fût reconduite dans la maison de Bertolf.

Celui-ci jura de ne plus la maltraiter. Mais il la
maintint dans la solitude, privée d'hommes. Ce qui
choquait. On plaignait Godelive de manquer « des
plaisirs du corps ». Elle affectait de les mépriser. En ce
point du récit, plein de la résonance des liturgies
mariales, pointe un peu de l'idéologie du *contemptus
mundi*. Fugitivement. La sainte, dans les privations
consenties, s'achemine vers le martyre. Bertolf a décidé
de la supprimer, de la faire tuer, de nuit, par deux serfs. Il
reparaît un soir, le sourire aux lèvres, fait asseoir près de
lui sur un coussin, dans la posture même des devis
amoureux, sa femme stupéfiée. Il la prend dans ses bras,
lui donne un baiser, la presse. Réservée, elle se laisse aller
pourtant, obéissante, prête à rendre les devoirs conjugaux
dès que le maître l'exige. De tout près, celui-ci l'enjôle :
« Tu n'es pas habituée à ma présence, ni d'être réjouie
par les doux propos, par la volupté partagée de la chair [il
faut de cela aussi dans le bon mariage] (...) je vais mettre
une véritable fin au divorce de l'esprit, te traiter en
épouse chérie et, quittant peu à peu la haine, ramener à
l'unité nos esprits et nos corps (...) j'ai trouvé une femme
qui se fait forte de nous conjoindre par ferme amour, de
nous faire nous aimer continûment et plus que ne l'ont
jamais fait sur la terre des conjoints. » Éloge de l'amour
spirituel, mais de l'amour charnel aussi – et si le philtre
est indispensable, il faut se résoudre à l'employer. Éloge
également de la soumission féminine. Godelive hésite,
accepte : « Je suis la servante du Seigneur ; je me fie à lui ;

si cela peut se faire sans crime », elle suivra les serviteurs qui viendront la mener à la charmeuse, c'est-à-dire au trépas : ils l'étranglèrent, en effet, en cours de route. L'hagiographe en ce passage s'émerveille de tant de vertu. Cette femme s'est tournée vers Dieu d'abord, craignant d'être séparée de lui par la magie. Mais elle s'est prêtée au sortilège, elle opta, dit-il, pour le mariage « afin de n'être point séparée du Seigneur qui unit les couples ». Voici la grande, l'étonnante leçon de cette lecture pieuse. L'union conjugale est nouée par Dieu lui-même. Sacralisée, – mais de ce fait la chair l'est aussi, ainsi que l'amour, dont il est question d'un bout à l'autre de l'histoire. Un amour qui ne rompt point la hiérarchie nécessaire subordonnant au mari une épouse docile. Les époux n'en parlent pas seulement, il le font. Et il n'apparaît pas que l'évêque de Noyon, en 1084, plus audacieux que ne le seront de longtemps ses confrères, lucide, conscient de la réalité des choses et de la nécessité d'accorder son enseignement à la vie vraie, ait souhaité que l'on prît prétexte de cette histoire de mal mariée pour célébrer dans le mariage autre chose que la plénitude, corps et âme, de la conjonction amoureuse.

L'autre championne des vertus matrimoniales est bien différente. Elle fut comblée dans la conjugalité et c'est une très grande dame, Ide, comtesse de Boulogne. L'autorité ecclésiastique fut pressée de la canoniser, non pas cette fois-ci par le peuple dévot, mais par sa petite-fille et héritière, l'épouse d'Étienne de Blois. Alors que celui-ci voyait croître ses chances de devenir roi d'Angleterre, sa femme entreprit vers 1130 de faire reconnaître la sainteté de la seconde de ses grand-mères, la première Marguerite d'Écosse étant déjà tenue officiellement pour sainte. Les moines de Vasconvillier qui veillaient sur le tombeau d'Ide furent requis de raconter sa vie [7]. Cette existence n'avait rien d'exceptionnel, sinon que la comtesse était mère de Godefroi de Bouillon. L'hagiographe dut placer la maternité au centre du panégyrique. On devine sa gêne au prologue. Il s'y évertue à justifier le parti pris. Les saints, dit-il, aident à résister aux agressions démoniaques; la providence en a donc placé à tous les degrés du corps social. Même dans cette part inférieure, la féminine. Parmi les saints, on trouve des femmes, et jusqu'à des femmes mariées. A condition évidemment que celles-ci soient mères. Il leur arrive dans ce cas d'être « inscrites au livre de vie en raison de leurs mérites et de ceux de leurs fils ». Suit un éloge du bon mariage : il est remède à la luxure; « selon la loi », la prolificité le bénit; il faut le vivre dans la chasteté : « Certes la virginité est bonne, mais, c'est prouvé, la chasteté après l'enfantement est grande. » Ayant disposé ces principes en garde-fou, un bénédictin peut se risquer à démontrer la sainteté d'une épouse. Il le fait discrètement, à la clunisienne, avec un sens aigu de l'opportunité sociale, ajustant, comme l'évêque de Noyon mais dans un autre sens, l'enseignement de l'Évangile et de saint Augustin aux valeurs profanes que l'on exaltait dans les maisons de la plus haute noblesse.

Genus, gignere, generositas, ces mots scandent la description de cette vie conjugale exemplaire. Remarquons leur connotation charnelle : ils insistent sur le sang, le bon sang. Ide fut, « par la clémence de Dieu » l'un des maillons d'une chaîne généalogique. Bien accouplée en 1057, judicieusement cédée à seize ou dix-sept ans par son père, le très puissant duc de Lothier – il avait pris conseil et, se fiant à la renommée qui permet « aux vaillants de se conjoindre », accepté la demande que décemment lui avait exprimée par ses messagers le comte Eustache II de Boulogne, un « héros », de « très noble race », « du sang de Charlemagne » –, mariée « selon l'usage de l'Église catholique », Ide vécut la conjugalité comme toutes les bonnes chrétiennes devraient le faire. Dans la soumission d'abord : sa piété se développa « en accord avec son homme et par la volonté de celui-ci » : comment imaginer qu'une femme soit dévote en dépit de son époux? Obéissante, donc, discrète dans le gouvernement de sa maison, chaste. « Selon le précepte apostolique », ce fut

« en usant de l'homme comme n'en ayant pas », en se détournant du plaisir, qu'elle engendra. Trois fils – rien n'est dit des filles : le second fut Godefroi de Bouillon, le dernier, Baudoin, roi de Jérusalem. De la gloire qui sortirait de ses entrailles, Ide avait été avertie dès son adolescence : dans son sommeil, elle avait vu le soleil descendre du ciel, reposer un moment dans son sein. Le biographe expulse avec soin l'érotisme prépubère dont on pourrait, dans un tel songe, discerner les signes. Ide dormait, dit-il, mais l'esprit tourné « vers les choses d'en haut ». Ce rêve ne la tirait donc pas vers la lubricité. Il annonçait une maternité sainte. Et ses fils, Ide décida de les nourrir elle-même – l'éloge donne à penser que l'usage commun était différent dans l'aristocratie : elle voulait éviter que par le lait d'une autre poitrine, ils ne fussent « contaminés » et « conduits à de mauvaises mœurs ». D'un corps généreux, plié à l'autorité maritale, sort tout le bien que ce texte édifiant dit émaner de cette sainte épouse.

Son mari mort vers 1070, elle garda le veuvage, « réjouie par la noblesse de ses fils », « enrichie par l'amour d'en haut » ; « elle s'unit à l'époux immortel par une vie de chasteté et de célibat ». Elle était jadis passée du pouvoir de son père dans celui de son homme. Elle tomba maintenant – les femmes ne doivent pas demeurer sans guide – sous celui de l'aîné de ses garçons, Eustache III, successeur de son père. Elle continua d'enfanter, non plus par son ventre, mais par sa richesse, plus exactement par son argent : elle avait abandonné ses biens héréditaires aux hommes de son sang contre de la monnaie ; de cette monnaie dont la source lointaine était encore le *genus* paternel, elle se servit – avec le « conseil », bien sûr, l'« avis » du comte Eustache – pour procréer d'autres fils, ceux-ci spirituels : elle féconda la région boulonnaise, reconstruisant, restaurant, fondant trois monastères. D'hommes : seule compte encore la part masculine de sa progéniture. Elle glissa lentement ainsi dans une autre famille ; l'abbé de Cluny l'adopta « pour fille » ; elle libéra la maison de son fils, mais sans

devenir moniale. Toujours dirigée par un homme, l'abbé
de la Capelle-Sainte-Marie, elle vécut à la porte de cette
maison, entourée de ses suivantes. Psalmodiant, mais
« modérément ». Nourricière surtout. Nourrissant les
pauvres, les religieux. « Servant » des hommes, comme il
est bon que les femmes ne cessent de le faire. On la vit
accomplir des miracles, lesquels témoignaient encore de
ses capacités d'engendrement. Une petite muette s'était
un matin blottie sous son manteau; ce fut comme une
nouvelle grossesse; naissant à l'esprit, l'enfant se mit à
parler : le premier mot qu'elle prononça fut le mot mère.
Et comme cette fille, pour avoir plus tard par deux fois
péché, enfanté hors mariage, était retombée dans son
infirmité, sainte Ide par deux fois la guérit, la purifiant
de cette maternité peccamineuse. Ce panégyrique de
commande s'adressait aux hommes qui dirigeaient les
maisons aristocratiques : il leur parlait de chasteté, des
« usages de l'Église catholique ». *Mezza voce.* Mais, pour
qu'un peu du message passât, ce texte appuyait très fort
sur la nécessaire soumission des épouses et sur la
fonction génétique du corps féminin. Il ne prenait pas la
peine d'évoquer l'amour. Célébrant la parturition et le
bon ordre, il exaltait une sainteté purement matricielle.
Car les clunisiens savaient bien la valeur principale que
l'on attribuait aux femmes dans la demeure des puissants, et ce que les chefs de lignages attendaient qu'on
leur dît.

Guibert de Nogent

Je passe maintenant à deux écritures, contemporaines de ces vies de saints, qui sont d'exceptionnel intérêt. Elles proviennent de deux hommes issus de la même région, le Beauvaisis. L'une est très intérieure. Elle est monastique : ce texte fut composé dans une petite abbaye des environs de Laon; elle est en outre introvertie : son auteur Guibert, bénédictin, s'est détaché du siècle et livre du mariage l'image fantasmatique qui le hante au fond de sa retraite anxieuse. L'autre écriture est au contraire très largement ouverte sur le monde vrai, d'une ouverture intellectuelle – l'école – et sociale – la ville : je retourne en effet à l'œuvre de l'évêque de Chartres, Yves, engagé tout entier dans l'action directe, construisant à petits coups, à propos de problèmes concrets, précis, la pastorale, la théorie du bon mariage selon l'Église rigoriste et savante.

En 1115 – onze ans après la réconciliation de Philippe Ier – Guibert, abbé de Nogent-sous-Coucy, écrit, à soixante ans, ses *Mémoires*[1]. Ce livre est extraordinaire. On y voit enchevêtrées l'autobiographie à la manière de saint Augustin et la chronique. Le regard vers le mouvement de l'histoire se fixe sur un événement récent, scandaleux, l'éruption des luttes communales dans la cité de Laon toute proche, en 1112. Ce furent peut-être bien ces troubles qui incitèrent le moine à écrire cet ouvrage, à sortir de son repliement, à considérer la ville, les manieurs d'argent, les chevaliers pillards, le monde souillé que l'on doit fuir. Guibert en montre la noirceur. Son but? Inciter ceux qui entendront lire ce qu'il trace sur le parchemin à désirer plus ardemment la terre sans mal, le Paradis promis, retrouvé, dont on voit ici-bas deux préfigures symboliques, les monastères et la Terre sainte. Sept ans auparavant, Guibert avait écrit un autre livre, *De l'action de Dieu par l'intermédiaire des Francs,* célébrant la grande migration vers l'Est, capable de refréner la turbulence militaire, de délivrer de ses péchés la soldatesque : les chevaliers échappant, en prenant la route de Jérusalem, à la corruption mondaine comme d'autres peuvent le faire en s'enfermant dans un cloître. Lorsqu'il reprend la plume, il entend, par des anecdotes édifiantes, à force d' « exemples », conforter ses frères religieux dans leur effort de perfection, espérant aussi que de cet enseignement l'écho retentira hors les murs de l'abbaye. Sa pédagogie se fonde sur un postulat : le siècle est répugnant. Je ne dois pas oublier ce pessimisme systématique lorsque j'exploite ce témoignage : il le déforme évidemment [2].

Et pourtant, par ses excès mêmes, l'ouvrage livre une image très précieuse des comportements matrimoniaux de la chevalerie durant la seconde moitié du XIe siècle. En effet, Guibert parle longuement de son enfance, donc du couple que formaient ses parents [3]. Son père appartenait, comme le père de Godelive, à l'aristocratie de seconde zone : c'était l'un des guerriers attachés au château de Clermont-en-Beauvaisis. Il avait été marié en 1040, alors que la réforme commençait à peine. L'épouse lui fut cédée par un homme important. Protecteur du monastère Saint-Germer-de-Fly (dont Anselme de Canterbury fut un moment prieur) le beau-père avait de la puissance. Dans la hiérarchie des honneurs, il se situait un degré plus haut que son gendre. Le cas était commun : Eustache de Boulogne avait lui aussi reçu une femme de meilleur parage; Bertolf également, sans doute. La fille n'était pas héritière : elle vint demeurer chez son mari. Parlant des noces, Guibert qualifie son père de « jeune », ce qui ne dit rien de son âge. La mariée, elle, avait tout juste douze ans, l'âge limite au-dessous duquel la coutume profane et le droit canon interdisaient de mener les pucelles vers un lit conjugal. Que le mariage ne fût pas aussitôt consommé paraît explicable. On cria pourtant tout de suite au sortilège, imaginant l'un de ces charmes que décrit Bourchard de Worms dans le *Medicus*. L'ensorcellement ne venant pas, comme à l'accoutumée, d'une concubine délaissée, mais d'une « petite vieille », la marâtre du garçon, jalouse, et dont cette union contrariait les projets : elle eût voulu que son beau-fils épousât l'une de ses nièces. Guibert ne doute pas du fait. Il juge que « chez les ignorants » – entendons, les laïcs – ces magies étaient pratiques courantes. Retenons que l'usage de marier les filles trop jeunes provoquait fréquemment de tels accidents.

Un mariage imparfait était inutile au lignage puisqu'il ne pouvait donner d'héritiers; il l'était sans doute aussi aux yeux de bien des gens d'Église : comme il n'éteignait pas les feux de la concupiscence, il ne remplissait pas sa fonction. Pouvait-on même le tenir pour un vrai mariage? A cette date, il n'est pas sûr que celui-ci ait été béni. Le seul lien d'épousailles paraissait-il si serré qu'on ne pût sans ambages le dénouer? Le fait, notable, est qu'en l'occurrence, on hésita à le rompre brutalement. On y mit les formes. Conseillant, en premier lieu, à ce semblant d'époux d'entrer en religion en même temps que sa femme. La place d'un impuissant n'était-elle pas au monastère? Dans l'Église, beaucoup jugeaient salutaire que, par consentement mutuel, les conjoints se séparent de cette façon. Mais le mari refusa. Après trois ans, on tenta un autre moyen légal : les textes canoniques, ceux qu'avait rassemblés Bourchard de Worms, autorisaient l'homme incapable de connaître sa femme à divorcer. Mais il fallait que l'incapacité fût prouvée. De

« mauvais conseillers [4] » incitèrent le garçon à faire l'essai d'une autre partenaire. « A la manière des jeunes », fougueux, manquant de sens, le futur père de Guibert suivit cet avis; il prit une concubine, sans pour cela paraître bigame : était-il vraiment marié ? Et puis, la compagne choisie pour cette expérience, de basse condition, n'avait pas le titre d'épouse. Le concubinage survivait vigoureusement en contrebas du vrai mariage. Le résultat fut convaincant : un enfant naquit qui mourut très vite, comme mouraient alors, accidentellement ou non, nombre de nourrissons légitimes, et davantage de petits bâtards. Le motif disparaissait d'une dissolution licite.

Alors le lignage agit sur la jeune femme. Il tenta d'abord par de mauvais traitements de la pousser à s'enfuir, c'est-à-dire à rompre elle-même le lien en abandonnant son foyer. Cette adolescente subit de ces humiliations à quoi sainte Godelive ne put résister : le parallèle est frappant entre ces deux aventures féminines : Guibert voudrait lui aussi que l'on croie à la sainteté de sa mère, il insiste sur sa beauté, il insiste sur sa force. Elle supporta tout. Restait une cause de séparation : la fornication de l'épouse. On voulut rendre celle-ci infidèle, ou du moins inciter ses parents à rompre eux-mêmes la *desponsatio* pour un meilleur parti. Dans la maison, on attira donc un « très riche homme ». Elle résista. Dieu, dit son fils, la munit d'une piété plus forte que sa « nature » et sa « jeunesse »; la grâce la retint de brûler; son cœur – entendons son sang – demeura sous son contrôle. Guibert voit dans sa mère l'anti-Ève, la femme forte de l'Écriture, la vierge sage. Continente, froide à souhait. Enfin, sept ans après la cérémonie nuptiale (méfions-nous : le nombre sept est symbolique; si la computation est exacte, cette femme avait alors près de vingt ans), son époux la déflora. Les aiguillettes avaient été dénouées par une autre « petite vieille », grâce à des enchantements de puissance inverse, ceux-là mêmes dont le mari de Godelive feignit de vouloir user, et le moine de Nogent, pas plus que celui de Bergues-

Saint-Winock racontant l'histoire de la sainte, ne juge pas condamnable un tel recours aux sortilèges. La magie plaît à Dieu, lorsqu'elle est blanche, lorsqu'elle favorise des accouplements légitimes. En tout cas, dès ce dénouement, la mariée, docile autant que le fut Godelive, « se soumit aux obligations conjugales ». Passive, comme doivent l'être des bonnes épouses, se prêtant sans frémissement à l'homme, pour qu'il se purge de ses excès de vigueur.

Le mariage est béni lorsqu'il est prolifique. Celui-ci le fut abondamment. Sans parler des filles, dont il n'est point fait cas, quatre fils naquirent (dont l'un fut moine à Nogent avec son frère). Guibert était le dernier né. Sa mère faillit mourir en le mettant au monde. Autre épreuve, complaisamment décrite, l'accouchement dura plus d'une journée [5]. Les douleurs commencèrent le Vendredi saint – en compassion des souffrances du Christ. Comme la parturiente allait trépasser, on voulut le lendemain matin dire une messe ; les liturgies de la veille de Pâques interdisaient de le faire. Alors, devant l'autel de la Vierge, il fut fait oblation de l'enfant à naître : garçon il serait d'Église, fille, – de sexe « inférieur », *deterior,* dit Guibert –, sa virginité serait consacrée. Le bébé vient au monde. La mère revit : c'est un fils.

Guibert avait huit mois à la mort de son père. Il la dit providentielle : s'il avait vécu, son père, sans doute, rompant le vœu, aurait fait de lui un chevalier. Le lignage songea désormais à se débarrasser de la veuve [6]. Elle ne servait plus : elle avait produit assez de garçons, trop même. Elle conservait son douaire et de l'ascendant sur ses fils. On prit langue avec sa parenté. Celle-ci ne reprendrait-elle pas cette femme encore jeune, utile à nouer d'autres alliances ? Dressée contre ceux qui voulaient l'expulser, elle prit pour chaperon Jésus. Prosternée devant le crucifix, il était malaisé de la chasser. Elle resta, mais sous la coupe des parents de son mari. Le fils de son beau-frère, devenu chef de lignage, jugea de son devoir de la traiter comme il devait traiter ses sœurs, ses

filles ou ses nièces : de lui donner un nouveau mari. Au
sein de la maisonnée, le pouvoir était distribué de telle
sorte qu'elle ne pût s'opposer à cette décision. Du moins
exigea-t-elle un homme plus noble qu'elle. On ne
pouvait la contrarier : elle était de meilleure naissance, et
ceci faisait sa force. Je l'ai dit, dans les couples de
l'aristocratie, l'hypergamie du mari est la règle. La
différence de rang, dans ce sens, entretient dans le cœur
masculin la crainte de la femme ; elle porte à projeter sur
elle la notion de souillure, propre, comme nous l'apprend Mary Douglas [7], à conjurer le danger dont elle est
porteuse. Dans le cas présent, l'obstacle au remariage
était insurmontable : comment, renversant l'inégalité,
trouver un parti convenable ? La mère de Guibert, par
son obstination, parvint à ne pas rompre « l'union de son
corps à celui de son mari par la substitution d'une autre
chair ». L'Église officielle ne condamnait pas, comme les
hérétiques, les secondes noces. Mais les rigoristes, tel
Guibert, réputaient l'état de veuvage, inférieur certes à la
virginité, cependant, comme l'affirmait saint Jérôme,
beaucoup plus méritoire que l'état conjugal. Cette
femme, comme sainte Ide, choisit de s'imposer les
obligations particulières exigées des membres de cet
ordo.

La première était de soulager l'âme en peine du
défunt par des pratiques pieuses dont Guibert en passant
souligne l'efficacité. Sa mère, rapporte-t-il, vit apparaître
son époux sous un aspect corporel, semblable à celui du
Christ ressuscité : comme celui-ci, le revenant interdit
qu'on portât la main sur son corps. Il était blessé au côté,
près de lui un petit enfant gémissait. La blessure au
flanc, à l'endroit de la côte d'Adam, signifiait qu'il avait
rompu le pacte conjugal : le narrateur est en effet
persuadé que son père a péché lorsqu'il prit, après la
desponsatio, une concubine ; il partage donc l'opinion
d'Yves de Chartres qui, à l'époque même où il écrit,
s'acharne à faire reconnaître que, même si les noces
n'ont pas eu lieu, même si leurs corps ne se sont pas
mêlés, les époux sont unis indissolublement par

l'échange des consentements, par l'engagement des volontés; l'idée s'est imposée, qui n'admet plus que le concubinage soit différent de la fornication : Guibert donc juge son père fornicateur et bigame. Quant à l'enfant, c'est, bien sûr, le bâtard mort sans baptême, et par conséquent tourmenté. La veuve interroge : que faire ? Le défunt répond : des aumônes, et révèle alors le nom de sa compagne illicite : elle vivait toujours, dans la maison même : nouvel indice du caractère domestique des exubérances sexuelles. Pour aider à la rédemption du petit mort, la bonne mère adopta un nouveau-né; elle se chargeait ainsi de la faute et choisissait pour pénitence de supporter les cris du petit vivant. Et ceci prouve encore, notons-le, qu'il n'était pas commun aux dames de l'aristocratie de prendre elles-mêmes soin de leurs nourrissons.

Sa condition de veuve impliquait aussi le jeûne, l'assiduité aux offices liturgiques, une prodigalité surtout dans l'aumône. Cette femme dilapidait donc en les distribuant aux pauvres les revenus de son douaire au grand dam des parents de son époux. Ils la virent enfin, au bout de douze ans, s'en aller [8]. Imaginons-la dans la trentaine, environnée de mâles, engoncée dans sa continence. Elle avait peu à peu glissé au pouvoir des prêtres, et notamment de ce clerc qu'elle nourrissait dans la maison pour qu'il instruisît ses fils. Cet homme dirigeait sa conscience, il lui expliquait ses songes : elle dit un matin, à la grande surprise de ses enfants, de ses amis, de ses parents, avoir rêvé d'un remariage : point de doute, ce mari était le Christ, elle aspirait à s'unir à lui. Ces femmes frustrées sont environnées d'ecclésiastiques, grands et petits, qui tentent de les capturer. Mais qui se heurtent à des contradicteurs : Guibert dit fou, possédé du démon, ce personnage qui parcourait la demeure en criant : « Les prêtres ont enfoncé une croix dans les reins de cette femme. » Bref, elle partit, accompagnée du confesseur, et s'installa à la porte du monastère de Saint-Germer. Elle avait coupé ses cheveux, elle s'était vieillie, elle s'habillait comme les nonnes. Elle avait franchi le pas, et son dernier fils vint la rejoindre, s'incorporant, lui, à la communauté monastique.

Guibert est exceptionnel par son intelligence, sa sensibilité si vive. Je vois en lui le représentant de tous ces garçons tardivement nés de couples formés comme celui-ci. Ce que l'on entrevoit de son enfance le montre rejeté. Par l'absence d'un père, par ce petit enfant adopté pour racheter la faute paternelle. Exclu. Il est destiné à l'Église. Dans ce milieu militaire, toute l'attention se porte vers son frère aîné chevalier, vers son cousin, chef de lignage, que Guibert déteste [9]. Rancœur, retrait qui le font s'agripper à sa mère, l'entourer d'une vénération morbide [10] : elle était belle, modeste, chaste surtout : elle au moins était dégoûtée de la chair, fermait ses oreilles aux histoires obscènes, fuyant la bestialité d'une race de cavaliers brutaux et meurtriers. Guibert s'accroche à ses jupes; il s'en sépara pour la première fois en 1104, lorsqu'il devint abbé de Nogent : il avait plus de cinquante ans. Un lien homologue l'attache à la Vierge. Il lui était voué avant même d'être né. Elle est pour lui la dame, la mère hors d'atteinte, celle-ci non souillée. A vingt ans, à Saint-Germer, il écrit un traité sur la virginité, réfute Eusèbe de Césarée, prouve que saint Paul ne fut jamais marié. Guibert témoigne excellemment de la frustration des fils cadets. Les uns, portant les armes, trouvent à se défouler dans l'aventure, le rapt et les formes adoucies qu'il prend dans le rituel des amours courtoises; les autres, clercs ou moines, s'acharnent contre ce qu'il y a de sang et de joies dans le mariage et s'abîment dans la dévotion mariale. Comme tous les « jeunes » que la discipline lignagère maintient dans le célibat, Guibert en a contre les *seniores* dont la chance est d'avoir une femme. Il les condamne en la personne de son père, l'accablant à la manière de ces jeunes Catalans que Pierre Bonnassie a rencontrés dans les chartes du XIe siècle, traînant leur père devant les juges, l'accusant d'hérésie, d'ivrognerie, de lubricité. A cette rancune, deux obsessions se relient : la phobie du sang, de la violence, c'est-à-dire de la puissance virile – Guibert l'exprime dans son *Traité des Reliques,* par ce dégoût que lui inspirent les débris corporels sordides que l'on vénérait dans les châsses; la phobie du sexe : elle se traduit dans les *Mémoires* par les récits de castration, tous les racontars colportés sur les seigneurs du Laonnais qui, les soirs de combats, tranchaient le sexe de leurs prisonniers, les pendaient par les testicules. Guibert a retenu l'histoire que lui conta le neveu de l'abbé de Cluny. Elle lui plaît, il l'introduit dans son récit; c'est celle d'un jeune mari coupable : il aimait trop sa femme [11] (« non pas comme un époux, ce qui serait normal, mais comme un usurier, ce qui est un amour anormal » – l'amalgame s'opérant naturellement dans cette comparaison entre le goût immodéré de l'argent et celui du plaisir sexuel); partant en pèlerinage pour Compostelle, il avait pris avec lui la ceinture de l'aimée; saint Jacques lui apparut – c'était en vérité le diable – furieux, lui ordonnant de se châtrer; il obéit, puis s'égorgea. Émasculation : horreur des femmes. Entretenue dans les abbayes par ce que rapportaient de ces dévorantes des moines entrés sur le tard en religion, et qui n'étaient pas, comme Guibert, vierges – tel ce vieux noble du Beauvaisis qui se jeta dans Saint-Germer épuisé, à demi mort : « Son épouse montrait plus de vigueur que lui dans l'office du lit conjugal [12]. » Désarroi des veufs prenant en secondes noces des tendrons, désarroi des adolescents prenant en premières noces des fillettes : la femme terrorise. Encore, autrefois, était-elle prude, dit Guibert [13]; comment le serait-elle aujourd'hui, vêtue de parures immodestes, poursuivie sans cesse par des séducteurs, dévoyée par le mauvais exemple? Le propos d'édification déforme le regard que l'abbé de Nogent porte sur l'extérieur. Il l'est aussi par certaines dispositions d'âme, celles-ci procédant d'une expérience enfantine, c'est-à-dire en fin de compte, de la manière dont on usait du mariage dans la classe de Guibert et de son temps.

Ce qui s'est passé dans la cité de Laon en 1112 fait voir la pourriture du monde. Cet abcès qui crève dans les tumultes de la commune, Guibert le montre mûrissant au cours d'un long conflit[14]. Les protagonistes en sont Thomas de Marle, un seigneur luxurieux, sexuellement pervers, et la nouvelle épouse, *superinducta,* du sire de Coucy son père, Sybille, sa marâtre, non moins luxurieuse et perverse. Un duel entre Mars et Vénus. Le sang et le sexe. A l'origine de tout, le péché de chair : Sybille est une Messaline ; pour la prendre son mari a répudié sa femme, la mère de Thomas ; celle-ci était fornicatrice, et Thomas lui-même, sans doute un bâtard. Ainsi, l'explosion finale, la guerre sociale, la rage du peuple témérairement soulevé contre ses maîtres naturels, scandaleusement unis en une conjuration néfaste, prend-elle racine dans la concupiscence. Guibert en est convaincu, et notamment lorsqu'il en vient, relatant l'événement, à parler ici et là du mariage.

A le lire, il apparaît d'abord que les attitudes mentales changeaient avec une extrême lenteur. Bonne leçon pour les historiens, toujours enclins à privilégier l'innovation dans sa prime percée. Les comportements dont ce texte nous informe diffèrent à peine de ceux que les textes de l'an mil font entrevoir. L'hérésie est là, enracinée, d'autant plus têtue qu'elle est paysanne, et c'est la même, celle que dénonçait Gérard de Cambrai quatre-vingts ans plus tôt – condamnant notamment le mariage. Pour la décrire[15], Guibert reprend les mots d'Adhémar de Chabannes, du moine Paul de Saint-Père de Chartres : refuser le mariage, c'est donner libre cours à toutes les pulsions luxurieuses. Association d'égaux, la secte est une commune, aussi détestable que celle de la cité, non point municipale, sexuelle. Et revient la même histoire : la nuit, dans le secret, hommes et femmes mêlés, on éteint les torches, on crie « cahos »; orgie; le fruit en est brûlé; les cendres mélangées au pain, c'est l'eucharistie hérétique. Un trait nouveau pourtant : sous les apparences de la continence, l'homosexualité se cache : « Les hommes vont avec les hommes, les femmes avec les femmes, car ils jugent impie que les hommes aillent dans la femme. » Comment pourrait-il en être autrement? Seuls échappent à la tentation les époux qui, tels Simon de Crépy et sa *sponsa,* se retirent chacun dans un cloître.

Rémanence de l'hérésie, rémanence du nicolaïsme. Les parents de Guibert voulaient le tirer de Saint-Germer pour qu'il fît une carrière dans l'Eglise séculière. C'était le moment, vers 1075, où selon les *Mémoires,* en France du Nord – au nord des Alpes, disent-elles – débutait l'action vigoureuse contre le mariage des prêtres. Certaines familles seigneuriales l'appuyaient, espérant que l'épuration leur permettrait de caser plus aisément quelques-uns des garçons dans les bons postes du clergé. Le chef du lignage de Guibert réussit à faire destituer un chanoine marié; il s'apprêtait à faire établir son jeune cousin sur la prébende libérée; l'autre se rebiffa et, comme il avait le bras long, fit excommunier toute la maisonnée pour simonie, pour trafic de biens d'Église; il conserva sa charge et sa femme. La résistance à la réforme grégorienne fut donc puissante, efficace. Elle n'était pas brisée quand Guibert achevait son œuvre : en 1121, à Soissons, un concile luttait difficilement pour le célibat sacerdotal; il se heurtait à de fortes contradictions : une vie de saint, celle de Norbert, fondateur de Prémontré tout près de Nogent, rapporte ce fait merveilleux : prenant sans le savoir parti pour ceux qui, jugeant les clercs des hommes comme les autres, refusaient de les priver de compagnes, un petit garçon de cinq ans, en 1125, avait eu la vision de l'Enfant Jésus porté dans les bras d'un prêtre marié [16].

Le poids de la routine enfin n'est pas moins lourd au début du XIIe siècle sur les pratiques matrimoniales. Se maintient en particulier dans l'aristocratie l'usage du concubinage. J'ai dit que Guibert n'aimait pas le chef de son lignage : « Il refusait, dit-il, d'être régi par la loi des laïcs » – entendons qu'il ne voulait pas, selon la règle grégorienne, contracter un mariage légitime. En ceci consistait sa « débauche ». Et la compagne de ce prévôt qui gérait dans la ville de Laon les droits du roi, la mère de ses enfants, Guibert la dit « concubine [17] ». Le mot, dans la bouche des gens d'Église, désignait toute épouse illicite, pour cause de bigamie ou d'inceste. C'est ainsi qu'est nommée Sybille de Coucy [18]. N'exprime-t-il pas aussi la réprobation de Guibert et des dirigeants de l'Église à l'égard des époux dont les noces n'avaient pas été bénies selon les rites prescrits? Ce que refusait le cousin « débauché » n'était-ce pas simplement le cérémonial que les prêtres s'efforçaient d'imposer? On sait qu'à l'époque même, en 1116, le moine Henri – de Lausanne, condamné pour hérésie à Toulouse en 1119 – prêchait au Mans, non pas contre le mariage mais, comme les spirituels d'Orléans en 1022, contre sa sacralisation. « Le seul consentement fait le mariage, proclamait-il [en plein accord sur ce point avec l'orthodoxie], quelle que soit la personne [il jugeait cette fois que ces affaires de sang, les liens de parenté, ne regardaient pas les prêtres] et sans qu'il soit besoin de célébration, de publicité, ni de l'institution par l'Église. » Les rigoristes avaient beau jeu de dénoncer dans de tels propos une incitation à l'union libre, donc à la fornication. Le mépris de la chair en vérité les inspirait : il est indécent de mêler le sacré aux rites préliminaires à la procréation, à l'union des sexes, nécessairement répugnante. Affirmer la pleine liberté de l'engagement conjugal dérangeait les manigances familiales et choquait les chefs de lignage : le moine Henri dut s'enfuir. Mais sa prédication contrariait aussi l'intention des prêtres de s'immiscer dans les cérémonies du mariage. Ils tentaient déjà de le faire dans cette région, au début du XIe siècle : la réaction des chanoines d'Orléans, en 1022, l'atteste. Étaient-ils parvenus à leurs fins cent ans plus tard?

Hors de la maison royale et de quelques maisons princières, il semble bien que le rituel matrimonial soit demeuré très longtemps profane. Ceci est certain de la fête nuptiale, du banquet, du cortège vers la demeure du couple, vers la chambre. Qu'en était-il des épousailles, de la *traditio,* de la cession de la fille par les dirigeants de sa parenté ? Les chartes clunisiennes de *sponsalicium* parlent bien, dès l'an mil, de Dieu et de l'amour, elles parlent surtout de la dot. Dans l'église de Civaux, un chapiteau – que l'on peut dater de la fin du XIe siècle [19] – historié, le seul de la nef, adressant aux laïcs une admonestation muette, présente sur une de ses faces des sirènes attirant les hommes hors d'un esquif. Les hommes en effet naviguent sur la mer du péché, dangereuse, et le péril vient de la femme. Pour s'en prémunir, le laïc doit se marier. C'est l'enseignement de cette sculpture qui, sur l'autre face, décrit, en contrepartie, le mariage. On voit ici l'époux et l'épouse leurs mains jointes. Ils ne se regardent pas l'un l'autre, comme s'il fallait par là signifier que dans l'acte procréateur, les conjoints chastes se détournent autant qu'il est possible de cette chose immonde. Deux personnages en tout cas, non pas trois. Point de père : l'accord de leur volonté est libre. Mais non plus point de prêtre, dont l'iconographie chrétienne plus tard affirmera sans se lasser la nécessaire présence. Un autre chapiteau, façonné vers 1100 à Vézelay, figure la tentation de saint Benoît. Un homme conduit par la main une femme vers un autre homme. Le mot *diabolus* est inscrit deux fois, au-dessus de celui qui donne, au-dessus de celle qui est donnée : la luxure est fille du diable. Le marieur ici est bien le père, non pas le prêtre.

L'image, en ce temps, assurait au message la diffusion la plus large. Dans la très difficile enquête sur l'évolution des rites, elle est de peu d'utilité, car elle est, quant au mariage, rarissime – puisque tout l'art de ce temps qui nous reste est sacré, cette rareté prouve que le mariage, lui, ne l'était guère – et se laisse mal interpréter. Plus convaincant est le témoignage des textes, des livres liturgiques. Il reste conjectural car ces livres sont mal datés et on ne sait pas bien quel était leur usage : on repère l'introduction d'une formule dans un pontifical ; où, quand, à propos de qui était-elle réellement prononcée ? La piste que jalonnent les traces de cette sorte est incertaine [20]. L'habitude d'associer un homme d'Église aux solennités successives de la *desponsatio* et des *nuptiae* semble pénétrer par la Normandie, se diriger vers Cambrai, Arras et Laon. Un manuel composé à Évreux au XIe siècle contient le texte de prières récitées par un prêtre. Il opère à l'intérieur de la maison. Il bénit. Il bénit tout, les cadeaux, l'anneau, la chambre avant que les époux n'y pénètrent, la couche nuptiale. S'agit-il d'autre chose que d'exorcismes multipliés dont on attendait qu'ils refoulent le mal, de précautions prises dans le moment le plus périlleux, celui de l'accouplement, à la nuit tombante ? Un pontifical plus récent, daté de la seconde moitié du XIe siècle, utilisé dans le diocèse de Cambrai-Arras, montre qu'une part du cérémonial était désormais transférée dans l'église. « Après que la femme a été épousée (*desponsata*) par l'homme et légalement dotée, qu'elle entre dans l'église avec son mari. » Agenouillés, ils sont bénis, avant la messe. Les pratiques rituelles inaugurées deux siècles auparavant à l'occasion du mariage des reines s'étaient par conséquent répandues. Les autorités ecclésiastiques avaient obtenu que, dans le milieu des rites de passages, entre la remise de la femme, la promesse, l'engagement verbal, et son introduction dans la chambre conjugale, elle se présentât devant l'autel, que le couple déjà formé mais non encore uni par la copulation fût béni. Pas davantage. Un missel de Soissons du XIe siècle fait état, avant la messe, d'une bénédiction de l'anneau, après la messe d'une bénédiction de la chambre. Ainsi paraît s'être appliqué, très lentement, ce que prescrivait à Rouen, en 1012, un synode : avant le repas nuptial, « que l'époux et l'épouse à jeun soient bénis dans l'église par le prêtre à jeun » – la sacralisation sanctionnant une enquête ecclésiastique préliminaire : « Avant d'accorder aux époux la bénédiction de l'Église, le prêtre devra vérifier s'il n'y a pas inceste ou bigamie. » Il faut toutefois attendre le XIIe siècle pour découvrir un système liturgique cohérent dans les manuels sacerdotaux qui subsistent, normands pour la plupart, l'un d'eux pourtant, d'origine anglaise, employé à Laon en 1125-1135. Le lieu des épousailles n'est plus alors la maison de la fille. Devant la porte de l'église, les anneaux sont bénis, l'acte de dotation lu, le consentement mutuel requis, et par le prêtre ; il est là désormais, témoin privilégié, encore passif cependant : il n'accomplit aucun des gestes dont l'importance est primordiale ; il n'y met pas à proprement parler la main. « Que vienne alors celui qui doit remettre la fille [l'acteur principal, le marieur : c'est le chef du lignage, le père, le frère ou l'oncle], qu'il la tienne par la main droite [comme le diable sur le chapiteau de Vézelay] et qu'il la remette à l'homme en épouse légitime, si elle est fille avec la main couverte, si elle est veuve avec la main découverte. » L'époux introduit successivement l'anneau à trois doigts de la main droite de l'épouse, au nom du Père, du Fils et du Saint Esprit, puis l'établit à la main gauche. Il prononce la formule d'engagement : « De cet anneau je t'épouse, de cet or je t'honore, de cette dot je te doue. » A Laon, la femme doit alors se prosterner aux pieds de son maître. Puis on entre dans l'église ; les époux sont bénis, sous le voile, sauf pour les secondes noces. Après la messe, la nuit tombant, quand ils gagnent le lit, que le prêtre vienne bénir la chambre, puis de nouveau le couple : « Dieu d'Abraham, d'Isaac et de Jacob, bénis ces adolescents, sème dans leur cœur la semence de la vie éternelle. »

Sacralisation donc, encore discrète. Le prêtre ne s'est pas encore substitué au père dans le moment essentiel de la jonction des mains, de la cession de l'épouse : la plus ancienne trace de ce changement décisif est à Reims dans la seconde moitié du XIIIe siècle. Lorsque l'abbé de Nogent écrivait ses *Mémoires,* la partie, semble-t-il, était loin d'être gagnée. Hildebert de Lavardin, évêque du Mans, affirmait que la bénédiction « unit en mariage ». Il ripostait ainsi à la prédication du moine Henri. Mais l'on doit remarquer qu'il tenait cette bénédiction pour une faveur spéciale, et son insistance à l'exalter donne à penser qu'il avait à vaincre de fortes contradictions. Pour les laïcs, le mariage restait chose profane. Ils jugeaient

bon que les prêtres vinssent réciter des oraisons autour
du lit, comme parmi les champs pour que la pluie tombe,
comme sur les épées ou sur les chiens. Mais ils
souhaitaient tenir le clergé à distance.

Le mariage en effet, parmi les chevaliers que vitupère
Guibert de Nogent, est une affaire, un moyen de
préserver, de rehausser l'honneur de la maison. Pour cela
tout est bon, le rapt, la répudiation, l'inceste. Je lis ce
texte et je considère par les yeux de son auteur les
« puissants » du voisinage, Jean, comte de Soissons, le sire
de Coucy Enguerrand, son fils Thomas, surnommé de
Marle, puisque, attendant la mort de son père, il réside
sur son héritage maternel. Ces deux derniers se sont
montrés rapaces, saisissant de force des filles riches, des
« filles à châteaux » comme dit Dominique Barthélemy [21]. Il leur faut défendre leurs principautés contre des
rivaux formidables. Ils sont contraints de se marier
utilement. Ce qui n'est pas facile et requiert souvent la
violence. Enguerrand, selon Guibert, commit successivement deux rapts : vers 1075 il avait arraché Ade de
Marle à son mari, le comte de Beaumont; il s'en
débarrassa, prit l'épouse du comte de Namur [22]; celui-ci,
guerroyant au service de l'empereur Henri IV, l'avait
laissée dans un château des Ardennes; Enguerrand vint,
la séduisit. Facilement. Sybille était consentante. Guibert la suppose dévorée d'ardeur : Geoffroi de Namur,
dit-il, plus jeune pourtant qu'Enguerrand, ne parvenait
pas à l'assouvir. L'abbé ne voit pas le jeu politique, il ne
voit que la *libido*. Au rapt, à l'adultère s'ajoutait ici
l'inceste : pas plus que Philippe Ier, que Guillaume
d'Aquitaine, Enguerrand n'était le cousin de cette
femme, mais il l'était de son premier mari; comme le roi,
comme le duc, il fut excommunié; l'évêque cependant
était son cousin : il fut absous de l'anathème. Les
Mémoires reconnaissent que Thomas usa, lui, du mariage
pour s'approprier des biens : veuf d'une première épouse, fille du comte de Hainaut, il enleva vers 1107 une de
ses cousines, mariée; il la chassa, car elle ne lui donnait
pas d'enfant. La répudiation est aisée : les femmes sont

ou bien parentes ou bien adultères. Ade de Marle fut accusée de l'être. Jean de Soissons [23], pour se libérer, pria l'un de ses familiers de se glisser, après l'extinction des feux, dans le lit de sa femme ; elle repoussa l'intrus, aidée par ses servantes. Est-ce un ragot ? Une lettre d'Yves de Chartres confirme que Jean engagea une action judiciaire contre celle qu'il disait infidèle, prétendant prouver le crime par l'épreuve du fer rouge.

Faut-il taxer Guibert de pessimisme ? Ce que l'on sait du comportement du roi Philippe ne contredit pas ce qu'il rapporte de moindres seigneurs, ses voisins. Polygame, Fouque Réchin, comte d'Anjou, le fut davantage. Son oncle, Geoffroi Martel, en 1060, l'avait marié à la fille d'un de ses fidèles. Cette femme mourut. Il devint gendre du sire de Bourbon. Arguant de parenté, il rompit cette union, prit Orengarde de Châtelaillon. En 1081, il s'en était lassé : elle était enfermée dans le monastère de Beaumont-les-Tours. Pour sceller une réconciliation, Fouque promettait alors à Guillaume le Conquérant d'épouser une de ses filles, mais il revint sur cet engagement. Les légats avaient l'œil sur lui ; il devait annuler cette *desponsatio* selon les formes requises ; dans l'abbaye de Saint-Aubin d'Angers, on dressa donc des tableaux généalogiques qui, remontant sept générations, attestaient que la *sponsa* était sa parente [24]. Un autre schéma d'ascendance, de même origine, donne à penser que Fouque se sépara, cette fois après les noces et pour les mêmes raisons, d'une fille du comte de Brienne [25]. Avant 1090, il traitait avec Robert Courteheuse pour obtenir Bertrade de Montfort. Celle-ci, on le sait, le quitta. Les chroniqueurs rapportent qu'elle prit les devants car elle ne voulait pas, comme les épouses précédentes, être « renvoyée comme une putain ». Fouque, je l'ai dit, dépassait les bornes [26]. Mais de toutes parts, des manœuvres semblables se découvrent. Henri Ier, roi d'Angleterre, ne voulait à aucun prix que son neveu Guillaume Cliton prît pour femme la fille du comte d'Anjou. Le pape finit par annuler, pour cause de parenté, les épousailles : Henri l'avait gagné « par des prières dit Orderic Vital, ainsi que par un énorme poids d'or, d'argent et d'autres épices [27] ». La corruption et la violence, l'interdit de l'inceste utilisé pour contourner l'interdit de la répudiation ou bien pour jeter un surcroît d'infamie sur les liaisons indésirables, des prélats tantôt sourcilleux, tantôt dociles, menant leur propre jeu : de toute évidence, Guibert n'exagère pas.

On peut croire qu'il délire quelque peu lorsqu'il évoque la sexualité des châtelains de son entourage. Enguerrand de Coucy mériterait à ses yeux tous les éloges; il est très noble, généreux, courtois, respectueux des prêtres; par malheur il est lascif, couvert de femmes. Son fils Thomas entretient chez lui un quarteron de « prostituées » – et toujours les mêmes mots qui reviennent : *meretrices, pellices*; prisonnier des mêmes obsessions, Guillaume de Malmesbury n'imagine-t-il pas, lubrique, le duc d'Aquitaine, fondant à Niort une abbaye joyeuse pour ses concubines ? Les mauvaises fréquentations ont perverti Jean de Soissons [28]. Il vit environné d'hérétiques, de juifs, et, bien sûr, de filles. Ce qui lui plaît : violer les nonnes. Il délaisse sa femme, jeune, jolie, pour une vieille qu'il va retrouver dans la maison d'un juif. Il est puni : la maladie le prend. Le clerc, scrutant son urine, l'engage à se modérer – les médecins, qui sont d'Église et persuadés que la souillure de l'âme, plus spécialement la luxure, retentit sur les humeurs du corps, sont les plus précieux auxiliaires d'une exhortation à la continence. Le comte écouta le conseil. Mais, une nuit de Pâques, aux matines, alors que son chapelain expliquait le mystère de la Résurrection, Jean ricanait, répétant : ce sont fables, c'est du vent. Le prédicateur le reprit : « Pourquoi viens-tu ? – A cause de ces belles filles qui viennent ici *coexcubare* – découcher près de moi. » Ce propos conduit à s'interroger sur l'incroyance, ou plutôt sur l'influence, moins restreinte peut-être qu'on ne croit, des doctrines hérétiques. Puisque, sur son lit de mort, ce pécheur invétéré rétorquait encore au prêtre qui l'appelait à se repentir de sa faute la plus lourde, ce goût qu'il avait du corps féminin : « J'ai appris de plus sage que toi

que les femmes doivent être en commun, et que ce péché
est sans conséquence. » Ces paroles que Guibert lui prête
sont celles que l'on prêtait cent ans plus tôt aux
hérétiques d'Orléans. Lorsque, décrivant sous les cou-
leurs les plus sombres, ce siècle mauvais qu'il abhorre,
Guibert de Nogent établit en indissociable connection
l'hérésie et la dépravation, doit-on penser qu'il divague ?
Les rigueurs ascétiques que s'imposaient quelques parfaits ne paraissaient-elles pas autoriser tous les autres,
déléguant à ces abstinents la fonction de les purifier, à
vivre en liberté leurs passions ? J'ai reconnu que l'auteur
des *Mémoires* ne force pas tellement la note, lorsqu'il
montre les épouses allant, venant d'un ménage à l'autre,
dans la chevalerie du Laonnais. Est-il plus asservi à ses
fantasmes lorsqu'il évoque l'usage que ces guerriers
faisaient des femmes ? L'historien ne peut, je l'ai dit,
mesurer la part du désir.

Que penser du désir féminin ? Sybille, dame de Coucy,
n'avait jamais dominé ses ardeurs. Le seigneur gardien
de l'abbaye Saint-Jean de Laon se vantait d'avoir partagé
sa couche avant ses premières noces [29]. On racontait
partout que le comte de Namur l'avait épousée enceinte
et – notons le fait –, on s'en scandalisait [30]. Elle avait
abandonné cet époux, insatisfaite [31]. Vieille, obèse, elle
donna sa fille au jeune homme dont elle s'était amou-
rachée pour qu'il vînt vivre près d'elle. De ce gendre, de
cet amant, elle fit l'allié de son vieux mari contre son
beau-fils. Puissance de l'épouse – excessive ici, maléfique : elle inverse les ordonnances naturelles, elle engendre le désordre, un tumulte, une pourriture qui finit par
infecter la cité de Laon, le pays tout entier. Ce pouvoir,
Sybille le devait à la qualité de son sang, à sa richesse.
Pour Guibert, elle le devait principalement à ses
appâts.
   S'il faut admettre que des femmes parvenaient, jouant
de leurs attraits, à devenir maîtresses en leur ménage,

n'oublions pas tant de victimes, les maltraitées, les répudiées. Se confiant aux évêques – ceux-ci, acharnés à réconcilier, les renvoyant à leurs misères. Les communautés d'abstinence offraient un plus sûr asile. Ainsi, sur les confins de la Bretagne, nombre de dames nobles, lasses du mariage, s'attachèrent aux pas de Robert d'Arbrissel. Leur petit troupeau apeuré errait parmi les bois, mal distinct des rassemblements hérétiques. Les femmes côtoyaient les compagnons du maître. La nuit, ceux-ci couchaient d'un côté, elles de l'autre, le patron au milieu, présidant à cet exercice de domination de soi-même dont l'usage s'était répandu depuis les îles Britanniques, cet exploit : dormir à proximité des femmes et vaincre son corps. Folie, scandale. Robert dut bientôt renoncer, fonder une institution régulière, un monastère, Fontevrault, mixte, mais dont les deux communautés vivaient séparées par des murs.

Condition de la femme ? Pouvoir vrai de la femme ? La question est sans réponse. On ne peut la poser sans ajouter aux données sociales et charnelles – la coutumière infériorité de rang, de naissance, du mari au sein du couple, la puissance sur lui de l'appétit sexuel – le jeu ambigu que menaient les gens d'Église. Ambigu car leur position l'était aussi. L'aventure d'Abélard date de cette époque même. On met en doute aujourd'hui l'authenticité de sa correspondance avec Héloïse : ces lettres prétendues, en tout cas remaniées, composent un sermon édifiant montrant la voie d'une conversion, d'une assomption progressive. Mais elles révèlent aussi l'attitude d'une certaine intelligentsia cléricale. Comme saint Jérôme, ces gens d'études condamnaient le mariage parce qu'il empêche de philosopher. Ils conservaient pourtant le goût des femmes. Abélard en était tenaillé, hésitant entre les prostituées, répugnantes, les bourgeoises, méprisables, les dames nobles, dont la capture oblige à perdre beaucoup de temps. Se rabattant sur la nièce du chanoine, son hôte, aisément séduite dans les familiarités de la demeure, offrant d'officialiser l'union, en la tenant pourtant secrète, sans publicité, sans bénédiction, sans noces : un concubinage – n'ayant finalement le choix qu'entre cet état clandestin et la castration, corporelle ou spirituelle. Combien d'Abélard parmi ces hommes, tentés, partagés, proclamant la nécessité pour les laïcs de contracter des liens indissolubles, mais les enviant et, jaloux, rêvant de leur imposer la continence, à quoi leur propre condition les astreignait eux-mêmes ?

On voit les couvents de femmes se multiplier dans la France du Nord, au tournant du XIe et du XIIe siècle. Ces refuges devenaient plus nécessaires. Le strict contrôle exercé par le lignage sur la nuptialité masculine, les progrès de la réforme ecclésiastique jetant sur le pavé les compagnes dont les prêtres devaient se séparer, exigeaient que fussent recueillies, enfermées, les filles en surnombre. Mais les mal mariées n'allaient-elles pas, plus nombreuses, quitter la demeure conjugale pour ces asiles de dévotion ? Les prélats sentirent le danger. Je reviens à cette femme, Ermengarde, que son père, Fouque Réchin, avait cédée à Guillaume d'Aquitaine. Répudiée, elle était échue au comte de Nantes ; elle voulut l'abandonner pour Fontevrault, réclamant l'annulation de ses noces. Les évêques refusèrent. Robert d'Arbrissel dut la rendre à son mari, la sermonnant [32] : elle devait être soumise, demeurer dans son « ordre », d'épouse et de mère, prendre patience, se consoler, suivre une petite règle à son usage, beaucoup d'aumônes, pas trop de prières, pas trop de macérations pour garder le corps vaillant. Tenir bon, jusqu'à ce qu'on la tue, qu'on la brûle, comme l'avait été, sous prétexte d'adultère, l'épouse de Fouque Nerra, son arrière-grand-père. Mais cette fille de prince, que les évêques du concile de Reims, en 1119, stupéfaits, virent venir, enfin veuve, pour accuser devant eux de bigamie son premier mari, ne s'était-elle pas montrée elle-même, au sein de ses deux ménages successifs, indocile, impossible ?

L'intrusion des ecclésiastiques dans les affaires conjugales attisa la rancœur des maris. Guillaume d'Aquitaine passe pour l'auteur des plus anciens poèmes occitans. On veut en faire le premier chantre de l'amour courtois. La

chanson X de l'édition Jeanroy moque ces femmes qui,
s'attachant aux prêtres et aux moines, « tournent à mal
l'amour des chevaliers ». Elles font péché mortel. Il
convient, comme les épouses fornicatrices, de les brûler.
Vient la métaphore du tison dont la connotation érotique
est évidente. Il s'agit, bien sûr, d'une chanson à rire, entre
hommes. Je ne la tiens pas pour un prélude à ces débats
de courtoisie où s'opposeront cent ans plus tard le clerc et
le chevalier, mais pour l'expression la plus vive de
l'animosité maritale contre ces directeurs de conscience
qui contestaient le pouvoir des époux et cultivaient la
frigidité féminine. C'est le seul écho direct qui nous en
parvient. Au moment où j'en suis, au début du XIIᵉ siècle,
la voix des serviteurs de Dieu couvre tout. Nous avons
entendu le moine Guibert, écoutons maintenant l'évêque Yves.

Yves de Chartres

L'écriture d'Yves de Chartres est moins savoureuse [1]. Elle apprend elle aussi beaucoup sur le mariage chevaleresque, car ce prélat voulait rectifier des comportements qu'il jugeait condamnables. Il les décrit. Le regard qu'il porte sur le monde est sévère, autant peut-être que celui de l'abbé de Nogent. Yves n'était pas moine, mais il avait vécu longtemps dans des communautés régulières : condisciple de saint Anselme à l'abbaye du Bec, il s'était vu confier par l'évêque de Beauvais, en 1078, déjà mûr, à trente-huit ans, la direction du monastère modèle de Saint-Quentin, une fraternité de clercs observant la règle de saint Augustin, très austère. Cette expérience en fit l'auxiliaire ardent de la réforme. Il le montra dans l'affaire de Philippe Ier.

Celle-ci fut pour lui l'occasion de parler haut, de formuler clairement les principes. En premier lieu, que les laïcs et d'abord les plus puissants doivent se soumettre à l'autorité de l'Église, accepter qu'elle contrôle leurs mœurs, et spécialement leurs mœurs sexuelles. C'est par là qu'on peut les tenir en bride, par le mariage. Tous les problèmes matrimoniaux doivent être soumis à l'Église et résolus par elle seule. Par référence à un ensemble législatif uniforme. Yves de Chartres fut canonisé pour avoir assidûment travaillé à constituer cet outil normatif. Il se donna tout entier à cette tâche entre 1093 et 1096, dans le temps fort du conflit entre le roi Philippe et ceux qui voulaient le séparer de Bertrade. Le travail mené sur deux collections préliminaires aboutit à la *Panormia,* une synthèse claire, rigoureuse. Huit sections – au lieu des dix-sept du *Décret* de Bourchard –, elles-mêmes divisées en sous-sections portant chacune un titre. Se mesure ici le progrès de la rationalité durant le XIe siècle. Le petit monde de la haute Église attendait ce parfait instrument.

Yves classait plus judicieusement les textes canoniques. Il n'en dissimulait pas les discordances; il en ajoutait même, introduisant des extraits des lois romaines qu'exhumaient les juristes passionnés de Bologne. Il entendait en effet laisser aux juges la liberté de choisir parmi les textes en fonction des circonstances. « Si d'autres ont écrit en un sens différent, répond-il à l'évêque de Meaux [2], je l'entends comme ceci : voulant dans un dessein de miséricorde aller au devant de la faiblesse de certains, ils ont préféré adoucir la rigueur des canons. Entre les deux opinions je ne trouve d'autre différence que celle qui existe entre justice et miséricorde, lesquelles chaque fois que, dans une affaire, elles se trouvent en présence, tombent sous l'appréciation et à la décision des recteurs [c'est-à-dire des évêques]. A ceux-ci d'avoir en vue le salut des âmes et, eu égard à la qualité des personnes, compte tenu de l'opportunité des temps et des lieux, tantôt d'appliquer la sévérité des canons et tantôt d'user d'indulgence. » Toutefois, depuis Bourchard de Worms, la « discrétion » permise aux pasteurs avait changé de nature. Elle n'était plus de discrimination, affaire d'intelligence, mais de modération, affaire de cœur. Yves de Chartres partait en effet d'un postulat : s'il est permis d'interpréter en esprit de charité les préceptes de simple discipline, nul ne saurait transiger lorsque dans la loi s'exprime la volonté divine. Quand il parle du mariage, il s'adosse donc à deux piliers

inébranlables : l'union conjugale est indissoluble ; elle est
de nature essentiellement spirituelle. En découle le
double devoir des prélats : mettre l'accent sur l'engagement mutuel des époux ; réprimer les mouvements de la
chair, condamner sans faiblesse ce qui se rapporte au
sang, la fornication et l'inceste. Le tri qu'il opère vise à
mettre en pleine lumière ces injonctions, à les dégager de
l'embroussaillement qui les occulterait. L'évêque de
Chartres ne composa pas comme celui de Worms un
pénitentiel. Il ne travaillait pas pour des confesseurs,
mais pour des hommes exerçant cette juridiction dont
l'Église s'arrogeait l'exclusive. Et c'est pourquoi il plaça
en plein milieu de ses collections, passant des canons
concernant les clercs à ceux concernant les laïcs, deux
sections majeures, les deux pivots de tout l'ouvrage,
l'une traitant « des noces et du mariage », l'autre « du
divorce ».

L'attention de ceux qui ont à juger se trouve attirée
vers quatre points forts. Vers les gestes et les mots d'abord
par quoi se constitue la société conjugale. Yves entendait
aider à ce que le rituel s'imposât, affirmant la nécessaire
présence du prêtre dans les cérémonies conclusives. Il
rassembla donc les textes touchant à la publicité des
noces, aux bénédictions [3]. Mais en insistant, d'entrée de
jeu, sur la prééminence de l'accord des volontés, donc des
épousailles [4] : la fille livrée par la main de son père, le
garçon qui la saisit dans sa main, ne doivent ni l'un ni
l'autre être passifs. C'est délibérément qu'ils se conjoignent. Par conséquent, il faut qu'ils aient atteint l'âge de
raison, sept ans. Et le principe est énoncé que les noces
sont accessoires, que les époux sont unis avant que leurs
corps ne le soient. Le pacte de *desponsatio* est donc
indissoluble [5]. Ce qui conduit au second point : désincarner, autant que faire se peut, le mariage. Modestie
dans les fêtes nuptiales, pas trop de joie, pas de danses
impudiques. Des extraits de saint Augustin rappellent
que le seul but de l'union des sexes est l'engendrement [6].
Des extraits de saint Jérôme invitent à la chasteté :
« Dans le mariage faire l'amour voluptueusement et

immodérément est adultère »; qu'est-ce que l'*illicitus concubitus*, qu'est-ce qu'abuser de son épouse : user des parties de son corps qui ne sont pas destinées à la procréation [7]. Or, c'est évident, la luxure dans le couple vient de la femme; elle doit donc être rigoureusement bridée. Les références à Ambroise, à Augustin s'accumulent [8] qui la placent sous la domination (*dominium*) de son homme : « S'il y a discorde entre mari et femme, que le mari dompte la femme et que la femme domptée soit soumise à l'homme. La femme soumise à l'homme, c'est la paix dans la maison. » Et « puisque Adam a été induit en tentation par Eve et non pas Eve par Adam, il est juste que l'homme assume le gouvernement de la femme »; « l'homme doit commander (*imperare*), la femme obéir (*obtemperare*) »; « l'ordre naturel est que la femme serve l'homme »; « qu'elle soit soumise à l'homme comme l'homme l'est au Christ »; qu'elle se voile « puisqu'elle n'est pas la gloire ni l'image de Dieu ». Inversement, que l'homme ne soigne pas trop sa chevelure. Yves a condamné dans un sermon [9] les « modes impudiques » : « Par l'ordonnance divine, l'homme a le primat sur la femme »; des cheveux trop exubérants, qui le voileraient lui aussi, seraient le signe de son abdication. La façon de se vêtir, de traiter son corps, doit manifester aux regards la différence fondamentale, sur quoi l'ordre social est fondé, la subordination du féminin au masculin.

Troisième point : la loi de monogamie. Se pose ici la question du concubinage. La meilleure façon de résorber ce genre d'union est de l'assimiler au mariage légitime : lorsque l'homme use de sa concubine comme d'une épouse, le couple est indissoluble [10]. Il n'est plus permis de renvoyer une concubine pour se marier. Se trouve ainsi formellement condamné le mariage « à la manière danoise ». Par ailleurs, quantité de textes viennent étayer l'interdiction du remariage après divorce [11]. Pour des « causes charnelles » (la fornication ou l'inceste) le divorce peut être prononcé. Mais la séparation n'est alors que charnelle : le lien spirituel n'est pas dénoué. Le livre VII de la *Panormia* porte un titre significatif : « De

la séparation de l'union charnelle pour cause de fornication charnelle. » La chair est méprisable : on peut par
conséquent prendre cet objet, le corps, ici, le mettre là.
Cependant, et c'est le quatrième point, l'Église seule a le
droit de le faire. Elle peut séparer pour cause d'adultère [12], pour cause aussi de fornication spirituelle, lorsque
l'un des conjoints trahit Dieu, lorsqu'il adhère, par
exemple, à l'hérésie. Le pasteur cependant ne peut se
résoudre à la rupture qu'en dernier recours, après avoir
tout mis en œuvre pour consolider l'union. Alors que, s'il
s'agit de la seconde des causes charnelles, l'inceste, il lui
faut de toute façon dénouer. La « réconciliation » n'est
pas possible : nul ne peut changer son sang. Dans l'une
des collections préparatoires figure à ce propos un texte
concernant le divorce de Robert le Pieux et de Berthe,
sans doute utilisé dans l'effort pour éloigner Philippe Ier
de Bertrade. Le mariage est annulé de lui-même dès que
l'on a constaté la consanguinité.

On comprend que dans ces années, les prélats qui
luttaient contre la bigamie – celle du roi de France, celle
du duc d'Aquitaine – aient mis en avant l'inceste.
Comment cependant concilier cette interdiction absolue
– dont il n'est pas question dans l'Evangile, ni dans toute
l'Écriture : le Lévitique est loin d'être aussi rigoureux –
avec le principe – énoncé par Jésus – de l'indissolubilité
absolue ? Yves contourne cette contradiction. Tout son
effort doctrinal porte sur le respect de la monogamie. Il
en vient, réunissant les textes canoniques – ceux qu'avait
rassemblés l'évêque de Worms – à les manipuler. Aussi
désinvolte, sinon plus, que n'avait été Bourchard. Il
efface de tel ou tel décret les quelques mots qui le gênent
parce qu'ils autoriseraient après divorce le remariage.
L'autorité que citait Bourchard permettait à l'« homme
que sa femme a voulu tuer » et qu'il est en droit de
chasser, de « prendre une autre épouse s'il veut » :
reprenant la citation, Yves omet ce membre de phrase [13].
De même, s'agissant des exilés retenus depuis trop
longtemps loin de leur ménage : « Qu'ils prennent
d'autres femmes s'ils ne peuvent se contenir », lit-on dans

la collection constituée par l'évêque de Worms; cette sentence a disparu de la *Panormia.* Yves s'y réfère dans l'une de ses lettres, mais il l'ampute. De son temps, le problème était brûlant. Nombre de chevaliers dans la France du Nord couraient l'aventure lointaine; on sait par Orderic Vital que, lors de la conquête de l'Angleterre, les dames de Normandie délaissées menaçaient : « Nous allons prendre un autre homme. » Mais que dire maintenant aux croisés découvrant, au retour de leur expédition, que leur épouse a forniqué ? Que doivent faire les évêques ? Les séparer ? A l'archevêque de Sens qui l'interrogeait, Yves fournit la réponse [14] : que les chevaliers se prêtent à la réconciliation, considérant « la fragilité du vase féminin, indulgents à l'égard du sexe plus faible, et se demandant s'ils n'ont eux-mêmes jamais péché »; ou bien qu'ils s'astreignent à la continence jusqu'à la mort de leur femme, sinon ils seraient adultères; et c'est ici qu'est cité le texte d'Augustin, tronqué.

J'ai parlé très brièvement des instruments normatifs que forgea le saint canoniste. Ils ont fait l'objet de savantes études, très accessibles. En effet, si la norme m'intéresse, c'est par ce qu'elle révèle des comportements qu'elle entend réprimer. Je m'attache donc davantage à la correspondance d'Yves de Chartres, complément de ces recueils. Elle montrait aux utilisateurs comment les employer. Elle montre à l'historien comment la théorie affrontait la pratique.

Les recueils de lettres florissaient à cette époque. C'était des ouvrages polis, selon des règles précises. Certains, composés pour le plaisir du texte, la plupart pour l'utilité, pour enseigner. Après 1114, alors que de toutes parts, on recourait à sa compétence, le vieux prélat élabora ce qu'il avait conservé de ses missives, retranchant, rajoutant surtout. Il voulait confectionner un ouvrage utile. Il réussit : ce livre fut largement employé.

On le copia surtout dans l'ouest de la France. Il le fut aussi à Laon : dans certains manuscrits, il prend place auprès d'écrits théoriques concernant le mariage. En effet, il traite abondamment des questions matrimoniales.

Quelques épîtres – ce sont des lettres de direction adressées à des laïcs – exaltent les vertus de la conjugalité. Tel ce billet adressé au roi Louis VI [15]. Le monarque était sur le point d'épouser une nièce de la comtesse de Flandre, « fille d'âge nubile, de noble condition, de bonnes mœurs », donc parfaitement recommandable. Il hésitait. On le pressait de prendre parti. Yves de Chartres à son tour l'exhorte : la société humaine est composée de trois « conditions », « les conjoints, les continents, les dirigeants de l'Église (...) quiconque devant le tribunal du juge éternel ne sera pas trouvé dans l'une de ces professions sera privé de l'héritage éternel ». L'homme doit se caser quelque part : la marginalité n'est plus admise. Louis est roi. Point de doute : il a devoir de procréer : « S'il n'avait pas de successeur le royaume serait divisé contre lui-même. » Il lui faut prendre femme. Evidemment, femme légitime. Qu'il sorte de l'entre-deux qu'il s'établisse à la place qui lui est assignée : dans l'« ordre de la vie conjugale ». Trois raisons l'invitent à se hâter : détruire l'espoir de ceux qui guettent la couronne; « réprimer les mouvements illicites de la chair »; imposer silence à ceux qui se moquent. De quoi? De l'impuissance, ou bien d'appétences homosexuelles? Autre lettre, de la même encre, au comte de Troyes. Celui-ci méditait de partir pour Jérusalem et, changeant d'*ordo,* de se mettre au service de Dieu. Qu'il prenne garde : Satan se déguise parfois en ange de lumière : « Il persuade certains de ne pas rendre à leur femme le devoir conjugal; il veut, sous l'apparence de la chasteté, les pousser au stupre illicite, et pousser leur épouse à perpétrer l'adultère. » Tu as une femme. Tu ne peux la laisser sans qu'elle y consente. « Si, sans le consentement de ta femme, tu servais la chasteté, même si tu le faisais pour Dieu, tu ne servirais pas l'union conjugale, le sacrifice offert ne serait pas le tien mais celui de l'autre. »

La correspondance de l'évêque de Chartres nous renseigne surtout parce qu'elle examine tous les cas épineux que les recteurs de l'Église pouvaient avoir à trancher. Ces analyses sont présentées comme des réponses à des consultations. On peut se demander si le dialogue n'est pas quelquefois imaginaire, si certaines éventualités ne furent pas abstraitement considérées afin que le guide soit complet. Ce qui laisse un doute : les lettres permettent-elles de saisir la pratique réelle du mariage dans l'aristocratie de la région ? Ici et là, la théorie ne fait-elle pas de nouveau surface ? Nous ne pouvons trier le vécu du rêvé. Sans refuser une part au rêve, on peut pourtant tenir celle du vécu pour essentielle. Des trente lettres que je retiens, onze traitent de la conduite des maris, vingt de celle des marieurs. Dans la première catégorie, quatre considèrent le concubinage, sept l'adultère ; dans la seconde, huit concernent la *desponsatio,* douze l'inceste. Ce classement brut fait apparaître trois traits remarquables : l'autorité épiscopale se soucie moins de la vie conjugale que de la formation du couple ; lors de la conclusion du pacte, les décisions de la parenté prennent normalement le pas sur celles des individus et, plus nettement, sur celles des filles ; enfin l'inceste est la pierre d'achoppement. Poussons vers l'intérieur du texte.

Les évêques s'interrogent [16], se tournent vers leur confrère de Chartres. Ils butent contre la notion de souillure. Cette femme est déjà dans le lit. Parfois même elle est enceinte. Peut-on, comme l'homme le désire, transformer par des gestes et des formules ce concubinage en mariage légitime ? Et cette épouse, mariée selon tous les rites, qui accouche trois mois après, faut-il, pour avoir fauté, la priver de la dignité matrimoniale ? Qu'est-ce que la dignité du mariage ? Ils hésitent entre des textes canoniques divergents. Yves les guide. Il faut,

dit-il, considérer toujours le cas, les personnes; plus de
rigueur s'impose à l'égard de ceux qui montrent l'exemple. Toutefois la règle première est de ne pas séparer, s'ils
ne sont pas cousins ou adultères, ces hommes, ces
femmes qui par leur volonté conjointe se sont unis, qui le
sont aussi par leur sexe, « devenus une seule chair ». « Et
d'autant moins quand il y a un fruit non du vice, mais de
la nature. » Devant ces cas, – car voici la réalité sociale, la
fréquence des rapports prénuptiaux, et ces couples si
nombreux qui se sont noués à l'écart des rituels ecclésiastiques, mais qui désirent maintenant que leur union,
comme celle des rois, comme celle des princes, soit
consacrée; que de telles questions se soient posées aux
évêques n'est-ce pas aussi le signe que l'usage de la
bénédiction nuptiale se propageait et que, sur le simple
concubinage, le discrédit, dans l'aristocratie, peu à peu
s'appesantissait? – Yves de Chartres appelle à surmonter
les répugnances, à admettre que la *commixtio sexuum*
n'est pas sans valeur, que, sans l'acte sexuel, « les droits
du mariage ne sont pas parfaitement accomplis ». Que le
charnel n'est pas tout entier du côté du mal. Ces réponses
cependant mettent l'accent sur la monogamie. Car c'est
bien là le grand souci des prélats qui le consultent :
contenir tous ces époux, autour d'eux, leurs cousins,
leurs frères, impatients de changer de femme; les
amener à respecter le pacte conjugal mieux que tant de
pactes de paix, d'alliance, brisés à toute occasion. Or, il y
a l'adultère, motif de séparation légitime.

L'adultère féminin, dans la correspondance, est seul
en cause. Mais il l'est sans cesse. Par des hommes
toujours aux aguets. Le chevalier Guillaume revint après
neuf mois d'une expédition en Angleterre; il trouva sa
femme accouchant sept jours avant le terme; le soupçon
naquit, crût, se porta sur un autre chevalier; on ne doit
point, dit Yves de Chartres [17], compter de si près : la
« nature » est vive ou indolente, on le voit bien aux écarts,
d'année en année, dans le mûrissement des moissons. Et
puis, voici que reparaît Jean de Soissons criant à
l'infidélité de sa femme : on l'a vue avec son amant

« converser en lieu privé ». Il faut, dit Yves de Chartres [18], au moins trois témoins sûrs. Voici enfin des héritiers lésés par le remariage d'une veuve et qui l'accusent : celui qu'elle épouse est son amant. Yves de Chartres leur impose silence [19] : « Si par peur ou par amitié, ils n'ont pas dénoncé la pécheresse du vivant de son premier mari », ils furent complices de l'adultère. Défendues par leur frère, leur père [20] qui protègent l'honneur, qui repoussent l'« infamie », les soupçonnées se disent prêtes à prouver « qu'elles n'ont jamais été une seule chair » avec l'homme que l'on désigne. Elles vont jurer, affronter le jugement de Dieu, prendre en mains le fer que l'on fait rougir. Yves, comme tous les hommes, pense que, par nature, la femme est encline à pécher, à tromper. S'il interdit généralement d'employer l'ordalie, il juge que dans certains cas, lorsque l'accusation est reçue dans les formes et quand nul témoin ne vient la contredire, force est de recourir au fer rouge. Mais surtout il exhorte à réconcilier. A ne rompre l'union qu'en dernier ressort, en veillant scrupuleusement alors à ce que les divorcés ne se remarient pas [21]. Les paroles qu'ils ont prononcées dans les rites d'épousailles lient à jamais leur âme.

La valeur ainsi attribuée à la *desponsatio* incite à surveiller celle-ci de près, à la régir, à lutter contre le mauvais usage que l'on peut en faire. La correspondance fait apparaître trois points de discordance entre le modèle qu'Yves de Chartres travaillait à perfectionner et la pratique des marieurs, spécialement des donneurs de femmes. L'habitude était d'abord de s'entendre de trop bonne heure entre maisons et de conjoindre des enfants trop jeunes, bien avant même cet « âge de raison » que ni la loi ecclésiastique, ni la loi humaine ne fixent, mais dont chacun sait qu'il débute à sept ans. On faisait ceci pour le bon motif, la paix, l'extension de la « charité ». Mais que penser d'engagements que les intéressés ne prononçaient pas, qui sortaient de la bouche de leur père [22] ? Le second usage mauvais était de rompre aisément ces accords – et c'était une conséquence directe de la première coutume : plus les pactes étaient précoces, plus le danger était grand de voir les marieurs changer d'avis avant que les noces ne fussent possibles. Une telle désinvolture fournit la preuve que dans la conscience des laïcs, ce qui concluait vraiment le mariage, c'était la conjonction des corps, le mélange des sangs, la fête nuptiale. Ils ne voyaient pas, par exemple, ce qui pouvait empêcher de substituer à l'épouse une de ses sœurs : l'amitié ne se trouvait pas rompue. Un relent d'inceste ? Il disparaît si la remplaçante est choisie dans une autre parenté [23]. Il arrivait enfin que les épousailles fussent brisées par la violence. Le rapt n'avait pas disparu. Il régressait cependant : Yves de Chartres n'en fait état qu'une fois.

Un père avait porté plainte [24] : sa fille, déjà promise à Galeran, chevalier du roi, venait d'être enlevée par le neveu de l'évêque de Troyes. Nul ne songeait à nier la compétence de la justice d'Église : l'évêque de Paris fut saisi et réunit sa cour. La fille est interrogée. Pourquoi résiste-t-elle ? J'étais, dit-elle, déjà donnée ; on m'a prise de force ; je me débattais, je pleurais, ma mère pleurait avec moi. Aux questions qu'on lui pose ensuite, le ravisseur – il était venu – ne répond rien ; il s'éclipse ; on ne devait plus le revoir. Dix témoins confirment alors les assertions de la victime. Aussitôt on la libère, « je ne dis pas du mariage, mais du concubinage ». Le concubinage peut donc être rompu ? Yves paraît se contredire. En fait, pour lui, en l'occurrence, les corps seuls ici étaient en cause, non point les volontés, et c'est de l'accord des volontés que découle l'indissolubilité du couple. Cette femme pouvait entrer dans le lit d'un autre homme sans pécher. Ou plutôt les mâles de son lignage pouvaient l'utiliser pour conclure un autre pacte. Galeran, lui, n'en voulait plus. Un autre seigneur acceptait de la prendre. Mais il craignait de passer pour bigame. Et ce fut pour le rassurer qu'Yves écrivit tout ceci à son évêque, celui d'Auxerre.

Pour lui, qui a juré le pacte conjugal a accompli, il le dit ailleurs, la part essentielle du « sacrement », du rite : Joseph ne fut-il pas l'époux de Marie – et c'est la première fois que référence est faite à la sainte famille [25]. En revanche, qui, par ses propres paroles, ne s'est pas engagé n'est pas lié. C'est le cas de ces filles pour qui leur père a conclu l'accord et qui peuvent le contredire [26]. Au nom de tels principes, les tenants de la réforme combattaient les trois habitudes dont j'ai parlé. Ils heurtaient ainsi de front l'une des assises maîtresses de la société lignagère : le droit du chef de famille de disposer des femmes de la maison.

Restent les lettres les plus nombreuses, c'est-à-dire la question de l'inceste. Yves expose à Hildebert de Lavardin la doctrine [27]. Puisque « le mariage a été consacré [peu à peu l'idée de sacralité, de sacrement prend corps] dès l'origine [comme la répartition des hommes entre les trois fonctions, l'ordre de la conjugalité est censé établi *ab initio,* hors de l'histoire] de la condition humaine, c'est une institution naturelle ». On ne peut le rompre sauf pour ce motif prévu par la « loi » et par l'Église : la fornication. Toutefois une autre cause de divorce fut ajoutée plus tard « dans le développement de la religion chrétienne [donc dans l'histoire, dans la culture, non pas dans la nature, et nulle part n'apparaît plus clairement peut-être l'embarras du juriste devant la contradiction entre l'exigence de monogamie et l'interdit de consanguinité] ». Ceci parce que « selon la doctrine apostolique l'union doit être honorable, et sans tache, en tout ». Yves se réfère à l'*honestas,* à la notion de souillure. Il n'en dit pas plus. Impuissant à mieux convaincre, à justifier par des arguments clairs, étayés par des autorités certaines, l'exigence obstinée des prêtres. L'affinement de l'outillage intellectuel, le classement minutieux des textes, leur critique plus aiguë ne servent à rien. Un bloc est là, inébranlable. Un moine de Saint-Bertin, compilant en 1164 une généalogie des comtes de Flandre, le dit nettement à propos de Baudoin VI, excommunié avec sa femme, veuve d'un de ses parents : « L'inceste est pire que l'adultère [28]. »

L'inceste pourtant pullulait. Dans les consciences des chevaliers, la répulsion à mêler des sangs issus d'une souche assez proche était, semble-t-il, beaucoup moins vive. Non point absente, et conjointe peut-être à la peur d'engendrer des enfants monstrueux, à cette crainte dont les réformateurs rigoristes, tel Pierre Damien, tirèrent parti : l'auteur du *Roman de Thèbes* joue de cette frayeur lorsqu'il introduit vers 1150 dans l'histoire des frères ennemis celle d'Œdipe, la disposant en arrière-plan tragique [29]. Mais dans la morale laïque l'aire d'interdiction paraît sensiblement plus restreinte. Lorsque les évêques les invitaient à scruter leur ascendance par-delà le troisième degré jusqu'au septième, les princes et les chevaliers avaient peine à comprendre pourquoi – d'autant que bien des ecclésiastiques sur les marges de l'orthodoxie allaient répétant qu'il ne sied pas aux prêtres de porter les yeux sur ces affaires proprement charnelles. Eux voyaient surtout dans l'enquête généalogique, aboutissant toujours à découvrir des liens de cousinage, le moyen le plus sûr de dénouer des unions dont ils ne voulaient plus.

Que l'initiative vînt de chefs de lignage souhaitant comme, par exemple, le vieux roi Philippe et son fils Louis [30], obtenir que le divorce d'une fille fût solennellement prononcé dans une cour plénière, qu'elle vînt des prélats, poussés ou non à contrecarrer tel projet de mariage parce qu'il les gênait [31], on rassemblait des jureurs, des « nobles issus de la même lignée »; ils comptaient publiquement les degrés, prêtaient serment devant la justice d'Église [32]. Des clercs, familiers de l'écrit, enregistraient ces déclarations. Ainsi se multipliaient les parchemins où les filiations se trouvaient inscrites. Ils servaient, resservaient. J'ai parlé de ceux qu'utilisa le comte Fouque Réchin pour se séparer de ses femmes. Yves de Chartres avait « sous sa main » une collection de ces arbres généalogiques « qui commencent par le tronc, et qui vont, de degré en degré, jusqu'aux personnes en cause ». Bâtis sur le modèle des généalogies bibliques.

De telles procédures stimulèrent la mémoire ancestrale. Elle était naturellement vive. Le pape Alexandre II le savait bien. En 1059, pour justifier l'ampleur de l'interdit, il assurait que, jusqu'au septième degré, l'amitié, la *caritas* naturelle, existe entre parents, que point n'est besoin de l'aviver par de nouvelles alliances puisque jusque-là les filiations peuvent être « prolongées et rappelées de mémoire [33] ». Mais passant de l'oralité à l'écriture, le souvenir prenait de la clarté, de la solidité. Les innombrables procès pour cause d'inceste ont donc favorisé à la fin du XIe siècle l'affermissement de la conscience lignagère. Leur effet se conjugua au mouvement des structures pour renverser de l'horizontal au vertical l'image que les maisons aristocratiques prenaient, dans cette région, de leur parenté.

Ces tableaux généalogiques, tel celui qu'Yves de Chartres plaça devant les yeux du roi d'Angleterre pour éviter à la « majesté royale d'autoriser ce qu'elle doit punir [34] », c'est-à-dire les mariages consanguins, font apparaître que de semblables unions étaient fréquentes aux générations antérieures, que les prélats étaient beaucoup moins exigeants et que certains d'entre eux le devinrent, mais après 1075 seulement et dans le grand élan du mouvement réformateur. Ils montrent aussi que de grands seigneurs ne refusaient pas de prendre pour femmes des filles qu'Henri roi d'Angleterre avait conçues hors mariage légitime. Bien au contraire, ils se les disputaient [35]. C'est à mon avis la preuve qu'il n'existait pas à la fin du XIe siècle en Normandie, dans l'aristocratie la plus haute, malgré les objurgations du clergé réformateur, de réticence à l'égard du mariage de seconde zone, à la manière danoise, ni de son fruit. Chacun savait que les enfants procréés dans ces unions inférieures ne pouvaient prétendre à l'héritage, mais ils portaient le sang de leur père : le sang royal faisait la valeur de ces filles. On peut douter que cette attitude ait été propre au pays normand. Le roi Louis VI lui-même s'apprêtait à épouser une bâtarde du marquis Boniface. Le pacte était déjà conclu : Yves de Chartres l'engagea à le rompre, par respect de la *majestas* [36] : un roi ne pouvait s'abaisser à s'unir, contre l'« honnêteté » à une fille

« infâme », puisque de naissance illégitime. Devant ceux qui voulaient ramener la société chrétienne à ce qu'ils disaient être le bien, se dressaient des pratiques suivies paisiblement depuis des siècles. Elles formaient comme un môle inébranlable. A force de mots, de rites d'exclusion, les prêtres rigoristes peu à peu le désarticulèrent. Mais ils peinèrent longtemps à faire tenir pour « déshonnêtes » le concubinage et la bâtardise. Quant à l'usage d'épouser sa cousine, il résistait plus opiniâtrement encore. Car non seulement les unions réputées incestueuses servaient souvent la gloire des lignages, mais nombre d'incestes se produisaient fortuitement dans les grandes maisons à la faveur de la promiscuité familiale. Le *Décret* de Bourchard de Worms attestait la verdeur de la sexualité domestique. Elle préoccupait encore Yves de Chartres. Trois de ses lettres le montrent bien.

Un homme s'accusait. Avant les noces légitimes, il avait connu la sœur de son épouse. Que faire ? Six jureurs étaient prêts à confirmer son propre serment. Séparée, la femme gardera le douaire, « prix, dit Yves, de son pucelage [37] ». Une épouse prétendait avoir partagé la couche du cousin de son mari (elle ne parlait pas elle-même, c'était l'homme, le cousin, qui soulevait la question). Réponse : il faudrait que d'autres jurent avec lui ; la femme, elle, pourra se purger de l'accusation par son seul serment [38]. Un homme, enfin, avant son mariage, avouait avoir souillé la mère de la promise d'une « pollution extérieure ». Un même cas avait été débattu devant le pape Urbain, lequel avait refusé le divorce : en effet, la *disjonctio* d'un mariage « mal commencé ou violé » ne peut être prononcée en l'absence de tout commerce charnel ; or, et Yves apporte ici une précision intéressante, c'est « par le mélange des corps, la *commixtio carnis,* que les époux deviennent une seule chair dans le mélange des spermes [39] ». Retenons l'évidence d'une large liberté sexuelle à l'intérieur des familles. Fort commune : qui voulait obtenir d'être légalement séparé de sa femme, pouvait évoquer devant les prêtres de tels égarements; il était sûr de trouver des témoins prêts à confirmer ses dires : qui, dans ces demeures sans cloisons, n'avait aperçu ou cru apercevoir la louable amitié lignagère dérivant vers de moins chastes étreintes?

L'intérêt de ce document est aussi, perçant les brumes, de montrer les prélats les plus éclairés contraints d'assouplir leurs rigueurs. Yves ne transige pas sur l'indissolubilité. Un chanoine de Paris s'est marié : qu'il se dépouille de sa prébende, qu'il descende dans l'*ordo* inférieur, celui des conjoints, et s'y tienne : on ne sépare pas ce qui est uni par le Seigneur [40]. Vient un moment pourtant où il vacille. On lui parle d'un mari découvrant que sa femme est de condition servile. Ce serait une bonne raison de répudier : on ne mélange pas le sang des « nobles » à celui des « serfs »; d'ailleurs ceux qui ont cédé la fille ont fraudé. Yves est inflexible [41] : il est permis d'autoriser l'interruption de l'« œuvre des noces », de séparer les corps, non point de casser le « sacrement ». On lui rétorque : n'a-t-il point lui-même admis que des hommes libres répudient une épouse qui ne l'était pas? Il se défend, péniblement [42]. Ce que j'ai dissous, dit-il, n'était pas un mariage mais un mauvais concubinage. Il cite, à l'appui, un décret du pape Léon; il affirme surtout que le pacte qui fait le bon mariage, indissoluble, doit être contracté de bonne foi. S'il y a tromperie, Dieu n'a pu nouer le lien : ce sont les hommes qui l'ont noué mal; moins serré, on est en droit de le défaire. L'éminent canoniste se débat. Ses raisons ne sont pas des meilleures. Comment pourrait-il aller contre les armatures de l'ordre social, contre une hiérarchie d'« ordres », de rangs, de classes, contre le principe qu'il a lui-même énoncé lorsqu'il enjoignait de dégrader le prêtre marié, de le rabaisser du champ de la loi divine à celui de la loi humaine? La loi humaine prescrit la conjugalité. Or, selon cette loi « naturelle » – Yves l'a écrit lui-même [43] – il n'y a ni libres, ni serfs. Alors? Entre les deux « conditions » de la société laïque, une barrière était dressée. Par Dieu lui-même. La théorie du bon mariage ne pouvait aller à l'encontre d'une autre théorie, majeure, celle de l'inégalité providentielle.

Yves hésite, il tâtonne. Mais ce cas difficile le conduit à prolonger sa réflexion sur la spiritualité de l'union conjugale. Ce n'est pas le coït, reprend-il, qui fait le mariage mais l'engagement des volontés, la foi, la bonne foi. Entre des conjoints s'apercevant qu'ils ont été trompés, que le sang de l'un est capable d'avilir celui de l'autre, que l'un réduit l'autre à la servitude par le concubinage, il ne peut exister de vraie *dilectio,* mais de la rancune et de la haine. Si le « précepte d'amour » n'est pas respecté, le couple ne peut signifier l'union du Christ et de l'Église, il ne peut être le « sacrement », le signe de ce mystère. L'élaboration d'un droit, pas à pas, au fil des affaires, préparait, on le voit, la construction d'une théologie, elle-même étroitement dépendante de la construction progressive d'une liturgie.

Aux alentours de 1100, dans la haute Église dont l'épuration s'accélérait, certains travaillaient, comme Yves de Chartres, à perfectionner l'outil juridique qui, désignant les couples destinés à être au nom de Dieu liés ou déliés, soumettant au contrôle des clercs les mœurs matrimoniales, assurait par là la domination du pouvoir spirituel sur le temporel. Les mêmes prélats et d'autres travaillaient à raffermir le système idéologique justifiant cette domination. Ce système est une théologie du mariage. Près des cathédrales, à Laon, à Chartres, à Paris, la méditation peu à peu se concentrait sur le mystère de l'incarnation. Les questions que les prélats justiciers se posaient à propos du mariage rejoignaient ainsi deux questions que posaient les maîtres lorsqu'ils commentaient l'Écriture. Celle de la maternité et de la virginité de Marie. Celle des rapports entre le Christ et son Église.

La première devenait plus pressante dans ces années-là tandis que s'amplifiait la dévotion à la Vierge mère, un mouvement qui, le cas de Guibert de Nogent le montre, n'était pas sans relations avec la rigueur croissante des contraintes sexuelles imposées aux prêtres, exaltant la virginité, avec le renforcement des structures lignagères, exaltant la maternité. Marie montre l'image d'une femme qui, unie par un véritable mariage, mettant au monde un fils, échappe cependant au mal. C'est le modèle de la bonne épouse. Autant qu'aux paroles de Jésus, les maîtres élaborant un modèle de conjugalité vertueuse se référaient aux récits anecdotiques, canoniques ou apocryphes, dont l'entremêlement foisonne autour de la personne du fils de Dieu.

Le reflux de l'anxiété eschatologique rendait également plus actuelle la seconde interrogation. Tant que dure ce monde-ci – et l'on ne croyait plus sa fin aussi prochaine – Jésus s'y trouve présent par ceux qui portent sa parole. Comment doit-on se représenter la *societas* établie entre celui qui pour lors est assis à la droite du Père et tous ses frères humains qui rompent le pain en mémoire de lui, ceux qui, beaucoup plus nombreux, mangent ce pain et balbutient? La relation ineffable de l'homme à Dieu ne peut s'appréhender que par analogie, à partir de l'expérience humaine d'autres rapports, eux aussi de fervente révérence, tel celui du vassal à son seigneur, tel celui, plus éclairant et de plus fort pouvoir métaphorique, de l'épouse à cet homme qui la domine, la corrige et la chérit.

Ces sortes de réflexions conduisaient à préciser la notion de sacrement. Les hommes de science rassemblés autour des cathédrales s'appliquaient à former des clercs. Ceux-ci répandaient la parole mais aussi la grâce. Par leur entremise, nécessairement, descend du ciel et se répand parmi le peuple ce bienfait impalpable. Les maîtres trouvaient le mot *sacramentum* dans des livres dont la renaissance carolingienne avait rempli les bibliothèques épiscopales. Saint Augustin parle du « sacrement des noces » et place le « sacrement » parmi les trois valeurs qui font le bien du mariage. « Ce qui est grand dans le Christ et l'Église, écrit-il, est dans chaque mari et femme petit, et cependant le sacrement d'une conjonction inséparable. » A vrai dire, flou dans le latin des

Pères, le sens de ce mot était devenu plus confus encore dans la pensée sauvage du haut Moyen Age. Le terme, dans le parler commun, désignait en premier lieu tout bonnement le serment, le fait de se lier en prenant Dieu pour témoin, en touchant un objet sacré, une croix, des reliques : dans cette acception, le mot prenait naturellement place dans le champ verbal des rites matrimoniaux. Il s'appliquait plus généralement encore à toutes les formules, tous les gestes dont on usait à tout propos pour bénir quantité d'objets : l'anneau, le lit nuptial étaient-ils bénis, le mot, chargé de cette signification très vague, venait aux lèvres. Par *sacramentum* les savants entendaient enfin signe, symbole. Pour l'avoir réduit à ce seul sens à propos de l'Écriture, Béranger, maître de l'école de Tours, avait été taxé d'hérésie au milieu du XIe siècle. L'ample controverse que ses propositions suscitèrent avait amorcé justement, dans les équipes d'intellectuels, le travail d'affinement sémantique. Il se poursuivit activement. Lorsque Yves de Chartres réunissait ses collections canoniques, la notion de sacrement demeurait pourtant encore flottante : s'attachait-elle au mariage plus étroitement que, par exemple, au serment vassalique? Le sentiment tenace que le mariage est une affaire charnelle et pour cela inéluctablement coupable retenait de le placer auprès du baptême et de l'eucharistie.

Cette réticence allait toutefois se désagrégeant tandis que se propageait l'habitude de transporter devant la porte de l'église, en présence d'un prêtre, les rites de paroles, de souffle, spirituels et non charnels, par quoi se concluait le pacte conjugal, et tandis que se fortifiait l'armature juridique. Depuis la fin du XIe siècle, des textes venus d'Italie s'introduisaient dans les recueils canoniques : préceptes de saint Ambroise concernant les *sponsalia,* préceptes de droit romain concernant le consentement. Sur eux, Yves de Chartres s'appuya pour distinguer nettement la promesse de mariage, la « foi de l'accord », formule qui pouvait n'être prononcée que par les marieurs, du mariage proprement dit, noué par l'adhésion solennellement exprimée par chacun des conjoints, et notamment par la fille. Dans l'école de Laon, les commentateurs de l'Écriture formulaient la distinction entre l'engagement préliminaire et l'engagement définitif, *consensus de futuro, consensus de presenti.* A ce moment même, l'un des interlocuteurs privilégiés d'Yves de Chartres, Hildebert de Lavardin, osait établir le mariage parmi les « sacrements » et dans une position très éminente : « Dans la cité de Dieu, disait-il, trois sacrements ont précédé les autres par le temps de leur institution et sont les plus importants pour la rédemption des fils de Dieu [pointe ici le sens nouveau : *sacramentum* pourrait ne signifier plus seulement signe, mais canal, véhicule de la grâce efficiente] : le baptême, l'eucharistie et le mariage. De ces trois, le premier [entendons le plus ancien] est le mariage. » Donc – et c'est là qu'Hildebert voulait en venir – le mariage relève des lois ecclésiastiques et de la juridiction des prélats, en dépit du charnel qui l'englue.

Durant les décennies qui suivirent la mort d'Yves de Chartres, entre 1120 et 1150, dans le jaillissement de fertilité qui conduisait en ces contrées à reconstruire Saint-Denis, à sculpter le tympan de Chartres, l'élaboration doctrinale se précipita. Prenant le mot *sacramentum* dans son sens le plus clair, s'appuyant sur la notion de signe, des chercheurs approfondirent la signification symbolique de l'union conjugale. Ils partirent de la métaphore : l'Église est l'épouse du Christ. Entre l'une et l'autre, un lien de charité s'établit. Ou plutôt, le courant vivifiant émanant du *sponsus* hausse la *sponsa* vers la lumière. Ça n'est point l'*amor*, qui vient du corps, mais la *dilectio*, cette sollicitude désincarnée, condescendante, opérant au sein de la hiérarchie nécessaire, fondement de tout l'ordre terrestre, qui place le masculin au-dessus du féminin. Peu après 1124, Hildebert de Lavardin, beau rhéteur, mais quelque peu perdu dans les détours d'une dialectique hésitante, entreprit de définir ce qu'est dans le pacte matrimonial l'engagement mutuel [44]. Selon Matthieu et Paul, le mari et la femme doivent rester liés jusqu'à la mort. Pourquoi ? C'est que le Christ et l'Église

« ne meurent ni l'un ni l'autre » ; entre eux le flux et le reflux de la *caritas* ne peuvent s'interrompre ; comment imaginer ce mariage « très saint et spirituel » rompu. Ceci constitue le signifiant (*designat*) de la stabilité du mariage charnel. Donc « c'est la stabilité dans le mariage qui est le sacrement puisqu'elle est le signe [l'équivalent symbolique] de la chose sacrée », la projection de l'invisible dans le visible. S'il ne se rompt pas, s'il se montre capable de maintenir jusqu'à la mort la charité, le mariage humain est lui-même sacrement ; place qui lui revient auprès du baptême et de l'eucharistie, auprès des choses saintes instituées par le Seigneur. Gérard de Cambrai, exactement un siècle plus tôt, affrontant les hérétiques, aurait jugé de tels propos déraisonnables, voire sacrilèges.

Ce pas fait, un autre restait à franchir. Admettons que le mariage soit signe du sacré. Est-il pour cela véhicule de la grâce, apte à contribuer à la « rédemption des fils de Dieu » ? Dans le monastère de Saint-Victor, aux portes de Paris, le chanoine régulier Hugues s'appliqua à résoudre le problème. Dans son traité *Des sacrements de la foi chrétienne,* il examine toutes les manières dont les clercs doivent agir sur la société. Le titre est significatif. Les sacrements, plus que les signes, sont les moyens de cette intervention médiatrice. Au livre II, 11, 2, Hugues de Saint-Victor traite du mariage comme d'une méde-cine que les serviteurs de Dieu ont fonction d'adminis-trer aux laïcs pour les guérir. Le mariage est donc bien porteur d'une « vertu », d'efficacité salvatrice. Mais pour qu'il en soit chargé, il le faut dégagé du sexuel. Hugues, lui aussi, est un tenant de l'ascétisme. Il entreprend de spiritualiser totalement le mariage. Dans cette intention, il majore, plus fortement que n'avait fait Yves de Chartres, autre ascète, la valeur de l'engagement mutuel prononcé lors des épousailles [45] : « Quand l'homme déclare : je te reçois mienne en sorte que tu deviennes ma femme et moi ton mari, et qu'elle-même fait la même déclaration (...) lorsqu'ils disent et font cela selon la coutume existante [peu importe l'enveloppe rituelle] et qu'ils s'accordent là-dessus, c'est là que je veux dire qu'ils sont désormais mariés. » Qu'ils aient agi devant témoins (ce qu'il importe qu'ils fassent) ou que « par aventure ils l'aient fait seuls, à part, en secret et sans témoins présents pouvant l'attester, ce qu'ils ne doivent pas faire ; pourtant dans les deux cas, ils sont bel et bien mariés ». Ici l'audace était grande. Elle répondait au défi hérétique, elle affrontait Henri de Lausanne sur son terrain, mais elle libérait les individus de l'emprise des parentés. Elle n'avait cure ni de l'intérêt des lignages, ni des tractations préalables, des affaires de dots, d'argent, d'anneau. Dénudation. Les rites n'ont pas d'importance. Ramené à cet échange de foi, le mariage était totalement désocialisé. Il perdait sa fonction fondamentale qui est d'introduire officiellement parmi les autres un couple procréateur. Et l'on devine la réticence, la résistance des traditions, la société se défendant. Il y avait pire : Hugues de Saint-Victor jugeait que l'on peut – c'est illicite, mais on le peut – devenir mari et femme aux yeux de Dieu sans bénédiction, sans intervention des prêtres, donc sans contrôle, sans se soumettre à l'interrogatoire : sont-ils apparentés ? A quel degré ? Cette proposition put sembler renier tout l'effort mené pour enserrer dans les rites de l'Église les procédures conclusives du pacte matrimonial. Le sacrifice était énorme. Mais il était nécessaire pour aboutir à ce résultat essentiel : que les noces ne comptent plus, que le sexe ne compte plus, que, dans son essence, dans ce qui lui vaut sa vertu curative, qui lui permet, comme le baptême, de laver du péché, le mariage soit désincarné. La pensée d'Hugues de Saint-Victor s'aventurait vers le spiritualisme radical.

Les recherches de Francesco Chiovaro me conduisent vers un autre ouvrage d'Hugues, un traité *De la virginité de Marie* [46], datant des environs de 1140. L'auteur médite sur le mystère : comment la mère de Dieu put-elle être « vraie épouse » tout en restant vierge ? Et de là pose ce problème, concret, terrestre – puisqu'il s'agit bien d'une histoire vécue, et de surcroît exemplaire : l'engagement matrimonial, par ce qu'il implique de soumission à l'autre dans l'accomplissement du devoir conjugal, est-il conciliable avec le propos de virginité ? Association légitime établie par accord mutuel, le mariage astreint les contractants à des obligations réciproques. Hugues, rejoignant Hildebert de Lavardin, voit le principal du consentement mutuel dans la promesse de ne pas dénouer le lien jusqu'à la mort. Pourtant il reconnaît, en contrebas, une autre conséquence de l'adhésion, celle « de demander et d'accepter réciproquement le commerce charnel ». Cet engagement, distinct du premier comme le corps est distinct de l'âme, par conséquent en position subalterne, est pour lui « le compagnon (*comes*) et non le créateur (*effector*) du mariage ». Son rôle est fonctionnel (*officium*), dérivé. Ce n'est pas lui qui noue le lien. Intervient encore une fois de manière décisive, le concept de hiérarchie subordonnant le charnel au spirituel qui forme la clé de voûte de toute l'idéologie « grégorienne ». « Si cette fonction cesse, on ne peut penser que cesse la vérité ou la vertu du mariage, mais au contraire que le mariage est d'autant plus vrai et plus saint qu'il se fonde sur le seul lien de charité et non sur la concupiscence de la chair et l'ardeur du désir. » Hugues passe alors au commentaire de la Genèse : « L'homme laissera son père et sa mère... » Le mari doit retrouver dans sa femme ce qu'il a abandonné pour elle. Or, ce qui le liait à ses parents n'était pas, bien évidemment, l'union des sexes, mais « l'affection du cœur et l'attache de la dilection associative ». « C'est ainsi, dit Hugues, qu'il faut se représenter le sacrement conjugal, qui est en esprit » – comme est spirituelle la dilection de la mère pour son fils. Nous découvrons ce chanoine très pur irrésistiblement attiré, comme le moine Guibert de Nogent, vers sa mère, et par celle-ci vers la Vierge. Donc lorsqu'il est dit : l'homme « se liera à son épouse (...) c'est le sacrement [signe] de cette invisible société qui se noue en esprit entre Dieu et l'âme ». La glose vient alors buter sur la fin du verset : « Ils seront deux en une seule chair », c'est-à-dire sur l'obstacle que nul ne peut contourner, le corps. Ces paroles sont « le sacrement [signe] de l'invisible participation qui se conclut dans la chair [entendons dans le monde terrestre] entre le Christ et l'Église. Le second [le second élément de la métaphore] est grand, mais le premier est plus grand : ils seront, deux en un seul cœur, en une seule dilection en Dieu et âme. » Le commerce charnel se trouve ainsi rejeté vers l'accessoire. Il peut être interrompu sans que le pacte soit dénoué. Il serait bon que les maris prennent exemple sur Joseph. Hugues de Saint-Victor s'est retiré du monde. Il prend à son compte ce qu'enseigne la vie de saint Simon de Crépy, l'histoire de l'empereur Henri que le pape va bientôt canoniser. Indifférent au sort des lignages, au sort de l'espèce humaine, il mêle sa voix à toutes celles, hérétiques ou non, qui appellent obstinément à la virginité conjugale.

Les prélats attentifs à mener une action positive parmi les hommes, et d'abord dans les maisons de l'aristocratie, se retinrent prudemment d'avancer si loin. Lorsque, dix ans plus tard, Pierre Lombard, dans Paris, procura une définition du sacrement qui fut reçue comme définitive : « Le sacrement est le signe sensible et efficace de la grâce » [à l'idée de signe, impliquant quant au mariage qu'il soit indissoluble, s'adjoint l'idée de transfert réel du bienfait], il partit de la distinction sur quoi Hugues s'était fondé. Il existe, dit-il[47], entre les époux une double conjonction « selon le consentement des âmes et selon le mélange des corps »; l'Église est accouplée au Christ de la même façon, par volonté et par « nature » : elle voulant ce qu'il veut, lui assumant la nature humaine. « L'épouse est donnée à l'époux, spirituellement et corporellement, c'est-à-dire par charité et conformité de nature. Le consentement, la *desponsatio,* est donc le symbole de l'union spirituelle entre l'Église et le Christ; les noces, le mélange des sexes, le symbole de leur union corporelle. » Donc, le mariage non consommé n'est pas moins saint. Il est déjà « parfait ». Le *consensus de presenti,* l'engagement personnel de l'époux à l'épouse « suffit seul à contracter mariage ». Le reste n'est qu'appendice (*pertinencia*) : l'intervention des parents qui cèdent, mais aussi celle du prêtre qui bénit ; ni l'une ni l'autre n'ajoutent à la force du sacrement, elles le rendent seulement plus « honnête ». Toutefois, et ce point est capital, la sexualité garde son rôle, sa place essentielle, et notamment au sein de ce corps que forme la société humaine, puisque c'est elle, et elle seule, qui porte signification de cet autre aspect de la conjonction mystérieuse entre le divin et l'humain, « de ce qui par l'incarnation unit les membres au chef, à la tête... ». La chair, les noces se trouvent de ce fait soustraites à la réprobation. Cependant, parce qu'il est allé jusque-là, Pierre Lombard se retient d'affirmer que le mariage transmet la grâce. Sa vertu, conférée dans sa plénitude dès la *desponsatio,* son efficace est d'ordre négatif : le mariage protège du mal. Le mariage est bien un sacrement, mais il n'est pas comme le sacrement de l'ordre, source vivifiante. Son action est prophylactique. Ceci lui valut de demeurer comme replié, contraint, de rester imprégné, lorsqu'il vint à ce moment même s'établir officiellement parmi les sept sacrements de l'Église, par les restes d'une inquiétude et d'une répugnance, l'une et l'autre attachées à ce qui se passe, la nuit, dans le lit conjugal.

Seul des sept sacrements qui n'ait pas été institué par Jésus, mais seulement « restauré par lui », le mariage existait au Paradis avant la faute. Mais cette faute même l'a précipité dans la corruption, et l'on a beau le purifier, le relever, quelque chose le marque de cette chute, et qui peut l'entraîner à tomber encore. A la jonction du spirituel et du charnel, le sacrement du mariage est aussi celui des sept qui montre le signe le plus manifeste du mystère de l'incarnation – sur l'arête, en position médiane, périlleuse. L'important est qu'il ait fini, au milieu du XIIᵉ siècle, par être sacralisé sans être désincarné. A ce moment, le conflit entre deux modèles, l'ecclésiastique et le laïc, perdait en effet décidément de son âpreté.

XIIe SIÈCLE

Dans la maison royale

Pour situer le front de ce conflit, entrevoir durant la seconde moitié du XIIᵉ siècle ses avancées et ses reculs, le plus simple est de revenir d'abord au plus haut des lignages, celui du roi de France. On saisit là, mieux que partout ailleurs, par le déroulement de trois affaires matrimoniales, les accords et les désaccords entre la morale des guerriers et celle des prêtres.

En 1152, Louis VII se sépara de sa femme Aliénor. Elle partit avec son héritage, le duché d'Aquitaine, que son nouveau mari Henri Plantagenêt prit en main. En raison de ses conséquences politiques, cet événement domestique fut examiné de fort près par les historiens du XIXᵉ et du XXᵉ siècle. Mais, à l'époque même, ce divorce provoqua d'amples remous. On en parla. On en écrivit beaucoup et longtemps. Toute une brassée de témoignages subsiste, qu'il est fructueux de relire. L'un d'eux expose la version que l'on souhaitait donner des faits à la cour de France. En 1171, avant peut-être, un moine de Saint-Germain-des-Prés écrivit l'éloge du « roi très glorieux [1] ». L'occasion de ce panégyrique fut peut-être la naissance en 1165 de Philippe, l'héritier mâle que Dieu donnait enfin à Louis en récompense. Bienfait insigne :

il épargnait aux Français – je rapporte les propos de l'auteur – de voir le royaume, comme l'avait été si longtemps celui d'Angleterre, disputé entre des prétendants ; on le voit bien : le Tout-Puissant préfère la France ; dès ses premières expressions, l'histoire que l'on écrit à Paris, près du trône, est chauvine ; il faut garder ceci en mémoire, lorsque l'on cherche à démêler l'intrigue à partir de ce texte.

Quand il devint père, le souverain en était à sa troisième épouse. La première lui avait été livrée en 1137. Il avait seize ans, elle entre treize et quinze. Aliénor n'avait pas de frère, son père venait de mourir. Elle héritait. Par son mariage, Louis devint chef de la maison d'Aquitaine ; il maria lui-même la sœur de sa femme ; pour resserrer l'alliance entre les deux lignages, il la donna, en dépit des empêchements de parenté, à Raoul de Vermandois, cousin germain de son père. Aliénor tarda d'enfanter. Elle accoucha d'une fille en 1145, d'une autre en 1149. Le couple revenait de Terre sainte. L'historien officiel ne dit rien de ce qui s'était passé entre les deux époux durant le voyage.

Il traite du divorce au chapitre XV. A l'en croire, « des proches et des cousins du roi vinrent vers lui et, réunis, lui dirent qu'il y avait une ligne de consanguinité entre lui et Aliénor sa femme, ce qu'ils promirent de confirmer par serment ». De fait, les conjoints étaient parents aux quatrième et cinquième degrés. La parenté aurait, après presque trente ans, brusquement découvert l'inceste. « Surpris », le roi ne put supporter de vivre plus longtemps dans le péché. Il se tourna vers les évêques, celui de Paris dont il était le paroissien, celui de Sens, métropolitain. A Beaugency, en mars 1152, se réunirent les quatre archevêques dont l'autorité s'étendait sur le patrimoine du mari et de la femme, beaucoup de leurs suffragants, « des grands et des barons du royaume de France ». Cette assemblée mixte constata la consanguinité en présence des deux époux. Comme il se devait, le divorce fut « célébré ».

En ce point, l'*Histoire* montre Aliénor se précipitant

dans le remariage. « En toute hâte », elle gagna l'Aquitaine; « sans tarder », elle épousa Henri, duc de Normandie. En fait, elle échappa d'abord au comte de Blois qui la guettait, puis à Geoffroi Plantagenêt, frère d'Henri. Ce fut Henri qui s'en saisit et la mit, au mois de mai, dans son lit; en juillet, Louis VII l'attaquait, aidé par Geoffroi : la guerre se poursuivit jusqu'à l'an suivant. Quant à Louis, on le voit, en bon chef de lignage, occupé à marier ses deux filles, la première – elle avait huit ans – au comte de Troyes, la seconde – qui n'en avait que trois – au comte de Blois se consolant ainsi d'avoir raté la mère. Puis le roi se maria lui-même.

Point d'obstacle. Incestueux, son premier mariage n'avait pas d'existence. Le moine de Saint-Germain prend peine cependant de justifier le second par deux raisons. Louis entendait vivre d'abord « selon la loi divine » qui prescrit aux laïcs l'état conjugal; respectueux d'autre part de la morale lignagère, il agissait « dans l'espoir d'un successeur qui après lui gouvernât le royaume de France ». En 1154, l' « empereur » d'Espagne lui céda sa fille. Un enfant naquit. De sexe féminin, le nouveau-né fut presque aussitôt, en 1156, « allié » (*sociata*) en mariage à Henri, fils du roi d'Angleterre et d'Aliénor, né lui-même en mars 1155. L'historien nous rassure : ce mariage si peu conforme par l'âge et la parenté des conjoints aux préceptes canoniques les plus clairs fut conclu « par arrangement (*dispositio*) obtenu de l'Église romaine ». *Dispositio, dispensatio,* le vocabulaire flotte encore, mais le mécanisme fonctionne parfaitement qui permet, dans le respect de l'autorité pontificale, de tourner la loi. Une seconde fille naquit en 1160. La reine en mourut. Le roi prit une autre femme. Très vite. Quinze jours après, selon l'historien anglais Raoul de Dicet. Il patienta en vérité cinq semaines. Pas davantage : le temps pressait, il prenait de l'âge. Le panégyrique explique cette hâte. Le roi d'abord se décida, « conseillé et incité par les archevêques, évêques et autres barons du royaume »; le mariage du patron en effet n'est pas sa seule affaire, c'est l'affaire de toute sa maison, ici de cette

immense maison qui par les liens de vassalité s'étendait
sur tout le nord de la France. Louis agit surtout « pour
son salut », préférant se marier que brûler (était-il encore
si brûlant ?). Vient enfin le bon motif : « Il craignait que
le royaume de France ne fût pas gouverné par un héritier
issu de sa semence. » On choisit, pour lui assurer ce
successeur, une fille de Thibaud de Blois : son père
n'était pas roi ; pourvue de frères, elle n'espérait aucun
héritage ; mais elle avait pour elle son sang, celui de
Charlemagne, et sa jeunesse, gage de fertilité. Ceci fit
passer sur le lien de parenté, fort étroit : Louis VII
épousait la sœur de son gendre. Cinq ans après naquit
Philippe.

L'*Historia pontificalis* [2], rédigée plus près de l'événement, en 1160-1161, et par un témoin sûr, Jean de
Salisbury, place le divorce dans un tout autre éclairage.
Son auteur, en 1149, avait vu Louis et Aliénor, traversant
la campagne romaine au retour de croisade, conduits
auprès du seigneur pape Eugène III. Celui-ci « apaisa
entièrement la discorde qui avait surgi à Antioche entre
le roi et la reine, après avoir entendu les griefs de chacun
d'eux (...). Il interdit qu'il y ait désormais mention de
consanguinité entre eux ; il confirma le mariage ; il
interdit, verbalement et par écrit, d'écouter, sous peine
d'anathème, quiconque attaquerait ce mariage et voudrait le dissoudre (...). Enfin, il les fit coucher dans un
même lit qu'il avait orné de ses propres parures les plus
précieuses. » Cet épisode est d'un extrême intérêt. Entre
en scène personnellement le souverain pontife, le
monarque dont les décisions priment toutes les autres
dans les structures que l'Église, se réformant, a revêtues.
Résolument, le pape place l'exigence d'indissolubilité
avant celle d'exogamie. Il ne nie pas l'inceste, il interdit
qu'on en parle. Il bloque la machine judiciaire : il n'y
aura pas de divorce pour quelque raison que ce soit. Le
pape enfin confirme le mariage, disons même qu'il
célèbre de nouvelles noces, puisque non content de
mettre un terme à la « discorde de l'esprit », comme dit la
vie de Godelive, il réunit les corps, menant les époux vers

le lit, somptueusement paré pour être comme l'autel
majeur du rite nuptial ; dans ce rite, le pape tient la place
du père, bénissant le couple, l'exhortant à vivre dans la
« charité ». En effet, après avoir entendu les plaintes des
deux parties, il a rendu sa sentence dans la plénitude de
sa fonction pastorale. Il a réconcilié. L'évêque doit le
faire. Dans quel cas ? Voyez les collections canoniques :
en cas de soupçon d'adultère. Selon le droit canon, la
fornication est un motif de séparation. Mais le divorce
prononcé pour ce motif exclut le remariage. Or, Louis, à
ce moment, n'a qu'une fille et il est roi. Il faut à toute
force l'amener à supporter sa femme. On aperçoit ce que
la version parisienne dissimulait soigneusement : le
mariage royal n'était pas seulement vicié par l'inceste.
L'*Historia pontificalis* – bien informée : la centralisation
romaine faisait que toutes les rumeurs parvenaient à la
curie – en dit davantage. Tout a commencé à Antioche.
Le roi et la reine y séjournaient ; il fallait mettre en ordre
l'armée ; ils étaient les hôtes du prince Raymond, oncle
d'Aliénor ; « la familiarité du prince envers la reine, leurs
conversations assidues et presque ininterrompues, donnèrent des soupçons au roi ». Conversations, paroles :
première étape dans le trajet rituel de l'amour courtois, et
préparant à d'autres plaisirs.

Lorsque Louis VII décida de reprendre la route de
Jérusalem, Aliénor refusa de le suivre. Comment expliquer l'attitude de Raymond d'Antioche ? Jouait-il seulement ? Il était l'oncle. Ne songeait-il pas à reprendre sa
nièce en main pour la céder lui-même, avec son très bel
héritage, non sans profit, à tel ou tel ? Il importait pour
cela qu'elle puisse être remariée, donc qu'elle fût séparée
de son époux actuel non pour fornication, mais pour
inceste. Et ce fut justement à Antioche que la parenté fut
évoquée. Non point, comme l'histoire capétienne voudrait le faire croire, par les cousins du roi, mais par
l'autre lignage. La reine « fit mention de sa parentèle,
disant qu'il était illicite de demeurer plus longtemps
ensemble puisqu'il existait entre eux un cousinage au
quatrième et au cinquième degré ». Aliénor disait vrai, et

Jean de Salisbury ajoute : « On avait entendu déjà ceci en France avant qu'ils ne quittent ce pays, quand feu Barthélemy, évêque de Laon, comptait les degrés de parenté, mais sans pouvoir assurer si la *supputatio* était fidèle ou infidèle. » Cette révélation (?) aurait troublé Louis VII. De fait, il l'était déjà par la peur d'être trompé. Une lettre de l'abbé Suger l'engageait à comprimer sa « rancœur » jusqu'au retour [3]. Mais « il chérissait la reine d'une affection presque immodérée (...). Il l'aimait [d'amour, non point de *dilectio* ni de *caritas* – de cet amour terrestre, charnel, celui qui conduit au péché] véhémentement et de manière presque enfantine. » Selon Jean de Salisbury, le tort du roi fut de ne point se comporter comme il sied au *senior* –, ce que l'on reprochait rétrospectivement à son grand-père Philippe. Le mal en effet s'introduit dans le couple conjugal lorsque l'homme s'abandonne à la passion et glisse sous la coupe de sa femme. Louis accepta la séparation, mais prit d'abord conseil de sa maisonnée.

On voit ici, mêlés aux affaires matrimoniales, auprès des parents par le sang, ceux qui le sont par le lien vassalique. Au XIIᵉ siècle, la nouvelle mode était, pour les jeunes vassaux, de faire le siège de la dame, de l'épouse de leur patron, feignant par jeu de la lui ravir. Mais leur devoir était aussi de la surveiller et de surveiller le seigneur : qu'il ne lâche pas sa femme, qu'il n'en prenne pas une autre sans consulter ses « amis ». Lorsqu'il advient à son chef, puérilisé par l'amour, de ne plus tenir fermement en main la maisonnée, celle-ci se divise. Aliénor avait ses partisans, elle se moquait des autres. Ainsi, d'un des familiers les plus fidèles ; elle le disait, en riant, eunuque. Il l'était en effet, par esprit, puisque chevalier du Temple. Cet homme, comme les losengiers, les jaloux des romans de courtoisie, donna par dépit ce conseil au roi : emmener sa femme, et vite ; en tout cas ne pas divorcer, car « du fait de son parent, il pourrait advenir un opprobre perpétuel au royaume de France si, entre autres infortunes, on rapportait du roi qu'on lui avait enlevé son épouse ou qu'elle l'avait laissé ». Le danger était la honte – que le roi Louis soit « honni de sa femme » comme le fut Ysengrin, berné par Renard le Goupil. Quant au perpétuel opprobre, ne serait-ce pas la bâtardise ? Les deux époux partirent ensemble, remâchant leur double amertume. Eugène III parvint-il à les apaiser ? Lui ne parla pas d'*amor* mais de *caritas;* mais il voulait lui aussi éviter l'opprobre et pour cela prépara le lit aux fins de procréation légitime. En dépit de l'interdiction pontificale, Louis et Aliénor, trois ans plus tard, divorçaient à Beaugency.

Les autres chroniques du temps confirment presque tous les dires de Jean de Salisbury [4]. Lambert de Wattrelos [5], qui fut l'un des premiers peut-être à écrire du divorce, taxe lui aussi le roi de « puérilité ». Méditant sur l'échec de la troisième croisade, Guillaume de Tyr [6] en voit la cause dans le péché des princes. La pire faute : la luxure, celle de Raymond d'Antioche, qui voulut enlever *(rapere)* l'épouse du roi « par violence et par des machinations occultes »; il avait beau jeu : Aliénor était « de ces femmes folles » qui aiment à jouer; imprudente, « elle négligea la loi du mariage au détriment de la dignité royale »; elle fut « infidèle au lit conjugal ». Pesant ses mots, Guillaume révèle ce que chacun pensait à Antioche ou à Tyr; l'affaire était banale : un adultère féminin. A la fin du XIIe siècle, du côté anglais, les historiens portent un jugement plus sévère. Qu'ils soient favorables ou hostiles au roi Henri II, ils accablent Aliénor. Guillaume de Newburgh attribue la défaite de Terre sainte à la passion du roi Louis [7]. Il donna le mauvais exemple, emmenant avec lui dans le saint pèlerinage son épouse. Il eût fallu que l'armée restât pure, sans femmes, et les croisés continents, comme doivent l'être les guerriers pour gagner les batailles. Donc c'est bien la reine, nouvelle Eve, tentatrice et trompeuse, qui fut à l'origine du désastre. Pour Guillaume, comme pour Gervais de Canterbury [8], elle fut adultère; mécontente des mœurs du roi, elle se plaignait d'avoir épousé un moine; elle rêvait d'autres « noces », « mieux conformes à ses mœurs ». Disons à son tempérament. Elle obtint le divorce par un serment artificieux. Pour Gérard de Galles [9] enfin, elle est Mélusine, la mauvaise fée, et par elle la race des rois d'Angleterre fut corrompue. Le beau rôle revient à Henri Plantagenêt : lui ne fut point, comme Louis, puéril ; c'était un « jeune », au bon sens de ce terme, celui des romans courtois, celui de l'aventure ; il ravit, fougueux, la femme du roi de France, et par l' « amour de chevalier », vengea noblement son aïeul Fouque Réchin. Le péché dans l'affaire vint d'Aliénor, adultère, et doublement. Car le père d'Henri, « Geoffroi Plantagenêt, lorsqu'il était sénéchal de France, avait usé d'elle ». Il avait expressément interdit à son fils de la toucher pour deux raisons : « Parce qu'elle était l'épouse de son seigneur ; parce que son père l'avait auparavant connue ; au comble donc d'un énorme excès, le roi Henri, selon ce qu'on raconte, osa polluer la reine de France par une copulation adultère. » Aliénor « ne se conduisait pas comme une reine, mais comme une putain » : le cistercien Hélinand de Froimont ne juge pas nécessaire d'en dire plus [10].

Éclairantes, révélant à ce très haut niveau social un grand respect des formes juridiques au sein d'un appareil d'Église hiérarchisé où tout se passe en souplesse, ces péripéties font voir surtout comment, trente ans après la mort d'Yves de Chartres, jouait l'empêchement de mariage pour parenté. Les autorités ecclésiastiques tenaient l'interdit en réserve pour s'en servir éventuellement : Guillaume de Newburgh dit que les noces d'Aliénor et d'Henri furent précipitées ; n'est-ce pas que les prélats de l'Ouest, requis par le roi de France, s'apprêtaient à les empêcher en arguant d'une consanguinité bien réelle ? Plus souvent peut-être, la présomption d'inceste préparait l'octroi d'une dispense, cette grâce qui, d'une manière ou d'une autre, se payait. Mais l'argument servait surtout aux laïcs. L'un après l'autre, Aliénor et Louis VII l'utilisèrent. Croyaient-ils vraiment à la souillure ? Je ne pense pas que le pape Eugène III y ait cru. A travers les lignes de récits dont les auteurs sont presque tous familiers des cours, transparaît aussi le jeu d'amour, ses figures rituelles, ses parades, les formes que l'on prenait maintenant dans le beau monde pour séduire. Plus évidente est la liberté que l'on avait dans les maisons princières d'approcher la dame : Aliénor ne semble guère protégée dans Antioche ; elle ne l'était pas davantage à Paris si l'on en croit l'histoire – fabuleuse peut-être – de ses rapports avec Geoffroi Plantagenêt. De telles dispositions entretenaient les soupçons, toujours prêts à se porter sur l'épouse. Cette facilité faisait aussi de la séduction un rouage dans les stratégies développées autour des héritages, plus précisément de l'héritière qui, le sachant, menait son propre jeu. En tout cas, dans le milieu que j'observe, l'adultère féminin ne semble pas seulement redouté des époux. C'est un trait de société. Les losengiers le savent bien, qui en profitent. Il est prétexte à divorcer. L'homme hésite à l'employer car il le couvre de honte. Mais tout le monde est persuadé que la fornication de l'épouse désunit, rompt l'union des corps. Les chefs de l'Église, lorsqu'ils parviennent à réconcilier, doivent donc répéter le rite nuptial. Enfin, Louis VII, dont on se gaussa dans toutes les cours, fut certainement le bon époux selon l'Église, soumis, trop peut-être au gré de sa femme. Mais il tenait sans doute pour plus impérieuse encore la loi du lignage puisque, oublieux des injonctions pontificales, averti par le ciel qui, quinze ans après son mariage lui donnait une nouvelle fille, il renvoya Aliénor : allait-elle persister à ne point enfanter de mâle, l'Aquitaine serait de toute manière perdue ; cette femme n'était d'aucune utilité à la lignée des rois de France ; elle était nocive. D'accord avec les évêques gallicans, dans le respect du droit canonique, il divorça.

Le divorce de Raoul de Vermandois avait été beaucoup moins aisé. L'affaire était restée six ans pendante.

En 1142, pour épouser la sœur d'Aliénor, Raoul avait renvoyé sa femme; elle était sa parente. Son frère, évêque de Tournai, Barthélemy, évêque de Laon, et l'évêque de Senlis étaient venus compter et jurer les degrés de consanguinité. Celle-ci était cependant moins étroite qu'entre Raoul et l'épouse qu'il s'apprêtait à prendre. « Le bruit de parjure, dit Hermann de Tournai [11], se répandit dans toute la région et fut transporté jusqu'à la cour apostolique par le comte Thibaud de Champagne : celle que Raoul avait renvoyée était sa nièce, et il ne supportait pas cette honte. » Thibaud défendit l'honneur, ce bien de famille, réclama justice à Rome où se traitaient les causes princières. Le pape accueillit la plainte. Elle l'arrangeait. C'était un moyen, empêchant le mariage projeté par le roi de France, d'amener celui-ci à céder sur d'autres points, à propos d'élections épiscopales. Innocent II soutenait les cisterciens. Saint Bernard avait pris fait et cause pour le comte de Champagne, son bienfaiteur. Il se démenait, appelait, véhément, à l'action. Les lettres de l'abbé de Clairvaux, comme celles d'Yves de Chartres, révèlent, depuis le camp ecclésiastique, tout un pan de l'affaire.

« Ce que l'Église a conjoint », écrit Bernard au pape [12] – et il est, à ma connaissance, le premier qui affirme nettement ce pouvoir de l'Église : en 1084, pour le biographe de Godelive, le conjoncteur du mariage était Dieu, et c'est bien Dieu, selon les textes sacrés, qui unit; voici qu'on ose dire maintenant que ce sont les prêtres : pour saint Bernard, ils ne bénissent pas seulement l'union, ils la nouent; l'extension de la juridiction ecclésiastique a provoqué cet étonnant transfert – « ce que l'Église a conjoint, comment la chambre (*camera*) pourrait-elle le dénouer? » La chambre – Bernard, admirable écrivain, joue de l'ambiguïté. La chambre est le lieu où le sire doit faire l'amour, c'est le lit, et le mot évoque la chair, le péché; mais la chambre, dans toutes les grandes maisons seigneuriales, dans celle en particulier du pape, est aussi le réduit où l'on serre l'argent. De fait, ici, c'est bien par l'argent que le spirituel est corrompu. Apparaît cet acteur dont le rôle ne cessera désormais de s'amplifier, conférant aux relations sociales et notamment aux conjugales toujours plus de flexibilité, mais modifiant aussi les attitudes mentales : dans la convoitise qui porte les hommes de haute naissance à prendre ou à laisser telle ou telle femme, le goût des deniers s'infiltre insidieusement, encore masqué par le souci de la gloire. Bernard met en garde le pape. Qu'une dispense ne soit pas vendue, légitimant le mariage de Raoul.

L'avertissement n'était pas nécessaire. A Lagny, sur les terres du comte de Champagne mais tout près du domaine capétien, un légat présidait un concile. La sentence fut semblable à celle rendue un siècle et demi plus tôt contre Robert le Pieux : Raoul devait reprendre la première épouse sous peine d'excommunication; les trois évêques jureurs étaient suspendus pour avoir prêté la main au divorce. Louis VII, le marieur, était à son tour déshonoré. Il prit les armes. Vaincu, le comte de Champagne céda. Non pas Bernard : était en jeu le pouvoir de l'Église, toute la construction grégorienne subordonnant le temporel au spirituel. L'abbé écrivit au pape pour qu'il ne lâchât pas prise. Il pressa Thibaud de riposter. Par d'autres mariages : celui de son fils aîné dans la maison de Flandre, celui de sa fille dans la maison du comte de Soissons. Le roi aussitôt protesta. On eût dû le consulter : ces projets matrimoniaux engageaient l'avenir du fief que le comte de Champagne tenait de lui. La discorde fait apercevoir ici les prétentions du seigneur féodal : il veut se joindre aux hommes de la parenté pour contrôler avec eux la nuptialité dans les familles vassales. Le prétexte ? Le fief est héréditaire. Il passe de génération en génération de la main d'un homme dans celle d'un autre homme. S'ils sont l'un et l'autre du même sang, on peut penser que ce sang, que l'éducation reçue prédisposeront à maintenir l'amitié, à servir loyalement la tenure. Mais si le successeur est un gendre, issu d'une autre lignée, rien ne dit qu'il se conduira en « ami ». Le seigneur de la terre entend dire son mot avant que les filles ne soient promises.

Dans le jeu serré qu'il menait contre les manigances des clercs, Louis VII contesta la validité des deux accords d'épousailles conclus par le Champenois. Au nom de la coutume féodale, mais arguant également de l'inceste : Hermann de Tournai nous l'apprend. Virant de bord, saint Bernard s'en prit alors à l'interdit pour cause de parenté [13]. Le jugeant, comme l'avait fait Henri de Lausanne, affaire charnelle. Se discerne ici la force du courant qui, dans ces années, à l'époque où travaillait Hugues de Saint-Victor, expulsait lentement au nom de la spiritualité le concept d'inceste de cette position suréminente qu'il avait occupée dans la pensée des réformateurs de la société chrétienne au temps d'Yves de Chartres. Le refoulant au second plan. Pour ce qui le liait étroitement au corps et au sang. Le lien conjugal unit les âmes. Saint Bernard venait de proclamer qu'il est noué par l'Église. Il proclamait maintenant que celle-ci peut, lorsque sa puissance est en jeu, passer sur la proximité des sangs et refuser de le dénouer. « S'il y a consanguinité, écrit-il, [entre les promis de Champagne, de Flandre et de Soissons] je n'en sais rien ; je n'ai jamais approuvé et je n'approuve pas les mariages illicites sciemment [justement, il refuse de le savoir] ; mais sachez que si vous empêchez ces noces, vous désarmez l'Église et la privez d'une grande part de ses forces. » Nulle part ne se montre plus ouvertement la liaison fondamentale entre le principe qui conduit à voir dans le mariage un sacrement indissoluble et la nécessité pour l'Église de ne rien céder de son pouvoir.

Finalement Thibaud abandonna ses projets. Mais Raoul et le roi de France, eux, n'obtinrent satisfaction qu'en 1148. Jean de Salisbury, alors présent dans l'entourage d'Eugène III, raconte dans l'*Historia pontificalis* comment [14]. Raoul avait compris qu'il lui fallait des connivences dans le collège cardinalice. C'était le lieu des décisions. « L'intervention de l'argent, écrit Jean de Salisbury, ironique, n'est pas à exclure. » Tout fut arrangé sous main. Restait la solennité. Devant le consistoire que le pape tenait à Reims, Raoul se présenta au jour fixé. Sûr de lui, il avait juré d'obéir au mandement pontifical. Sa première femme était là : deux consentements clairement énoncés par paroles présentes fondent le mariage; sa rupture requiert aussi que les deux conjoints face à face parlent et qu'on les entende. Le pape Eugène s'apprêtait à casser un jugement prononcé par tous ses prédécesseurs successifs, une sentence dont, depuis des années, rares étaient ceux qui contestaient l'équité. Il ouvrit le procès, s'adressant d'abord à l'épouse et, derrière elle, aux hommes de son lignage venus l'épauler. Défenseur des femmes répudiées, l'évêque de Rome lui promit bienveillance : « Tu te plains qu'on ait refusé de t'entendre, qu'on t'ait fait violence; la partie adverse t'a porté dommage; je te réintroduis dans l'aire de la justice, afin que librement, toi et les tiens, de même que le comte pour lui-même, puissiez alléguer ce qu'il vous plaira. » L'épouse, la seule pour le moment légitime, manifesta alors qu'elle ne tenait pas à revenir près d'un mari dont l'*animus* lui avait été ravi. Elle remercia; elle écouterait volontiers ce que diraient les adversaires. S'avancèrent alors les tenants de Raoul « pour jurer, en touchant les Évangiles, la parenté qu'ils avaient une autre fois falsifiée ». En tête, Barthélemy de Laon, très saint homme, l'ami de saint Norbert, de saint Bernard. Prudemment, le pape l'arrêta lorsque sa main se portait pour le serment sur le livre. Mais le témoignage fut reçu. Aussitôt, le divorce fut prononcé. Le mariage était incestueux; il était nul; l'homme et la femme avaient licence d'en contracter un autre. Il fut convenu, cependant, que le comte de Vermandois restituerait la dot à celle qui avait été son épouse. On apprit alors, non sans étonnement, que le comte Thibaud avait déjà reçu les dédommagements. Tout le factice de ce cérémonial se découvrait. Certains se scandalisèrent, dont saint Bernard. Furieux de voir triompher le comte qui « si longtemps avait scandalisé l'Église », il prophétisa : « Rien de bon ne sortirait de son lit. » La prédiction, poursuit Jean de Salisbury, fut pour une part vérifiée. La seconde épouse mourut bientôt. Elle laissait trois enfants. Signe évident de corruption, le garçon contracta la lèpre. Les deux filles, de ce fait héritières, furent mariées et fort bien, l'une au comte de Flandre, l'autre au comte de Nevers. Elles demeurèrent stériles. Le ciel punissait l'adultère dans ses fruits. Raoul prit une troisième femme, tomba peu après malade. Son médecin lui interdit de faire l'amour : il était *uxorius,* c'est-à-dire asservi à la femme, prisonnier de sa *libido :* il n'obéit pas et trois jours plus tard trépassa. Tirons la morale de l'histoire. Elle est double. Il semble bien que Jean de Salisbury ne pensait pas que le sang du comte de Vermandois avait été corrompu par l'inceste. Qui croyait encore celui-ci nocif au-delà du troisième degré ? Raoul avait été châtié principalement pour deux fautes : la concupiscence, pour n'avoir pas su se dominer, en tout cas dominer sa femme ; son indocilité, il avait « scandalisé l'Église ». Et c'est la seconde leçon : le pécheur qui se soumet à la juridiction des prêtres est pardonné. Le bon chrétien doit se prêter au jeu. Un jeu subtil et que compliquent à la fois cette « cupidité » que l'on voit envahir jusqu'aux plus hauts degrés de la hiérarchie ecclésiastique et la discordance des textes. S'appuyant sur eux, Eugène III put dissoudre à Reims, renouer à Tusculum l'an suivant. Agissant chaque fois pour l' « utilité » de l'Église. L'essentiel était que l'autorité de celle-ci fût reconnue.

Elle le fut de mieux en mieux dans la seconde moitié du XIIe siècle. Les papes étaient maintenant des savants, tel Alexandre III (1159-1180), auparavant maître Roland, illustre juriste. Chassé de Rome par Frédéric Barberousse, il résida longtemps en France dans l'amitié du roi Louis VII et c'est ici, reprenant le rôle d'Yves de Chartres mais dans plus de majesté, qu'il donna réponse aux évêques l'interrogeant sur le mariage, qu'il décida, qu'il rendit des sentences, attentif plus qu'aucun de ses

prédécesseurs aux affaires matrimoniales. Se tenant aux
principes : indissolubilité dès l'échange des paroles;
solennité des épousailles devant l'église dans la présence
nécessaire du prêtre. Se réservant d'user avec libéralité,
souplesse, du pouvoir de délier, de dispenser, au regard
des circonstances et des personnes. Durant son pontificat
s'accéléra, dans le progrès de toutes choses, le mouvement qui portaient à s'accommoder la morale prêchée
par l'Église et la morale prêchée par les responsables des
lignages. Après lui cependant éclata une dernière crise
au sein de la maison capétienne, elle aussi indissociable
des sinuosités de la politique.

On maria le jeune Philippe, fils de Louis VII, le 28
avril 1180. Son père n'était plus en état d'agir. Depuis son
dernier remariage, il penchait vers les Champenois;
l'adolescent, par naturelle opposition, penchait vers le
comte de Flandre Baudoin. Celui-ci était d'ascendance
carolingienne. Il connaissait la prophétie dont on parlait
partout dans la région : sept générations après Hugues
Capet – la septième était celle de Philippe –, la couronne
de France reviendrait à la droite lignée de Charlemagne [15]. Baudouin n'avait pas lui-même d'enfant : sa
femme subissait dans ses entrailles la punition de
l'indocilité de son père, Raoul de Vermandois. Il la
gardait pourtant près de lui. Sa répugnance à l'égard
d'une répudiation que tous auraient jugée plus que
permise, nécessaire, un demi-siècle plus tôt, est un signe
de la pression victorieuse qu'exerçait la morale cléricale
sur le comportement de la noblesse. Baudoin pourtant
disposait d'une nièce, qu'il chérissait et traitait comme sa
fille, et dont le père, comte de Hainaut, lui aussi carolide,
était davantage encore fasciné par la légende de Charlemagne. Élisabeth avait été l'an d'avant solennellement
promise au fils du comte de Champagne. Ce pacte fut
brisé. Elle avait neuf ans. Elle devint la *sponsa* de
Philippe qui en avait quinze. La noce aurait lieu dès
qu'elle serait nubile. En 1184, on jugeait qu'elle l'était
devenue, mais les alliances s'étaient entre-temps renver-
sées : Philippe subissait maintenant l'ascendant de ses

oncles maternels de Champagne, qui tentaient de rompre le mariage avant qu'il ne fût consommé. A cette fin, un concile se réunit à Senlis. L'on commençait d'y parler de consanguinité. Les chroniqueurs de Flandre et de Hainaut rapportent que la jeune Élisabeth déambulait dans les rues de la cité, nu-pieds, suivie par les lépreux, les indigents qui clamaient avec elle son bon droit sous les fenêtres du palais. Philippe reprit son épouse, mais « sans communiquer avec elle dans le lit et par le devoir conjugal ». Elle était jeunette. Combien cependant de filles, mariées, étaient enceintes à son âge. Elle attendit. En 1187, elle mit au monde un fils, Louis. Trois ans plus tard, elle mourait – peut-être d'avoir été si tôt mère. Elle avait rempli sa fonction. Son oncle, sa tante l'avaient généreusement dotée. Le veuf, au nom de son fils, garda dans sa main ce somptueux *maritagium.*

Philippe partait alors en croisade. Lorsqu'il revint malade, anxieux, il voulut se remarier comme l'avait fait par deux fois son père, et pour les mêmes raisons : il « brûlait » ; le devoir dynastique l'exigeait : le petit Louis était malingre et beaucoup songeaient à la prophétie. Il lui fallait une fille de roi, de très bon sang. Le 14 août 1193, Philippe épousa Ingeborg de Danemark. Tout était prêt pour la couronner le lendemain des noces. Au matin, le roi dit qu'il n'en voulait plus. D'un coup, durant la nuit nuptiale, l'amour dans son cœur, comme dans celui du mari de sainte Godelive, s'était changé en répulsion. Le moine Rigord explique : comme le père de Guibert de Nogent, le marié n'avait pu tenir sa partie « empêché par un maléfice ». Mais le roi ne pouvait attendre sept ans le dénouement des aiguillettes. A Compiègne, devant une assemblée de barons et d'évêques présidée par l'archevêque de Reims, quinze jureurs, dont douze venaient de la maison royale, comptèrent en grande pompe les degrés de parenté, prouvant que les époux étaient parents au quatrième degré. On avait saisi le moyen le plus simple. Mais le frère d'Ingeborg, le roi de Danemark, ne supporta pas mieux que Thibaud de Champagne la honte. Comme Thibaud, il fit appel au pape : on avait mal compté ; il produisait des généalogies, celles-ci exactes. Célestin III mit en garde Philippe. Prudent, il s'en tint là. En juin 1196, le roi prit une autre épouse, Agnès, fille du duc de Méranie. Ingeborg était vivante et lui, par conséquent, bigame. Un nouveau pape, Innocent III, dès son avènement en 1198, l'invitait du haut de ses prétentions théocratiques à chasser de son lit la « surduite » et de mettre ainsi fin non seulement à l'adultère, mais à l'inceste : la sœur d'Agnès avait pour mari un neveu de Philippe Auguste. Le légat Pierre de Capoue n'alla pas jusqu'à l'excommunication. Mais il jeta sur le royaume l'interdit, impliquant interruption de tout service religieux. Les tractations commencèrent. Elles se prolongèrent quinze ans : selon que le pape se sentait ou non en position de force, la rigueur ou l'indulgence alternaient. D'ailleurs les prélats n'appliquaient pas la sentence d'interdit. Et comme se posait, beaucoup plus préoccupant, le problème de l'hérésie, foisonnante – c'était le temps de la grande flambée cathare –, il suffit que Philippe fît mine de se soumettre, acceptât le jugement des cardinaux : la sanction fut levée. Le procès s'ouvrit à Soissons en 1201 devant deux légats, l'un, de la parenté du roi, conciliant, l'autre, ancien bénédictin, irréductible. Pendant deux semaines, les juristes discutèrent âprement. Un jour, Philippe se retira brusquement, emmenant avec lui Ingeborg. Pour Rigord, « il s'échappait des griffes des Romains ».

Le pape avait alors plus besoin que jamais de l'amitié capétienne, et les envoyés du roi travaillaient la curie. En août, Agnès mourut – Ingeborg elle, survivait : délaissée, elle échappait au péril des maternités successives. Philippe n'était plus bigame, mais il vivait dans le péché : en 1205, une « demoiselle d'Arras » lui donnait un petit bâtard. Pouvait-on laisser son âme en danger ? Il protestait : on le traitait plus durement que Frédéric Barberousse, que Jean sans Terre, que son père Louis VII. Et ses gens échafaudaient des projets de mariage capables de satisfaire Innocent III. Celui-ci mollissait. En novembre 1201, il avait légitimé le garçon et la fille nés d'Agnès de Méranie. Se justifiant : il agissait pour le bien public, rendant moins hasardeuse la succession à la couronne. Philippe d'ailleurs était-il si coupable ? Il était venu à Compiègne ; il avait reconnu l'autorité de l'Église. Pas à pas, on s'achemina vers un compromis. Le prétexte de consanguinité ne pouvait décidément plus servir. On en prit un autre : le mariage n'avait pas été consommé, et l'on rappelait une décision d'Alexandre III autorisant le remariage d'un garçon de quinze ans qui, la nuit de ses noces, avait abîmé définitivement son épouse de trois ans plus jeune. L'obstacle venait d'Ingeborg : elle refusait obstinément d'admettre qu'elle n'avait pas été connue. Les casuistes eurent beau suggérer une distinction entre le « mélange des sexes » et « le mélange des spermes dans le vase féminin », il fallut songer à l'ultime échappatoire : que la reine acceptât de prendre le voile. Mais, en avril 1213, Philippe, s'apprêtant, soutenu par le pape, à envahir l'Angleterre, annonça qu'il reprenait sa femme. Il approchait de la cinquantaine. Louis, son fils, venait d'engendrer un garçon. L'affaire était close.

Elle avait duré, et tout au long de ses rebondissements, stimulé la réflexion des docteurs. Imaginons, à ce moment, l'intense effort intellectuel, les canonistes appliqués à réduire les contradictions entre les textes normatifs, tous les praticiens de justice sollicités dans chaque cité de résoudre des difficultés concrètes, enfin, dans Paris, les commentateurs de l'Écriture partant de la métaphore du mariage et poursuivant la réflexion sur les rapports entre le corps ecclésiastique et l'inspiration divine. Cette réflexion aboutissait maintenant à l'image du couronnement de la Vierge, le grand spectacle que les sculpteurs disposèrent au tympan de Senlis à l'époque même où Philippe rejetait Ingeborg. Représenter la Vierge-Église aux côtés du Christ époux, à son niveau, signifiait l'égalité des conjoints au sein de l'association conjugale. Mais le geste du couronnement, annulant la subordination du fils à sa mère, imposait aussi l'idée que le mari est le chef de sa femme laquelle, comblée de ses dons, voulant ce qu'il veut, lui est nécessairement soumise. De toute manière, par le déploiement de la symbolique, le mariage était exalté : dans les gloses de l'Apocalypse, Guy Lobrichon me le fait remarquer, on ne trouve plus rien après le début du XIIIe siècle qui place en situation de moindre dignité l'état conjugal.

Mais déjà les maîtres des écoles parisiennes, soucieux de former des prédicateurs efficaces, orientaient la « leçon », la lecture commentée de la *divina pagina*, de manière à en tirer des leçons morales. Ils ramenaient le texte sacré au quotidien, au réel social, par la médiation d'anecdotes édifiantes. Parmi ces savants, beaucoup se trouvaient liés à la chapelle royale; ils avaient été directement impliqués dans l'affaire du divorce, mêlés à ces procédures. Tel Pierre, chantre du chapitre de Notre-Dame [16]. A travers les notes qui subsistent de son enseignement, on le voit préoccupé de l'institution matrimoniale, de l'incertitude, du laxisme dont elle était alors le lieu : « Le mariage est le principal sacrement de l'Église. Il l'est par l'autorité de celui qui le fonda et en raison du lieu, le Paradis, où il fut institué (...). Je m'étonne donc qu'il soit sujet à tant de variétés : nul autre ne varie autant [17]. » La faute en est à l'arbitraire pontifical. Le pape est devenu maître du droit : « Il est en son pouvoir de fonder les décrets, de les interpréter, de les abroger » : l'archevêque de Lyon, Jean Bellesmains (1182-1193) l'avait dit à des clercs de Paris partant à Rome : qu'ils se méfient : ils allaient tomber sur des gens accoutumés à jongler avec les textes. Cette jonglerie était profitable : elle permettait de mieux vendre les dispenses, de les accorder même à des cousins au troisième degré. Un autre maître, Robert de Courçon, prend pour exemple le cas d'Aliénor [18]. Considérant l'indulgence qui lui permit d'abord de rester avec Louis VII, puis d'épouser Henri Plantagenêt, il s'interroge : le pouvoir pontifical, en consentant à de telles dérogations, agissait-il vraiment pour l'« utilité » de la communauté chré-

tienne ? Voyez les guerres qui en résultèrent. Cependant
pour ces moralistes, les responsables du flottement
étaient surtout les *curiales,* les gens de cour, de la curie
romaine, mais aussi de toutes ces cours satellites en
action auprès de chaque évêque. Ils dénonçaient la
cupidité des hommes de loi et tout le trafic d'argent par
quoi les affaires se trouvaient renvoyées du tribunal
pontifical aux juridictions locales, plus indulgentes.
Pierre le Chantre évoque un souvenir personnel. Un
couple de ses cousins vint le consulter. Ces gens se
savaient mariés « en deçà du septième degré ». Ils en
étaient gênés : le développement rapide de la prédication, de la confession privée aiguisait le sentiment de
culpabilité parmi les laïcs. Que faire pour se tranquilli-
ser ? « Allez à Rome, mais ne lâchez pas avant d'avoir
obtenu une sentence claire de confirmation ou de
divorce. » Ils eurent beau faire : on les renvoya à
l'archevêque de Sens, qui les renvoya à l'évêque de Paris,
lequel confirma le mariage. Ce qui était sage, mais peu
conforme aux principes qu'Yves de Chartres s'était
exténué à instituer. Et puis tout le temps perdu, tout
l'argent dépensé, distribué. Robert de Courçon, lui [19],
vitupère ces hommes « qui, par toute l'Eglise des Gaules,
sont payés pour célébrer le divorce [pour jurer la
consanguinité], et qui rompent le lien matrimonial
comme ils feraient d'une chose vile » – et le contraste, en
effet scandaleux, entre une telle désinvolture et la
sacralité dont on s'acharne à revêtir la cérémonie
matrimoniale. Étienne Langton rapporte d'Angleterre
dont il vient une anecdote [20] : le roi, comme son
prédécesseur Henri Ier, voulait « faire un mariage entre
des personnes illégitimes »; il écrivit au pape pour
obtenir dispense; un cardinal vit les lettres : « Je croyais,
dit-il, le roi mieux avisé »; il existait d'autres voies, plus
courtes. Et le maître tire la leçon : « L'Église permet
beaucoup de choses et dissimule ce qu'elle n'approuve
pas. » Concussion, hypocrisie, parjure, et ce bruit de
deniers que l'on compte font tourner en dérision les lois
du mariage. Quelque chose ne va pas – et c'est

précisément ce qui place en contradiction l'exigence d'exogamie et celle d'indissolubilité.

Pierre le Chantre entendit [21] un chevalier sur le point de se marier dire de sa femme : « Elle me plaît car la dot est grosse ; sans doute m'est-elle liée par une affinité au troisième degré, qui n'est pourtant pas assez proche pour que je m'en sépare ; mais si je veux, et si elle ne me plaît plus, en raison de cette affinité je pourrais obtenir divorce. » Cet *exemplum* le montre crûment : « L'enchevêtrement des liens de consanguinité et d'affinité rend les transgressions infinies. » Et ce sont les pauvres qui perdent. Ainsi l'argent corrompt toute chose. Il convient de relire le Lévitique, le seul texte sacré qui puisse justifier l'interdit : on verra qu'il est fort discret ; il défend de s'unir à dix personnes, pas davantage. Au nom de quoi aller plus loin ? Pour étendre plus largement l'affection ? On sait bien que celle-ci n'est plus naturelle passé le quatrième degré de consanguinité, le deuxième d'affinité. Pour la faire naître et l'entretenir par-delà, il faut permettre les mariages. Tout convie à restreindre le concept d'inceste, à rabaisser de trois crans la barrière. Au grand détriment des cardinaux, des avocats, des jureurs professionnels, les pères du concile du Latran retinrent en 1215 cette proposition conciliante.

Littérature

Passé 1150, les brumes commencent à se dissiper qui dissimulaient à nos yeux la pratique du mariage. L'écran subsiste : la parole est toujours aux gens d'Église. Mais il perd de son opacité et surtout il déforme moins. Parmi les écrits qui nous sont parvenus, se multiplient ceux qui furent composés pour plaire aux nobles, pour à la fois les divertir, les rassurer, les éduquer. Cette littérature, évidemment, ne montre pas la réalité des comportements, mais ce qu'on voulait qu'ils fussent. Elle étaye un système de valeurs, et ce système demeure fortement marqué par l'idéologie cléricale : nous n'entendons pas ce que disait d'elle-même l'aristocratie mais le discours qu'on lui tenait, que lui tenaient les clercs. Sur ce discours, chacun des deux modèles antagonistes, le profane et l'ecclésiastique, exerce donc sa pression. Toutefois, selon les genres littéraires, l'un des deux l'emporte sur l'autre.

Le poids de l'idéologie cléricale est à son comble dans le sermon. Nous en connaissons quelques-uns qui datent de cette époque. Jacques Le Goff m'en signale trois, inédits, que Jacques de Vitry composa à la fin du règne de Philippe Auguste [1]. Écrits en latin, il les proposait en modèle à ses confrères. Les prédicateurs les translataient

en langue vulgaire. Ils parlaient devant des hommes et
des femmes, rangés devant eux, en deux groupes
distincts. Mais c'est aux hommes qu'ils s'adressaient,
marquant l'accent sur quelques points. Un premier
thème revient sans cesse, dominant tout le discours : la
femme est mauvaise, lubrique autant que la vipère, labile
autant que l'anguille, de surcroît curieuse, indiscrète,
acariâtre. Les maris aiment entendre cela. Certains ont
des filles : qu'ils les préparent soigneusement à l'état qui
leur convient, la conjugalité, qu'ils les détournent de ces
chants d'amour, de ces jeux de mains qui donnent le goût
du plaisir; concluant le pacte, qu'ils respectent les
normes : pas de clandestinité; pas de mariage avec un
clerc : les « prêtresses » sont les juments du diable. Le
mariage fut institué au Paradis, l'église en est l'image; il
doit par conséquent se nouer devant sa porte. D'autres
auditeurs n'ont pas encore pris femme : qu'ils se hâtent;
ils éviteront le péché de fornication, les péchés d'homosexualité, de bestialité. Cette épouse, ils devront la
dominer. Eve ne fut pas tirée des pieds d'Adam : la
femme ne doit pas être piétinée. Mais Eve ne fut pas tirée
de sa tête; la femme ne doit pas commander. Sur un seul
plan, les époux sont égaux, le plan des devoirs conjugaux.
Le mari est tenu de répondre aux requêtes de sa femme.
Toutefois, il lui incombe de contrôler. C'est en ce point
précis que se situe la « règle » de cet *ordo* particulier;
l'ordre des conjoints. Cette règle est précise. S'y confor-
mer est plus malaisé que dans les autres ordres de
l'Église. En effet, l'époux doit se refuser durant les temps
interdits; il lui faut garder la mesure – le déluge, on le
sait, a puni l'abus sexuel – et quand il obéit à l'épouse,
qu'il prenne soin de ne pas dévier des ordonnances de la
nature : mésuser du sexe est l'un des dangers de la
conjugalité. Mais bien pire est l'adultère. De la femme
évidemment. Là gît le péché, multiforme : la foi jurée est
transgressée, la bénédiction du prêtre méprisée; l'épouse
qui se dévoie commet un vol : « L'amant a le pain blanc,
le mari le pain bis »; les conséquences enfin sont
épouvantables : qui est le père de ce garçon? Ne va-t-il

pas frustrer de la succession les droits héritiers ? Prenant pour femme celle qu'il croit une étrangère, ne va-t-il pas épouser sa sœur ? Le premier devoir des maris est donc de se montrer vigilants : qu'ils ne permettent pas à leur femme de s'attifer de manière trop séduisante : elle attiserait le désir d'autrui. Au moindre soupçon, qu'ils la rejettent pour se délivrer de la faute. La prédication paraît fruste. C'est pour cela même qu'elle portait.

Une manière plus efficace de transmettre le message était de le mettre en scène. L'innovation majeure, dans le temps que je considère, fut de soutenir l'exhortation en langue vulgaire par les artifices du théâtre. Le *Jeu d'Adam* [2] est mal daté, mal localisé. Cette paraliturgie du temps de Noël fut construite sans doute – on ne peut dire mieux – entre 1150 et 1170 et, vraisemblablement, à proximité du plus éclatant foyer de création littéraire, la cour d'Henri Plantagenêt. Il est sûr, en tout cas, que le texte fut écrit à l'attention d'un public aristocratique, monté à l'intérieur d'une église, en recourant, les indications scéniques portées sur le manuscrit le prouvent, à tous les ressorts d'une dramaturgie déjà fort habile. Le principal du sujet est le péché originel – c'est-à-dire le mariage. Au Paradis, c'est-à-dire dans le lieu même où fut institué le sacrement, le *Jeu* réunit quatre personnages : le mari, Adam, la femme, Eve ; Dieu, le bien ; Satan, le mal. Le texte commenté de la Genèse, réparti aux quatre coins de ce carré pédagogique, pénètre avec force, par l'entremise de la versification, l'esprit des laïcs. L'Église entend leur inculquer sa morale matrimoniale.

Elle expose en premier lieu les intentions de Dieu, la forme qu'il voulut donner initialement à l'association conjugale, à quoi il siérait de revenir, redressant ce qui l'a depuis lors perturbée. Cette forme exemplaire, Maurice Accarie l'a bien vu, est de structure féodale. A ces princes, à ces chevaliers, Adam est montré vassal du

Créateur, lié à lui, subordonné à lui dans l'honneur comme par les gestes de l'hommage et les paroles de la foi. Nanti d'un fief que le Seigneur confisquera s'il est félon. Mais la hiérarchie est à trois degrés : la femme est située à son rang, inférieure, vassale de l'homme, arrière-vassale de Dieu. Bon suzerain, le Tout-Puissant enjoint à Adam de gouverner Eve par la raison, à Eve de servir Adam de bon cœur, de fournir l' « aide », d'être « adjutoire »; à son tour alors récompensée : « Si tu aides convenablement Adam, je te mettrai avec lui dans ma gloire. » Le vocabulaire employé fait du contrat matrimonial l'homologue du contrat vassalique : comme celui-ci il unit deux êtres égaux en nature, mais nécessairement inégaux en pouvoir, l'un devant servir l'autre. Dans la relation conjugale, se reflète à un niveau subalterne la relation primaire, celle qui soumet la créature au Créateur. On comprend mieux ce que fut la faute de nos premiers parents. Satan s'est insinué pour rompre cette ordonnance, pour établir entre l'homme et la femme, et par contrecoup entre Dieu et l'homme, l'égalité, la parité, c'est-à-dire le désordre. A Adam, il suggéra : « Tu seras pair du Créateur. » L'auteur de cette pièce admirable, fort libre à l'égard du texte de l'Écriture, imagina en effet qu'Adam fut tenté le premier. Par deux fois. Mais il tint bon, par la force de sa raison. Satan décida donc d'agir sur la sensualité. Il se tourna vers le féminin. Devant la pomme qu'il lui tend, Eve parle de sa saveur, de son éclat, du plaisir, celui que procurent les sens. Eve représente la part de faiblesse de la nature humaine, irrationnelle, sensitive. Elle succombe, et si Adam, lui, se perd, cède, c'est pour, à un certain moment, consentir à regarder sa femme comme son égale : « Je te croirai car tu es ma paire. » Tel est son péché : abdiquant, il déchut de sa position prééminente.

Il fut ensuite plein de rancœur. Devant le regard de Dieu, il se dérobe, aveuli : « J'ai succombé aux mauvais conseils de la mauvaise épouse, elle m'a trahi. » Chassé du Paradis, il continue de s'en prendre à Eve. Mais celle-ci, dans le grand monologue sur quoi se clôt cette partie du spectacle, montre l'exemple de l'humilité qui rachète, celle de Marie, nouvelle Eve. Elle s'en remet à Dieu, au suzerain. C'est à lui de juger, non point à son mari : il a failli à ses devoirs seigneuriaux, l'insultant, lui refusant son aide. Elle est dès lors déliée envers lui de sa foi; elle reporte celle-ci au seigneur supérieur. Eve assume également sa culpabilité, contrite – cette leçon de contrition prend toute son importance en un temps où la pastorale tend à s'organiser autour du sacrement de pénitence, appelant au repentir, à la soumission, à l'accueil de la grâce que distribuent les prêtres. Eve montre enfin l'exemple de l'espérance : un jour, celui qui doit emporter le péché du monde viendra. Telle est la signification de l'œuvre tout entière. Adam et Eve figurent ici, comme ils figureront bientôt au porche des cathédrales, en tête d'une longue théorie de personnages prophétiques annonçant la venue du Messie. Morale et théologie sont inséparables.

Le mariage apparaît en position maîtresse, au cœur même d'une formation idéologique, d'une image de la société parfaite. Avec la théorie des trois ordres fonctionnels, il constitue la clé de voûte de l'édifice social. L'univers est hiérarchisé. L'ordre s'y propage d'un degré à l'autre, tout supérieur attendant de son subordonné obéissance révérencieuse, lui devant en retour réconfort. Cette relation d'inégalité nécessaire s'exprime par le symbolisme de la *desponsatio,* dont le parallélisme est éclatant avec le symbolisme de l'hommage : même échange de foi dans la parité, même agenouillement devant celui qu'il faut servir et, dans le geste du mari remettant l'anneau, dans le geste du seigneur remettant le fétu d'investiture, le même signe de condescendance généreuse. Les deux rites constituent l'un et l'autre un rempart contre le désordre, l'assise de la paix publique. Ils furent l'un et l'autre institués au Paradis, dans la perfection : *ratio* dominant *sensus.* Il convient de rappeler sans cesse cette origine puisque ici-bas, depuis la faute, on voit la sensualité toujours prête à prendre le dessus; la rébellion est permanente : celle des sujets et celle des femmes.

Le *Jeu* fut semble-t-il mis en scène en un moment où se percevaient dans les profondeurs du peuple soumis des frémissements de turbulence, où l'hérésie fusait de toutes parts, virulente. Diabolique, elle invitait à traiter les femmes en égales. Saint Bernard avait repris contre ce péril toutes les accusations de débauche que colportait Guibert de Nogent. On commençait de condamner les monastères doubles d'hommes et de femmes où la supériorité du masculin était mise en cause, à proposer des formes nouvelles de vie spirituelle propres à détourner des sectes déviantes ces foules de femmes nubiles, privées de maris, à les reléguer dans les béguinages et, par de plus rudes formes d'exclusion, à les mettre hors d'état de nuire, comme les lépreux. Et je me demande si la forte vague de réaction contre les tendances à l'émancipation féminine ne fut pas elle aussi quelque peu responsable du renversement d'attitude dont on voit au dernier tiers du XIIᵉ siècle les premiers signes dans les lignages aristocratiques, incitant à laisser davantage de garçons prendre femme : mieux valait placer les filles sous le contrôle d'un époux. La bonne société se tenait sur ses gardes. Il lui plaisait d'entendre reporter conjointement à la création de l'espèce humaine l'institution féodo-seigneuriale et celle du rapport de conjugalité : sur ces deux bases se fondait une répartition rassurante des pouvoirs. Étienne de Fougères, évêque, parlait, dans son dialecte, en un autre sermon, des femmes – des dames nobles, bien entendu, les autres ne comptant pas –, exhortant à les tenir très serré. Livrées à elles-mêmes, leur perversité se débonde; elles vont chercher leur plaisir auprès des gens de service, ou bien elles le prennent entre elles. Anti-féministes, anti-hérétiques, plus largement anti-égalitaires, de tels discours étaient aussi anti-courtois. Portant condamnation de ces divertissements mondains, où l'on voyait des hommes feindre de s'incliner devant des femmes, simulant l'amour partagé, et jouer à les servir – scandale – comme on doit servir un seigneur. Dans ses paroles terminales, le *Jeu d'Adam* invitait à se détourner des poètes.

Des clercs, cependant, commençaient de faire à l'idéologie profane concession beaucoup plus ample. Tel André le Chapelain qui, dans la chancellerie du jeune roi Philippe, rédigeait entre 1186 et 1190 un traité *De l'amour* [3]. *Amor* – il s'agit bien de cela, nullement de cet échange de révérence et de dilection qui convient entre bons époux. Il ne s'agit pas par conséquent du mariage, mais de ce jeu que, moins complaisants, d'autres gens d'Église condamnaient. *De l'amour*, le livre, il faut le dire, s'achève sur la réprobation : il est mieux de ne pas aimer. Écrit, dans la version qui fut confiée à l'écriture, en latin et dans le ton de la scolastique, l'ouvrage est d'éducation. Dédié à un laïc qui n'est pas encore marié, il entend enseigner comment ramener à l'ordre, à l' « honnêteté », les comportements amoureux. Je ne crois pas sa conclusion factice. Le parcours éducatif, de degré en degré, mène en effet au spirituel, à se détacher du charnel, donc de la femme. Il serait pourtant dangereux de faire une part trop restreinte à l'ironie dans cet écrit parisien dont l'essentiel traite, en dialogue, des bonnes manières, de la façon élégante de pratiquer l'amour de cour, ce jeu dont la vogue à ce moment dans la maison du roi triomphait des traditions d'austérité.

André, pour justifier ce divertissement, le distingue de l'amour vilain, populaire, de l'amour brutal. L'amour dont il parle a ses lois. Loin de troubler l'ordre social, l'ordre moral, il contribue à l'affermir, dans la mesure même où il se tient à l'écart du mariage, un domaine contigu mais strictement séparé. « L'amour ne peut développer ses formes entre deux conjoints, car les amants se font mutuellement largesse de tout, gratuitement, sans raison de nécessité, alors que les conjoints sont par devoir tenus d'obéir à leur volonté mutuelle et à ne se refuser en rien. » Notons, entre parenthèses, que cet amour n'est pas platonique. Mais – libéralité, largesse – il se déploie dans la gratuité, dans les marges ludiques, hors du sérieux de la vie. Cet écrit, pour cela même, contourne l'objet de mon étude, le mariage. Mais le contournant, il le cerne et révèle, en négatif, ce qu'il doit être selon la morale courtoise. André montre ainsi, devisant, un homme, une femme [4]. L'un est très noble, l'autre l'est aussi mais à un moindre degré. En position de supériorité sociale, le mâle enseigne. A sa partenaire qui demande : l'amour conjugal, puisqu'il est sans tache, n'est-il pas meilleur que l'amour courtois, il répond par la négative. En effet, si l'amour, l'amour dru, vif, qui vient du corps – non pas la charité – croît à l'intérieur du mariage, il pousse à l'excès de plaisir, et c'est péché. « Mieux : lorsqu'on souille une chose sacrée en en abusant, on est plus sévèrement puni que lorsque l'on commet les excès habituels. Et c'est plus grave chez une femme mariée que chez une autre. En effet, comme l'enseigne la loi de l'Église, celui qui aime sa femme avec trop d'ardeur est considéré coupable d'adultère. » Telle est bien en effet la doctrine énoncée par saint Jérôme et, tout récemment, par Pierre Lombard : « L'œuvre d'enfantement est permise dans le mariage, mais les voluptés à la manière des putains sont condamnées [5] » et par Alain de Lille : « L'*amator* [l'amateur, l'amant] véhément de son épouse est adultère [6]. » Laissons au sourire, bien sûr, la place qui lui revient. Reste la conviction profonde que le mariage n'est pas un jeu : c'est à l'extérieur que l'on joue. Le mariage est ordre et par conséquent contrainte. Hors de cet ordre, dans la partie forestière de la vie, se situe, comme la prostitution, le jeu amoureux. La fonction bénéfique de l'amour courtois et de la prostitution est justement de tirer l'excès de chaleur, de ferveur hors de la cellule conjugale afin de la maintenir dans l'état de retenue qui lui sied. Ici, c'est bien le clerc, le chapelain qui parle. Sûr d'être entendu par tous les mâles célibataires, jaloux de ceux qui ne le sont pas, mais aussi par les *seniores,* chefs de lignage, pour qui la conjugalité ne doit pas se dévergonder : on ne traite pas

son épouse, *uxor,* comme on traite son amie, *amica.*
D'autant que ce champ de liberté, de quête aventureuse,
s'ouvre aux hommes seulement. Le sixième dialogue du
livre II établit formellement la distinction entre deux
morales : la masculine et la féminine [7]. Aux hommes, et
même aux hommes mariés, la divagation est permise,
s'ils ne dépassent pas les bornes, si dans la chasse au
plaisir ils ne vont pas jusqu'à défaire les mariages nobles :
« Cela est toléré chez les hommes puisque cela est dans
leurs habitudes et puisque c'est un privilège de leur sexe
d'accomplir tout ce qui, en ce monde, est déshonnête par
nature. » En revanche, il revient aux femmes d'être
pudiques, réservées : s'abandonnent-elles à plusieurs
amants, elles transgressent la règle : elles sont exclues de
la compagnie des dames honnêtes. En quoi, dans ses
profondeurs, l'enseignement du traité *De l'amour* diffè-
re-t-il de celui du *Jeu d'Adam,* de celui d'Étienne de
Fougères ? Ici et là, l'homme domine, il mène le jeu.
Cette éthique est la sienne, édifiée sur un sentiment
primordial : la peur des femmes, et sur la volonté bien
arrêtée de traiter les femmes en objets.

André écrivait en réalité pour le prince. Il monnayait
son savoir, son habileté d'écriture, et servait son patron
en tournant des phrases pour l'enseignement et le
divertissement de la cour. Le prince, à la fin du XIIe
siècle, entend domestiquer la chevalerie. Il lui faut
l'attirer, la retenir près de lui. Sa cour doit être plaisante,
répandre non seulement, comme naguère, les joies du
corps, mais celles de l'esprit. La largesse du patron, cette
vertu nécessaire, se manifeste aussi en de tels agréments.
Mais la cour doit être également éducatrice. Elle remplit
sa fonction politique, contribue sous l'œil du maître au
maintien de l'ordre public, en formant les commensaux
aux bons usages, en leur enseignant à vivre selon
l'*honestas,* en renforçant les assises d'un système de
valeurs. Cette petite société close est remplie d'adoles-

cents qui s'apprêtent à devenir chevaliers. L'enseignement s'adresse en premier lieu à cette part turbulente de
la compagnie courtoise, la « jeunesse ». Ces jeunes, ces
« bacheliers » apprennent, en suivant les anciens, la
manière de traquer le gibier, de combattre. Mais dans
l'intervalle de ces exercices physiques, ils apprennent à
se bien conduire en écoutant des récits, des anecdotes
exemplaires, illustrations du rêve que la bonne société
poursuit d'elle-même. Situant ce rêve sur deux plans, ou
bien tout à fait hors du réel, dans la fiction, l'imaginaire.
Ou bien sur une trame de faits vécus, dans la mémoire
vraie, dans l'histoire.

Ces récits montrent, en autre chose, comment se
comporter convenablement avec les femmes. Ceux de
pure invention inclinent du côté du jeu et font au
mariage la place moins large, et surtout très extérieure.
Cette place varie selon les genres. Les chants épiques,
célébrant la vaillance militaire et la loyauté vassalique,
cantonnent sur les marges les figures féminines. Épouses
des héros, ces femmes tiennent de fort petits rôles, du
bon ou du mauvais côté de l'intrigue. Certaines, excel-
lentes « adjutoires », nourricières, pourvoyeuses, des
compagnes comme on en souhaiterait. D'autres, ou bien
sorcières, ou bien impudiques, chargées de cette mauvaiseté qui fait le péril du mariage. Tout cela, en
arrière-fond, à peine esquissé, fugace. Il est parlé
davantage des conjointes dans les petits contes à rire. De
quoi rit-on ? Du mari trompé. Mais si l'on rit de soi, l'on
rit jaune. Donc les ridicules, dans ces fabliaux, appartiennent rarement au beau monde. Ce sont bourgeois,
ministériaux, paysans ou bien animaux de la fable [8]. La
cour cependant sert de cadre à quelques-unes de ces
nouvelles. Elle l'est de tous les romans. Et l'on y voit peu
de maris échappant à l'infortune. Les dispositions de la
scène révèlent que les aîtres de la demeure aristocratique
se prêtent à l'adultère de la dame. Elle rencontre

aisément son amant dans le verger ou dans la chambre. Aucune clôture ne retient, dans le lai d'*Ignauré,* par exemple, tel seigneur de prendre son plaisir tour à tour avec les femmes de ses douze pairs. L'obstacle vient justement de là, qu'il n'est point de retrait sûr. L'épouse est de toute part épiée, entourée d'envieux aux aguets, les rivaux de l'heureux élu, les dames qu'il a dédaignées, le mari lui-même qui, vieillissant, devient jaloux. Parfois, surprise en flagrant délit, on s'empare d'elle et de son complice. On les attache tels qu'ils sont et l'on ameute les témoins. « Levant le cri par la cité. » Ce que fait le roi Marc lorsqu'il découvre la faute d'Yseut. La honte en effet doit être publique, constatée, pour être légitimement vengée. Le droit de l'époux est de tuer. Tristan a beau réclamer l'épreuve, s'offrir à combattre en champ clos trois barons, Marc s'apprête, comme jadis, Fouque Nerra, à brûler l'épouse en même temps que l'amant démasqué. C'est le dénouement naturel. Aussi les romanciers, afin de prolonger le récit, brodent-ils plus volontiers sur le soupçon d'adultère. Ils décrivent alors la réalité des procédures : Yseut propose d'abord de se soumettre à l'ordalie; on l'en dispense, comme le réclament les évêques; elle prête alors le serment purgatoire et, l'on sait par quel artifice, se tire de ce mauvais pas. L'intérêt de ces témoignages est d'attester que de telles infractions à la loi du mariage ne relevaient pas de la justice d'Église. Ce sont des causes profanes. J'ajoute : privées, purement domestiques. Il appartient aux gens de la maison d'observer l'effet du fer rouge, d'entendre l'épouse se disculper, en prenant Dieu à témoin et en touchant les Évangiles ou les reliques. Le mari certes ne décide pas seul. Il lui faut prendre conseil. Mais ce conseil n'est pas requis hors de la maisonnée, hors de la parenté, et les clercs ne s'en mêlent pas. Je parle du mari. Ses propres incartades ne donnent évidemment pas lieu à procédures et ne sont point thèmes de roman. Car ce qui est en cause, c'est l'honneur. L'honneur est une affaire d'homme. Il dépend de la conduite des femmes. Celles-ci ne sont pas toujours consentantes : on viole beaucoup dans les maisons nobles. S'il est vrai que Geoffroi Plantagenêt prit Aliénor, la toute jeune femme de son seigneur, ne la prit-il pas de force ? Mais voyez le *Roman de Renard*, le cas de Lionne, la reine : Renard s'est glissé dans son lit, a joui d'elle contre son gré ; elle est pourtant jugée coupable : violée ou non, elle a pris plaisir hors mariage. Et les rieurs sont du côté du ravisseur. Il incarne les puissances de la virilité ravageuse. Car il ne faudrait pas se méprendre : ce que les écrits de ce temps nomment « amour », en latin ou dans les dialectes, est tout simplement le désir, le désir d'un homme, et ses prouesses sexuelles. Même dans les romans que l'on dit courtois.

Ce genre d'amour en constitue le thème. Violent, subit : d'un coup de flamme, il s'irradie, irrésistible. Échauffant le sang, portant le mâle à gagner par tous les moyens ce que Marie de France appelle le « surplus [9] ». Ce désir bute contre des barrières qu'il faut, l'une après l'autre, abattre. Amours toujours contrariées. L'amant va d'épreuve en épreuve. Ce parcours est pédagogique. Le chevalier doit, pour parvenir à la plénitude virile, le poursuivre aussi longtemps que dure sa « jeunesse », tant qu'il ne s'est pas lui-même rangé parmi les chefs de famille. D'ordinaire, l'objet de sa convoitise, en même temps que son initiatrice, est une femme mariée, l'épouse de son seigneur, lequel est souvent son oncle. L'amour naît en effet au cœur même de cette promiscuité domestique, dont Bourchard de Worms et Yves de Chartres s'inquiétaient, propice aux adultères, aux incestes. Le héros célibataire a quitté la maison de son père. Les jeunes normalement entrent en apprentissage dans une autre maison, et c'est souvent celle du frère de leur mère. Cette pratique découle de la coutumière inégalité de rang dans les couples aristocratiques. Le lignage maternel, de plus haut parage, en les reprenant en son sein dès qu'ils ont l'âge de raison, resserre son emprise sur les garçons, porteurs du sang des ancêtres, nés dans un autre lignage. Dans chaque demeure noble le patron nourrit ainsi, des années durant, les fils de ses sœurs qui ne sont pas voués au service de Dieu. Il les éduque, les arme, les marie, véritablement père – et le mythe, dans le cas de Charlemagne et de Roland, fait dériver cette paternité affective jusqu'à la paternité de sang, incestueuse... Ses neveux le servent comme des fils, mais ils désirent son épouse. Comme, en d'autres instances, la Vierge Marie, celle-ci tient dans leur cœur la place de la mère dont l'exil de la maison natale les a très tôt séparés. Tel est le reflet dans l'intrigue courtoise des rapports réels de convivialité : si l'amour n'est jamais décrit naissant entre l'oncle et la femme de son neveu, c'est que le neveu dès qu'il se marie s'installe dans un autre logis.

L'amour donc est en germe dans l'amitié dont la parenté est le lieu naturel : je t'ai aimé, dit Yseut à Tristan, « parce que tu étais son neveu, et que tu faisais plus pour sa gloire que tous les autres ». Par la révérence même qu'elle doit porter à son mari, la femme de l'oncle a le devoir de chérir son neveu. Son rôle dans la maison est de coopérer à son éducation. Elle le domine par cette fonction pédagogique. Elle est de surcroît plus âgée, pas beaucoup, mais toujours. Ce qui la place en situation de « seigneur », au sens étymologique de ce mot, lui en situation de « vassal », de petit gars. On peut expliquer par là que les gestes, les postures, les paroles des rituels de la vassalité se soient aisément incorporés au rituel de l'amour de cour. Inversant la hiérarchie des sexes : Eve surplombe Adam, elle porte la responsabilité de sa chute. Le roman est l'histoire de sa faute. Consommé, l'adultère reste pourtant stérile. De la bâtardise en effet il importe de parler sérieusement. On la redoute trop. Il n'est pas décent de s'en divertir.

La dame ainsi se prête, prise elle-même de désir. Elle s'offre. Comme à la femme du Putiphar, il lui arrive de ne retenir dans sa main que le pan d'un manteau. Elle devient alors jalouse. Perfide, elle ment : le héros l'a poursuivie, violentée. En effet, le jeune homme parfois résiste. Retenu par la loyauté, refusant de trahir son

seigneur, ou bien par l'espoir d'un amour qui serait
partagé, licite et qui lui vaudrait une épouse. Il fuit la
colère de l'oncle. Il part à l'aventure.

Dans les récits des parcours aventureux transparaît
encore le réel. Au XIIe siècle, la plupart des garçons sont
contraints de chercher fortune. Ils errent, de tournoi en
tournoi, démontrant leur vaillance, risquant leur vie dans
l'espoir de gagner le renom et, s'ils surpassent leurs
rivaux, une femme. Transposé dans le rêve, cet itinéraire
périlleux traverse en vérité deux mondes. L'un ressemble à ce monde-ci. On voit les chevaliers errants hébergés
pour la nuit par d'honnêtes hobereaux dont la maison est
remplie de « pucelles ». Très dociles. Excellant à « tas-
tonner », à masser, parfois jusqu'à l'aube, le guerrier
recru [10]. Si le héros est ragoûtant l'amour les point,
elles sont femmes. Elles usent alors de leur corps
librement :

> « Tant ont baisé et accolé
> que Gauvain la fleur lui cueillit
> et perdit le nom de pucelle
> mais lui gréa, et mot n'en dit [11]. »

Ces complaisantes n'ont cure des liens de parenté.
Arol découvrit un matin que la main qui s'était portée
jusqu'« à la maiselle » appartenait à sa cousine : il
remercia le ciel de s'être contenu. Hormis ce cas, de tels
jeux sont d'autant moins coupables que ces filles qui
n'ont pas d'époux ne songent pas au mariage. Elles
bravent en tout cas le péril qu'évoque Marie de France
dans *Milon* : la colère du nouveau marié découvrant le
soir de ses noces que la pucelle ne l'est plus. Exagération
romanesque ? Faut-il croire que, dans le quotidien, les
prudhommes veillaient plus jalousement sur la virginité
de leurs filles ?

Mais parfois l'errance, franchissant d'invisibles fron-
tières, s'enfonce en un univers de merveilles où l'on
rencontre, près des fontaines claires, s'allant baigner,
nues, de belles filles, fines, blanches. Inconnues, sans

nom. Pour cela dangereuses. Ce sont peut-être des parentes – nouvel indice : les clercs romanciers saisissent toute occasion de réveiller dans leur auditoire la crainte de l'inceste. Ou bien des fées. Le désir masculin, brutal, n'épargne pas ces femmes étranges : elles sont le plus souvent violées. Mais elles s'attachent ensuite au ravisseur, secourables, généreuses, lui donnant la richesse et des enfants. Retranchées, cependant, inaccessibles. Mystérieuses. Plaçant autour de l'amant toute une enceinte d'interdits. Les enfreint-il, il est conduit vers le malheur. Je tiens ces êtres fabuleux pour d'autres substituts de la mère lointaine. Ce qu'était Notre-Dame pour Guibert de Nogent, les fées le furent pour tant de chevaliers frustrés, puînés, abandonnés dès leur naissance aux nourrices, pour la plupart très jeunes orphelins de leur mère. Lorsqu'ils imaginaient de s'emparer, par violence et danger, de ces charmeuses, flexibles et dominatrices, ils croyaient, victorieux de leur anxiété, revenir au sein chaleureux des premiers jours.

La littérature d'invention, comme l'art d'aimer d'André Le Chapelain, semble contourner le mariage. Sans le dire, elle tend irrésistiblement vers lui. Car dans l'âme des « jeunes » qui s'en repaissaient, des pulsions se contrariaient. Ils rêvaient de saper l'institution matrimoniale dont ils étaient exclus, mais ils espéraient en même temps venir à bout de cette exclusion. Leur espoir était de se marier, en dépit de tous les obstacles. Aux termes de toute aventure, brille donc un mirage : la femme parfaite que l'on saisit, que l'on imprègne, dont on engendre de beaux fils. Les valeurs du mariage sont là, dans les assises plus profondes de l'intrigue romanesque. Le *Conte du manteau* parle d'un objet magique, révélant, d'un bout à l'autre d'une réunion courtoise, l'infidélité de chaque épouse ; un mari pourtant n'est pas trahi ; solitaire, il incarne l'espérance, le but de la quête incertaine. Dans les lais attribués à Marie de France, l'amour idéal est celui dont le mariage est l'aboutissement. Marie de France écrivait dans le dernier tiers du XIIe siècle. Passé les années soixante, dans les cercles mondains de la France du Nord, dans les cours qui donnent le ton, lançant les modes nouvelles de se vêtir, de parler, de parader, se devine un souci d'établir en moindre divergence les fantaisies de la poursuite amoureuse et l'engagement matrimonial. Chrétien de Troyes entendait répondre au goût de son public, le plus raffiné de ce temps. En examinant de plus près le soin qu'il prit d'entrelacer amour et conjugalité dans les intrigues qu'il construisit entre 1170 et 1180, ne parviendrait-on pas à mieux saisir l'affermissement d'une telle préoccupation ? Par-delà le brusque virage qui, dans le *Conte du Graal*, vint sublimer, sous les apparences d'un vœu de chasteté, les renoncements à quoi la « jeunesse » était contrainte durant les longues épreuves de l'éducation chevaleresque, le fort de la production littéraire n'enseigne-t-il pas, avec toujours plus d'insistance, que l'amour, l'amour de corps et de cœur, s'accomplit dans le mariage et dans cette procréation légitime refusée aux femmes infidèles, aux Guenièvres trop brûlées de passion pour que leur sperme demeure fécond ? La loyauté, la maîtrise de soi durement acquise, valeurs viriles, garantissant, par la ferme union du couple sous l'autorité maritale, l'enracinement du lignage et la perpétuation dynastique. Le jeune héros du premier *Roman de la Rose* s'aventure dans le jardin. La fleur qui le tente est en bouton, à peine éclose – une pucelle, non pas une dame. Et c'est pour le bon motif que le bachelier s'apprête à la cueillir : pour faire de l'élue sa femme.

A l'orée du XIIIe siècle, dans une société qui perd peu à peu de ses raideurs, où les contraintes qui limitaient la nuptialité masculine vont se relâchant, parmi ces expressions d'un rêve que sont romans et poèmes une nette distinction subsiste entre les jeux érotiques qu'André Le Chapelain contient hors du cadre conjugal et la conjonction caritative qui devrait unir les époux. Mais ces deux attitudes masculines à l'égard de l'autre sexe paraissent maintenant convenir chacune aux deux étapes qui normalement se succèdent dans la vie d'un homme bien né. Une période de prédation lui est permise, temps de la prouesse et de la poursuite, d'amours que Georges Dumézil dirait de deuxième fonction. Mais un moment vient où il lui sied de renoncer aux démarches aventureuses et de s'installer, mûri, dans la tranquillité, la sagesse. D'un âge à l'autre, le passage s'opère rituellement, et le mariage prend place parmi ces rites. A propos de ceux-ci cependant, un autre trait se discerne, commun à toutes ces œuvres de fiction dont la fonction est d'instruire en distrayant : elles ne font pas état des formes que requiert l'Église. Point de prêtres dans ces récits, sinon dans les postures libidineuses et grotesques que leur prêtent les contes à rire. Des ermites, des marginaux, dont on ne sait même pas s'ils sont clercs, portent seuls le message chrétien aux amants et aux époux. Cette indifférence n'atteste-t-elle pas que les conflits en vérité se sont apaisés ? La bénédiction nuptiale est désormais formalité communément admise. Elle appartient à ce quotidien dont les romans n'ont rien à dire. Conformisme, concessions réciproques : les heurts se sont amortis entre les deux morales. Dans la littérature de courtoisie paraît bien se refléter, à la fin du règne de Philippe Auguste, cette sorte de paix où les formes du mariage européen, après de rudes secousses, se sont pour des siècles stabilisées.

Que vaut cependant la littérature d'évasion ? Elle déforme. Où, jusqu'à quel point ? Le moment vient de placer en regard d'autres récits qui relatent des histoires vraies. L'imaginaire y joue son rôle mais, par force, il ne s'écarte pas autant du réel.

Les sires d'Amboise

Le fils aîné du comte de Guines attend que son père meure. Il s'est récemment marié. Pour l'époque, il n'est plus très jeune. C'est un homme de plein air, rompu aux exercices du corps. Il chasse, il court les tournois en compagnie de camarades. Lorsqu'il pleut, fort et longtemps, il ne sait que faire, il s'ennuie et avec lui toute la bande de jeunes gens qui l'escortent. Pour tuer le temps, enfermé à l'abri, il se fait raconter des histoires. L'un des garçons connaît les hauts faits de Charlemagne, un autre les aventures de la Terre sainte, un cousin du patron, un homme de son sang, connaît, lui, les exploits des ancêtres. Il tient ces prouesses en dépôt dans sa mémoire, c'est à lui que l'on demande de remonter de degré en degré la généalogie s'il convient un beau jour de dissoudre un mariage, mais d'ordinaire il déploie le souvenir pour le plaisir de la maisonnée. Il parle aussi pour enseigner. En effet, autant que Roland, que Godefroi de Bouillon, que Gauvain, les aïeux sont des modèles de bonne et belle conduite et la relation de leurs gestes touche au vif les hommes qui hantent les lieux où ils ont vécu, eux-mêmes persuadés, descendants de ces lointains défunts ou commensaux des hommes qui en descendent, que, lorsqu'ils cavalcadent, palabrent, font oraison ou bien l'amour, leur premier devoir est de suivre l'exemple de ces preux qui, avant eux, se sont comme

eux rassemblés ici pour la joie et pour la gloire. Plus que
toute autre, l'histoire familiale entretient dans l'entourage du seigneur le souci de ne pas dégénérer, d'éviter
que ne s'évaporent les vertus dont est porteur le sang de
ces hommes, jeunes et vieux, en qui l'antique vaillance
doit d'âge en âge s'incarner.

Dans la seconde moitié du XIIᵉ siècle, lorsque la
culture chevaleresque cessa d'être tout entière orale et
gestuelle, la mémoire ancestrale fut confiée à l'écriture
comme les chansons et les contes. La tâche de la fixer
revint à un technicien, un homme d'Église, appartenant
à la parenté, en tout cas attaché à la maison, soit l'un de
ces clercs domestiques astreints aux services de liturgie,
soit un chanoine de la collégiale qui dans la France du
Nord flanquait tout château de quelque importance. On
attendait de ce lettré qu'il soignât la forme, que le
souvenir fût par ses soins magnifié, qu'il prît aspect
monumental. Cette exigence de solennité explique que
les écrits de ce genre dont nous conservons le texte aient
été tous, jusqu'au seuil du XIIIᵉ siècle, rédigés en latin,
dans le langage des cérémonies funéraires et des livres
savants. En un latin pompeux, paré de toutes les
enjolivures de la rhétorique. Au cours de la transcription,
la mémoire ne devenait pas seulement moins flottante,
elle ne se couvrait pas seulement d'ornements, elle était
élargie, approfondie. L'écrivain prenait appui sur ces
schémas généalogiques que l'on construisait pour obtenir des tribunaux ecclésiastiques qu'ils prononcent la
dissolution d'un mariage pour cause de consanguinité.
Un tel cadre initial impose à ces récits de descendre les
échelons d'une filiation. A chaque génération, l'articulation majeure est donc, notons-le, un pacte conjugal,
légitime et prolifique : X engendra Y de Z, son épouse.
Le rédacteur cependant avait le moyen de dépasser le
seuil du souvenir personnel qu'avivaient les procédures
de divorce, de compléter ce qu'il avait vu lui-même,
entendu, recueilli d'informateurs plus âgés par ce qu'il
pouvait lire sur le parchemin des livres et des chartes.
Capable d'un travail analogue à celui que je suis en train

de mener, de fouiller des archives, de repérer des traces
effacées, il s'évertua pour plaire à ses cousins, à ses
maîtres, à remonter jusqu'aux origines de la lignée,
jusqu'à l'ancêtre fondateur, merveilleux. Pour remplir
son rôle, il remodela surtout la mémoire, et d'autant plus
librement que cette mémoire était brumeuse. Aux plus
lointains des aïeux qui ne survivaient que par un
sépulcre, une épitaphe, un nom mentionné dans un
cartulaire, il avait tout loisir d'attribuer les comportements que l'on tenait autour de lui pour exemplaires, de
projeter sur ces ombres tous les attributs fantasmatiques
exaltés par l'idéologie lignagère. Celle-ci marque, aussi
profondément, ce que la geste rapportait de personnali-
tés dont le souvenir était moins incertain, car le patron
qui avait commandé de l'écrire souhaitait qu'il fût parlé
sur un certain ton de son père, de son grand-père ; il
attendait d'être campé lui-même dans des postures
flatteuses, conformes à ce code dont je m'efforce de
découvrir ce qu'il proposait de faire et ce qu'il réprou-
vait. La littérature généalogique constitue donc la plus
généreuse des sources où je puise mon information. Pour
ce qu'elle apprend du présent, non du passé. Elle révèle
ce qu'était, au moment où ces écrits furent composés, la
conscience de soi des grandes familles. Ces textes sont
rarissimes. Et pourtant, j'en suis persuadé, ce genre
littéraire florissait dans le nord-ouest de la France à la
fin du XIIᵉ siècle, tandis que s'épanouissait une culture
laïque. Les très grands princes n'étaient pas seuls à en
favoriser l'efflorescence. Des seigneurs de moindre volée
les imitaient. Le renforcement des grandes formations
politiques menaçait l'autonomie de leur puissance ; pour
résister à ces pressions, ils jugeaient bon de rappeler que
leur lignée était, elle aussi, ancienne et glorieuse : la
généalogie était une arme défensive. On ne sait pas quel
usage était fait de ces récits, où, quand et devant qui, par
qui ils étaient lus. Certains indices suggèrent qu'ils
furent peut-être mis, remis en forme à l'occasion
justement d'un mariage. Lorsqu'une cellule conjugale se
constituait, prenait le relais, ne convenait-il pas d'y

implanter le souvenir vivifié des gloires familiales pour l'enseignement du nouveau seigneur et de sa descendance espérée ? Il est sûr que ces ouvrages étaient de destination interne, privée, et c'est pourquoi la plupart se sont perdus. Quelques-uns furent sauvés par hasard, parce que de lointains rejetons de ces lignages, encore capables de mécénat, firent copier les manuscrits deux ou trois cents ans plus tard, au XIVe, au XVe siècle, en un temps où, dans les maisons nobles, commençaient de se constituer des bibliothèques bien tenues.

La plus ancienne de ces épaves date de 1155 : elle vient de la Touraine, pays de la belle réthorique. Ce texte superbe célèbre les vertus des seigneurs d'Amboise [1]. Le panégyrique, toutefois – il dut peut-être à cela de mieux survivre – concerne aussi d'autres personnes : l'auteur, un chanoine de la collégiale d'Amboise, n'écrivait pas seulement pour les descendants de ces héros; il s'adressait au chef d'un autre lignage, à Henri Plantagenêt, comte d'Anjou, tout juste couronné roi d'Angleterre. Cette prose est en effet de tonalité très particulière. C'est une déploration, une plainte. Le malheur vient de frapper la famille. Elle est décapitée. Celui qui la dirigeait, bon vassal des comtes d'Anjou, les servait dans la guerre, cette guerre que le roi de France, aidé du comte de Blois, avait engagée contre le nouveau mari d'Aliénor. Il est tombé dans une embuscade, il vient de mourir, captif. Ses fils sont des enfants. Ses châteaux ont été pris ou vont l'être. Du fond de la détresse, un appel est lancé au seigneur du fief. Savamment poli, l'écrit est un plaidoyer, un acte d'allégeance. Sa fonction de première urgence n'est pas d'enseigner les successeurs du vaincu. Elle est de capter la bienveillance de leur patron, dernier recours.

Dans cette intention, le très habile écrivain, citant abondamment Cicéron, poursuit de page en page l'éloge de l'amitié vassalique. Il a choisi d'abord de décrire

Amboise, ses antiquités : c'est la tenure féodale, la racine
de cette longue amitié ; la concession de la considérable
fortune astreint depuis des générations à des devoirs
réciproques deux lignées, celle des vassaux, celle des
seigneurs. Est mise ensuite en parallèle l'histoire des
deux lignages, mais en respectant la hiérarchie. La geste
des comtes d'Anjou précède. Leur vaillance militaire est
principalement vantée, cette vigueur virile dont on
espère que le descendant administrera bientôt la preuve
lorsqu'il viendra à la rescousse. Les acteurs de ce premier
récit sont, par conséquent, des hommes. Rien n'est dit de
leurs filles, rien ou presque de leur épouse. Tous sont
preux, à l'exception d'un seul, Fouque Réchin : il s'était
montré naguère l'ennemi acharné de la maison d'Amboise. Pour cela, il est noirci. Il promettait, dans sa
jeunesse. Vieillissant, le désir des femmes l'a saisi, l'a
conduit à l'inertie, à l'empâtement, à cet avachissement
dans les plaisirs du lit que l'on entend si souvent
reprocher, dans les documents de cette époque, aux
seigneurs qui tardent à mourir. Libidineux, sa faute fut
d'avoir trop désiré Bertrade, garce ambitieuse qui finalement provoqua le roi Philippe à l'enlever. Ce texte
partial est la source principale des accusations de rapt et
de lubricité dont le Capétien fut l'objet jusqu'à nos jours
de la part des historiens. A la suite des exploits des comtes
sont décrits ceux de leurs vassaux. Leur lignage présente
une structure semblable, mais sa fondation plus tardive
date de la fin du Xe siècle, et ces mâles exhibent des vertus
différentes. Moins fougueux, mais très prudents, loyaux,
de bon conseil. Un seul encore tranche sur tous les
autres, c'est le dernier, Sulpice II, victime de sa démesure
et de sa cupidité : il fut lourdement puni. Non qu'il eût
trop aimé les femmes, mais un moment, il oublia les
obligations à quoi l'astreignait son hommage. Car l'honneur des seigneurs d'Amboise était de n'avoir jamais
rompu la foi vassalique. Cette constance dans l'amitié
leur conférait dans l'adversité le droit de réclamer l'aide
et le conseil du seigneur.

Cette amitié naît de l'hommage lequel, comme son nom l'indique, unit des hommes. C'est donc une vertu masculine, et les guerriers occupent le devant de la scène. La geste des sires d'Amboise en désigne par leur nom soixante-dix. Mais elle nomme aussi vingt-cinq femmes. Quelques-unes sont plus que de simples figurantes, et ce sont justement des épouses. L'exceptionnel intérêt de ce texte est de placer au premier plan des personnages féminins qui n'appartiennent pas à la fable, de les situer dans la fonction qu'ils remplissent, et de révéler l'image que les hommes alors s'en faisaient. Image idéale, bien sûr. L'œuvre est panégyrique. Les aïeules, les dames, ces filles qui furent conduites, vierges, dans la couche du chef de la maison n'ont jamais été trompeuses, adultères, ni jamais été répudiées. Elles ont aidé leur mari à hausser l'honneur de la famille. Toutes, sauf une, la dernière, Agnès, l'épouse du seigneur malheureux[2]. Elle vit encore, mère de jeunes garçons qui sont l'espoir de la lignée; mais elle est veuve; peut-être a-t-elle quitté la demeure; certains songent en tout cas à la dépouiller de son douaire, à l'expulser. Elle est de très bon sang, issue des Donzy-Saint-Aignan apparentés à la maison royale. Mais n'est-ce pas là ce qui la place du mauvais côté? En 1155, le Capétien et ses amis sont les pires adversaires du comte d'Anjou et de ses vassaux. Elle seule est l'objet de critiques : étourdie, pusillanime, plus que cela, suspecte de trahison; dans le moment du grand danger, son mari retenu dans les fers, « sans discernement (...) sans prendre conseil », elle a rendu deux cents prisonniers valeureusement capturés par les piétons du château d'Amboise et que l'on aurait peut-être pu échanger contre le sire. Elle n'a donc pas tenu son rôle. La maternité la conviait à remplacer le maître défaillant, à prendre en main la seigneurie, à la tenir coûte que coûte jusqu'à ce que de la lignée surgisse un homme, un vaillant, qui la libère de cette suppléance. On aurait voulu la voir semblable à ces héroïnes, apparaissant de loin en loin dans les chroniques, vertueuses, dressées sur les remparts de la forteresse assiégée, vociférant, échauffant le cœur des défenseurs.

Agnès sert aussi de repoussoir. Sa faiblesse rend plus éclatante la vertu de sa belle-mère, à peine morte, Élisabeth de Jaligny, une fille du comte Fouque Réchin, et par conséquent la grand-tante du roi Henri Plantagenêt. « Fortunée » celle-ci, et d'abord par son sang, sa race, par ce qu'elle tenait de son père, mais aussi par ce qui lui venait de la qualité de son époux, de la qualité de ses fils. Tout ce qui honora cette femme émane, on le voit bien, des hommes. De l'homme qui l'engendra, de l'homme qui l'imprégna, des hommes qu'elle enfanta. A ces mérites empruntés, elle dut de se montrer active, et cette « audace virile », comme dit expressément le texte, qui la libéra des faiblesses féminines. Il lui advint, fait mémorable, de se comporter comme un homme. A peine mariée, on l'avait vue partir au pays de sa mère – avec le consentement de son époux, évidemment – mais seule. On tentait de lui ravir son héritage, elle le défendit, elle le préservait pour ses fils. Ce fut ensuite « virilement » qu'elle traversa les tribulations, à la manière des femmes fortes de la Bible. Virile, elle le demeura, ou plutôt le devint davantage quand, l'âge venant, elle perdit son mari. Elle dut alors tenir tête à son fils aîné, Sulpice II – que gâtait un peu peut-être son union néfaste avec une femme trop faible. Il prétendait régir son douaire. Elle se rebiffa, réclamant justice au seigneur du fief. Le comte d'Anjou, bon prince, défenseur des veuves, trop heureux de l'occasion de contenir un vassal devenu turbulent força, les armes à la main, le sire d'Amboise à respecter les droits de sa mère. Sûre d'elle, Élisabeth repartit en Bourbonnais établir son troisième garçon sur les biens qu'elle y possédait en propre, puis revint finir ses jours dans la maison qu'elle avait à Amboise, tout près du monastère Saint-Thomas, en bonne veuve, bien dévote. S'employant alors à morigéner son aîné, à le garder de l'orgueil. Vieille, « pleine de jours », elle fut la bonne conseillère, se substituant au père défunt, sage autant que doit l'être un *senior* : « Pourquoi t'es-tu lancé dans cette guerre sans me consulter, moi : tu ne pouvais trouver meilleur conseil [3]. » Avant de mourir, percluse, elle put encore prendre sous son égide l'aîné de ses petits-fils, orphelin, dépouillé de tout, et dont la mère était incapable ; elle lui céda, de sa main, ce qu'elle tenait encore, l'héritage de Jaligny que laissait vacant le décès du dernier de ses fils. Seule debout au milieu des décombres de la fortune familiale, raidie, cuirassée par la paralysie et son courage, Élisabeth, dans cette galerie de portraits exemplaires, fait exception. Elle en remontre aux hommes, survivant aux périls de la maternité, survivant à son époux. *Virago,* elle est de ces rares femmes de cœur que les hommes de ce temps respectaient, lorsque, dépouillées de leur féminité, elles étaient devenues comme leurs égales.

Les vertus courantes attendues de l'épouse se découvrent dans un autre portrait, celui d'une aïeule morte quelque soixante ans plus tôt, Denise. Elle reposait dans le monastère de Pontlevoy : chaque année, le jour anniversaire de son trépas, sa mémoire était rappelée dans les liturgies funéraires. Huit mots latins suffisent à son éloge : ils définissent ce qu'est, aux yeux des hommes, la perfection du féminin : *pia filia, morigera conjunx, domina clemens, utilis mater.* Fille, épouse, dame et mère, tout au long de sa vie, Denise fut soumise à l'homme, père, époux, fils, voire beau-frère, qui géra la maison où elle vécut. Jusqu'à son mariage, elle demeura *pia,* obtempérant aux ordres : elle accepta le mari que l'on choisit pour elle. Son destin était de devenir *conjunx.* Elle fut alors ce que toutes les conjointes devraient être, *morigera,* complaisante, docile. Dame, pourtant, *domina,* dotée d'un pouvoir, et qui n'était pas mince, car son homme était venu s'établir chez elle, dans la maison de ses ancêtres, et tenait d'elle la plus grande part de sa puissance. Mais le mariage l'avait placée sous la domination de cet homme. C'était lui qui siégeait dans le

château de Chaumont à la place que les ancêtres mâles
de Denise avaient occupée. Elle-même reléguée en
position latérale, debout près du trône de justice, comme
la Vierge aux côtés du Christ Juge, intercédant, « clé-
mente », introduisant un peu de mansuétude dans
l'office seigneurial ; adjointe, alors que tous les droits du
maître étaient les siens. La maternité lui rendit-elle
autorité ? Non pas. Mère, elle devait être « utile ». A qui ?
A d'autres hommes, aux fils nés de ses entrailles.

Tel est le rôle assigné à la femme dans la grande
parade que cette société cavalière, masculine, aime à voir
monter en spectacle. La femme est un objet, de grand
prix, soigneusement gardé pour tout ce qu'il procure
d'avantages. Ainsi Denise, veuve, encore très jeune, ses
enfants tout petits. Les hommes de son sang, que le
mariage de cette héritière avait frustrés, s'apprêtaient à
fondre sur cette proie : ils allaient s'en saisir pour la
remarier à leur gré. Le lignage du mari défunt s'agrippa
à ce bien très précieux. Denise fut tenue enfermée avec
ses filles dans la salle du château, à double tour. Ordre
était donné au gardien de la forteresse de veiller sur ce
trésor comme sur la prunelle de ses yeux. Veiller sur
quoi ? Sur une personne ? Ce qui était ici si jalousement
surveillé, était-ce autre chose qu'un ventre, une matrice,
l'organe procréateur, le lieu secret où, des sangs mélan-
gés, se formaient de futurs guerriers, des héritiers. Voici
pourquoi le véritable trône de la femme est son lit
d'accouchée. Une nuit, les gens du sire d'Amboise
s'emparèrent d'une tour de pierre. Pénétrant au rez-
de-chaussée par le cellier, ils étaient parvenus à percer le
plafond, à se hisser jusqu'à la salle : ils découvrirent, là,
en ce lieu très sûr, l'épouse du chevalier qui gardait
l'édifice. Elle n'était pas relevée de ses couches. Ils
tuèrent le veilleur, ils plantèrent la bannière de leur
maître au faîte de l'édifice, mais ils prirent ensuite la
jeune mère délicatement et, sur son grabat, veillant à ce
qu'elle ne mît pas pied à terre – elle n'était pas purifiée –
ils la portèrent comme un saint sacrement jusqu'à la
cabane où dormait son mari [4]. Et c'est un lit d'accouchée,

celui de la Nativité, que les sculpteurs, peu avant que ne
fût rédigé le récit que j'examine, osèrent figurer,
triomphal, en contrebas de la Vierge de majesté, sur l'un
des tympans du portail royal de Chartres. Parce qu'elle
doit enfanter, la femme est un objet de prix, je le répète.
Entendons-nous : objet d'échange. Elle est une pièce
dans un jeu, mais ce sont des hommes qui jouent.

Les joueurs se répartissent en deux camps : les uns
prennent ce pion, les autres le cèdent. Mais au sein du
second groupe, plusieurs équipes tiennent leur partie.
Dans l'âpre compétition dont les femmes sont l'enjeu, on
aperçoit au milieu du XIIᵉ siècle que, parmi les donneurs,
parmi ceux qui dans les châteaux combinent leur coup
pour gagner le plus possible, les parents de la fille sont
encadrés d'un côté par leur seigneur, et de l'autre par
leurs vassaux. L'histoire des sires d'Amboise traite très
spécialement du lien personnel créé par l'hommage, de
cette parenté d'élection dont les nœuds s'entremêlent à
ceux du sang. Elle fait apparaître clairement l'un des
effets du progrès de la féodalisation : désormais la
plupart des biens nobles sont des tenures féodales; les
droits que les alliances transfèrent d'une maison dans
une autre sont presque tous enserrés dans le réseau des
obligations vassaliques. Ceci justifie qu'intervienne au
cours des palabres préliminaires, l'homme dont meut le
fief, mais aussi d'autres hommes qui, vassaux, feudataires, sont directement concernés par le douaire, la dot, par
la qualité du fils qui, né de l'union projetée, deviendra
leur seigneur ou celui de leur fils. Le possesseur éminent
du fief d'une part, d'autre part la mesnie vassalique
rassemblée sur ce fief et participant à ses profits
entendent ne pas être étrangers au choix du mari, ce
chevalier dont l'un recevra les hommages et les services,
à qui les autres prêteront l'hommage et dont ils recevront
les bienfaits. Ainsi les stratégies se compliquent, dans
l'incessant commerce dont sont l'objet les femmes. Voici
ce que l'on peut distinguer de ce jeu.

La forte présence des personnages féminins dans
l'histoire de la famille d'Amboise n'est pas surprenante.

Deux raisons portaient à conserver très vif le souvenir des aïeules. Par elles des relations, fort utiles en ce moment de gros péril, s'étaient nouées jadis avec les principales puissances de la région. Mais surtout les châteaux, les pouvoirs, les terres, absolument tout ce qui soutenait actuellement l'honneur du lignage avait été apporté par elles en mariage. En un siècle et demi, en cinq générations, quatre mariages successifs avaient rassemblé l'énorme ensemble seigneurial qui plaçait le sire d'Amboise parmi les principales puissances de la Touraine. Par le premier, l'ancêtre fondateur, souche de la lignée, s'était implanté dans le pays. L'un de ses fils, un cadet, Lisois, grâce au second mariage, s'établit dans l'un des trois châteaux d'Amboise, la tour de pierre. Son aîné, Sulpice, acquit, en épousant Denise, la maîtrise du château de Chaumont. A Hugues, son fils, une femme, Élisabeth, apporta un *maritagium* superbe; le reste d'Amboise que cédait son frère et l'héritage bourbonnais de sa mère, Jaligny, ce que du moins les mâles de son lignage n'avaient pas réussi à reprendre. Or, ce qui se montre ici de manière éclatante, c'est le rôle de l'amitié vassalique. Car on aimait à rappeler en 1155 dans la maison d'Amboise que les ancêtres, l'un après l'autre, avaient obtenu ces épouses mirifiques de leur seigneur; elles avaient été chacune la récompense de leur vaillance, le prix de leur dévouement. Largesse du seigneur, mais puissance aussi du seigneur. Il avait chaque fois imposé sa loi à l'homme qui, par le droit du sang, tenait en son pouvoir la fille. Il s'était substitué à cet homme, il avait décidé, choisi lui-même le mari, et obligé le marieur en titre à ratifier cette décision, ce choix.

La geste dit peu de choses du plus ancien de ces pactes, contemporain de la grande mutation dont j'ai parlé, par quoi, durant les décennies encadrant l'an mil, les relations de parenté dans la haute aristocratie revêtirent peu à peu la forme lignagère. Il se peut que l'image de la réalité soit brouillée dans la mémoire familiale. Celle-ci, c'est un fait, attribue cent cinquante ans plus tard une fonction majeure au mariage dans la constitution des

dynasties seigneuriales. Hugues Iᵉʳ, l'ancêtre était un
« fidèle » de Hugues Capet, son filleul aussi sans doute –
il porte un nom capétien – et le nom qu'il donna
lui-même à son fils prouve qu'il était originaire du pays
capétien, l'Orléanais⁵. « Alors qu'il donnait un comte
aux Manceaux », Hugues Capet lui donna la fille du sire
de Lavardin. L'établissement était modeste. Lisois, son
fils, partit comme Hugues à l'aventure, s'attacha au
comte d'Anjou, Fouque Nerra. Celui-ci cherchait, si l'on
en croit le souvenir généalogique, comment rétribuer le
service de ce fidèle, devenu après de longues années
nécessaire, comment le lier solidement à son futur
successeur, Geoffroi Martel. Dans l'éclat de ses victoires,
il força le possesseur de la tour d'Amboise à céder sa
nièce. Lisois la prit vers 1030, avec la tour. Vaincu par
Geoffroi Martel et sans doute prisonnier, le sire de
Chaumont dut sous la contrainte livrer sa nièce au fils
aîné de Lisois et la doter de tous ses biens. Il appartenait
au comte Fouque Réchin de marier Élisabeth, sa fille. Ce
droit lui fut arraché par l'homme qui menait contre lui la
guerre, son propre fils. Celui-ci cherchait à toutes forces
des alliés : il donna sa demi-sœur à Hugues II pour s'en
faire un ami sûr. Trois au moins de ces quatre épouses
avaient donc été des proies de guerre, des parts de ce
butin qu'un vainqueur partageait entre ses compagnons
d'armes. Notons bien que pour s'assurer de ces captives
et des biens qu'elles apportaient, les bénéficiaires de ces
dons, Lisois d'abord puis Sulpice, durent s'installer dans
la maison de leur femme, amadouer difficilement une
parenté hostile, se faire admettre, aller jusqu'à choisir de
reposer après leur mort près des défunts du lignage
étranger. Et l'auteur de la geste dissimule de son mieux
ce qu'il y avait en fait de rapt dans ces très anciens
mariages. En revanche, il exalte l'image du bon seigneur,
distribuant des héritières parmi les jeunes de sa suite qui
l'avaient bien servi.

Cette image, propre à échauffer l'ardeur des cadets qui
dans les cours, grandes et petites, s'évertuaient à force
d'exploits à gagner les faveurs d'un patron, occupait,

dans la seconde moitié du XIIe siècle, une très forte position au sein de l'idéologie chevaleresque. On la voit reparaître dans l'une des anecdotes qui fut ajoutée plus tard au texte primitif de la geste. Elle raconte – et l'on sent qu'elle est inventée, sans correspondance avec les indices parsemés dans les chartes – comment fut fondée la maison de Château-Renault[6]. En 1044, le comte Geoffroi Martel s'était emparé de la Touraine; il remplaçait les vaincus, comme à Chaumont, par des fidèles. Il avait « avec lui », dit la légende, dans sa bande, « deux nobles jeunes adolescents (...) l'un s'appelait Renault du nom de son père, l'autre Geoffroi du nom du comte dont il était le filleul ». Le comte d'Anjou arma chevalier le premier (usant de tous les liens possible, ceux que nouent les rites du baptême et ceux de l'adoubement), puis le rendit à son père (une des fonctions des maisons princières apparaît ici bien visible : les jeunes guerriers y recevaient leur formation au métier militaire et ses attributs symboliques; elle servait aussi d'exutoire, elle hébergeait ces fils encombrant la demeure de leur père et qui n'avaient rien à eux tant qu'il était vivant; ces cours furent le creuset où se forgea l'armature de fidélité, de soumission quasi filiale, de bienveillance quasi paternelle sur quoi s'est construit le système politique que nous appelons féodal). Ce fils, parce qu'il était l'aîné, se trouvait casé. Il succéda vite à son père qui partit pour Jérusalem pour lui faire place. Son frère en était jaloux, réclamait d'être à son tour adoubé et surtout de recevoir une terre. Or, justement, Geoffroi Martel avait besoin d'un homme sûr, capable d'édifier un château neuf dans ce pays qu'il venait de conquérir. « Le jeune » fut donc armé, doté, et le comte « lui donna aussi pour femme la nièce de son épouse [l'une des filles dont il pouvait disposer, et qui, n'étant pas de son sang, ne risquait pas de réclamer un jour quelque chose de son patrimoine], une fille très noble et très belle [évidemment] ». Le nouveau marié, d'une part bâtit la forteresse, d'autre part s'occupa d'engendrer : bientôt naquit un enfant mâle; achevés en même temps, le garçon et le château reçurent le même nom, Renault. L'exemple est beau de l'étroite connection entre le mariage, le loyal service, le souci dynastique et la maison, forte, en quoi la lignée s'enracine.

Certes, la mémoire et l'imaginaire sont inextricablement mêlés. L'histoire des seigneurs d'Amboise révèle essentiellement comment rêvaient de prendre femme, au temps du roi Louis VII, les chevaliers encore très nombreux que la discipline lignagère contraignait à demeurer célibataires. Faut-il écarter sans appel un tel témoignage, refuser de voir le plus ancien ancêtre dont se souvenaient alors les chevaliers comme un aventurier heureux, doté d'une épouse par le chef de guerre qu'il avait de tout cœur servi. Lambert de Wattrelos, chanoine, l'auteur des *Annales de Cambrai*, écrit à la même époque sa généalogie. Pour lui, le fondateur de la maison dont il porte le nom est un frère de son bisaïeul, qui vivait cent ans plus tôt; vassal de l'évêque de Cambrai, il avait été, selon toute apparence, installé lui aussi par son seigneur et marié par lui. Quoi qu'il en soit de la réalité des premiers âges féodaux, l'important est cette autre réalité : la chevalerie, au milieu du XIIe siècle, se glorifiait d'aïeux ravisseurs, et d'aïeules de meilleur sang, qu'un héros victorieux avait généreusement cédées aux auxiliaires de sa puissance.

Je trouve l'une des plus belles illustrations de ce rêve, en même temps que du vécu matrimonial contemporain, dans un petit récit [7] que le moine Jean de Marmoutier, pour divertir et enseigner Henri Plantagenêt, greffa vers 1170 sur la partie du grand texte généalogique qui concernait non les seigneurs d'Amboise, mais les comtes d'Anjou. *Exemplum*, montrant à l'actuel chef de la lignée ce qu'il faut faire et ne pas faire, par la célébration d'un ancêtre, le plus éloigné dont l'existence soit attestée par les documents d'archives, Enjeuger. La maison d'Anjou, plus puissante, était aussi beaucoup plus ancienne que celle d'Amboise. Enjeuger vivait au seuil du Xe siècle. Perdu dans la nuit des temps, le narrateur pouvait broder sur son nom tout à son aise, farder cet être fantomatique,

le déguiser, lui prêter des discours, des actions. Jean
décida de costumer le premier rôle de son théâtre
pédagogique en « jeune », en chevalier allègre, devant à
ses seules vertus la fortune. Il partait d'une simple
phrase. Le manuscrit qu'il enjolivait avait tenté d'expliquer les liens unissant le comte d'Anjou au Gâtinais par
la vaillance de cet ancêtre : pour avoir sauvé l'honneur
d'une femme de ce pays, « il était devenu très cher à la
parenté [de celle-ci] et à presque tous les nobles ». La
fantaisie, tout naturellement, prend ce personnage féminin pour tremplin. Cependant l'auteur est moine : il
parle non pas d'amour, mais de mariage. Au départ, trois
personnages : un roi de France, que Jean appelle Louis
car il ignore son nom ; son vassal, le comte de Gâtinais,
qui meurt laissant une fille unique ; un serviteur du roi,
son chambellan, vaillant lui aussi, très beau. A ce dernier,
le roi voudrait donner l'héritière en récompense. Le
droit féodal, en 1170, autorisait le seigneur des vassaux
défunts à marier leurs orphelines, et Henri Plantagenêt
aimait à l'entendre rappeler. L'obstacle vint ici, non de la
parenté, mais de la fille. Le chambellan avait prêté
hommage au comte ; « il n'est, protesta-t-elle, ni décent
ni juste de poser sur moi mon homme et mon vassal ». Or
il fallait son consentement : tous les auditeurs de Jean de
Marmoutier le jugeaient maintenant nécessaire. Dûment
chapitrée par la reine, enfermée dans la chambre des
dames – qui n'était pas ce qu'on dit trop souvent qu'elle
fut, mais un petit monde clos, sournois, le champ d'un
évident terrorisme interne – la pucelle finit par céder.
Encore le roi dut-il obtenir le « conseil », l'assentiment
des « amis », c'est-à-dire de toute la « famille » des
vassaux attachés au comté de Gâtinais. Ils l'accordèrent.
Ne restait plus qu'à préparer le cérémonial du mariage.
Remarquons-le : en Touraine, lorsque cette histoire fut
écrite, la solennité ne comportait plus deux phases mais
trois : entre la « confirmation du don », c'est-à-dire
l'échange de paroles de présent, la promesse proférée
personnellement par chacun des époux, et la « célébration des noces », la *deductio* joyeuse de la mariée jusqu'à
sa nouvelle maison, s'intercalait la « bénédiction ».

L'écrivain était ecclésiastique. Mais il dédiait son invention aux seigneurs les plus courtois de l'époque. Ce très grand monde admettait parfaitement l'intervention du prêtre en plein milieu du rite de passage. L'Église avait marqué ce point.

Par cette union bien bénie, le chambellan, surplombant maintenant sa femme en dépit de l'ancienne soumission vassalique, prit en main la seigneurie. Mais il ne parvint pas, dix années durant, à féconder son épouse. Malade, on le découvrit un matin étouffé dans son lit. Aussitôt la rumeur : c'est elle ; elle l'a tué ; où est l'amant ? L'accusation, comme il se devait, fut portée par la parenté du mort, et d'abord par son chef de file, le second dans la maison, le sénéchal. Il lança le cri, la plainte. C'est le losengier des romans. L'émoi de ces gens ne peut étonner : ils étaient entrés en même temps que le défunt dans cette demeure. Elle n'appartenait pas à leur ancien patron, mais à la dame. Veuve, celle-ci allait se remarier, introduire ici un nouveau maître, qui installerait sa propre mesnie et contraindrait l'ancienne à déguerpir. Il fallait empêcher cette femme de nuire, et, pour cela, lui interdire à jamais le mariage. Suffisait-il de la convaincre d'infidélité ? Plus sûr était d'ajouter au grief d'adultère, relevant du privé, du domestique, celui, ressortissant de la justice publique, de « mort subite ». La présomption de ce crime permit de saisir la cour du roi. Devant cette assemblée, l'accusée proposa de se disculper par serment. Cet appel au jugement de Dieu aurait dû satisfaire s'il n'y avait eu que fornication ; il y avait de surcroît meurtre : l'épreuve requise était le duel judiciaire. L'accusateur se dit prêt à combattre. On le connaissait. Il était fameux dans le pays pour la force de ses bras. Qui pourrait lui résister ? La veuve clama, appelant les hommes de son sang à la rescousse. Tous prirent peur, si puissant était le soupçon qui dans de telles circonstances pesait sur l'épouse. La femme abandonnée, « veuve », vidée de tous ses parents, la preuve était faite : elle était coupable. Alors vint Enjeuger. Seize ans, débutant encore dans les armes. Il n'était pas du lignage de la délaissée, mais son filleul : le lien de parenté était spirituel, donc meilleur. Le jeune homme vivant dans la maison du comte l'avait servi jour et nuit, il le savait malade. Certain donc que la mort était naturelle, sûr de lui, il combattit, il vainquit. David triompha de Goliath. La dame était de toute évidence innocente. Elle décida pourtant de finir ses jours au couvent. Qu'adviendrait-il de l'héritage ? Qui relèverait le fief ? Ses cousins qui n'avaient pas osé lutter pour elle ? Ou bien le jeune héros « qui n'était pas son proche par la chair mais par l'esprit » ? Le roi bien sûr décida de déshériter les parents défaillants. En sa cour, il déclara Enjeuger « fils de mère » : la simple décision du prince – pensons qu'Henri Plantagenêt n'entendit pas ce propos sans plaisir – est capable de modifier la « nature »; en effet le prince, en cette occurrence, interprète de l'intention divine, consacrait la supériorité du spirituel sur le charnel. Enjeuger, adolescent, célibataire, ne conquit pas le fief par la force de ses reins, en s'accouplant à une héritière, mais par la force de son cœur, ainsi que par celle, Dieu aidant, de sa main malhabile. Prédestiné, l'ancêtre fondateur de la maison d'Anjou, remplissait déjà dans son jeune âge l'une des fonctions royales : il défendait le bon droit des veuves. Ce discours pouvait enthousiasmer tous les jeunes de la cour. Le *senior* s'en réjouissait aussi, nostalgique de sa propre jeunesse, et très assuré de sa puissance.

Le narrateur inconnu qui composa la première version de la double généalogie que j'exploite évite d'indiquer comment Sulpice II, le mauvais sire qui venait de mourir, prit femme. On peut penser que, louvoyant entre les deux seigneurs de ses fiefs, le comte d'Anjou et le comte de Blois, il fut marié par le second – ce qui, dans cet appel au Plantagenêt n'était pas à dire trop haut. Mais, en 1170, lorsque écrivait Jean de Marmoutier, et déjà en 1155, le reflux des violences empêchait les princes féodaux de s'emparer les armes à la main, comme l'avaient fait leurs aïeux, des femmes qu'ils offraient à leurs vassaux. Celle que reçut Enjeuger ne fut pas conquise, et l'on a vu que le roi, lorsque, dans ce récit fictif où se reflètent les conduites idéales, il dispose de la main de cette fille, la première fois, non sans difficulté, n'use pas de la force, mais de son pouvoir seigneurial. A la fin du XIIe siècle, quand les maîtres des principautés grandes ou petites avaient épuisé les ressources de leur maison, lorsque leurs filles, leurs nièces, leurs bâtardes se trouvaient toutes casées, il leur fallait en effet négocier, faire valoir leurs prérogatives, prétexter du droit régalien de protéger la veuve et l'orphelin, et de ce droit aussi, de nature paternelle, que leur attribuait leur position dans la hiérarchie des hommages, pour obtenir que les parents de leur vassal défunt les autorisent à donner aux femmes, vierges ou non, que ce décès laissait « désolées » un mari de leur choix. Les parents résistaient tant qu'ils pouvaient à cette intrusion. Après soigneuse enquête, la coutume accorda, à cette époque même, au duc de Normandie la « donation » des filles de son homme lorsque celles-ci héritaient le fief ; mais elle lui interdisait de le céder sans le conseil et l'approbation des « amis », des mâles de leur sang [8]. C'était en vérité affaire de puissance respective. Affaire surtout de marchandage, affaire d'argent. « Dans les provinces de Gaule et d'Angleterre », note Robert de Courçon [9], le prince de la terre met la main sur le patrimoine des orphelins ; « il donne en mariage les jeunes filles et veuves à de moins nobles contre finances, vendant ainsi la *generositas* de ces jeunes femmes ».

Feudataires des comtes d'Anjou, les sires d'Amboise réussirent-ils à marier librement leurs filles ? Ils les marièrent toutes et, semble-t-il, à leur gré. Elles étaient en vérité peu nombreuses : les épouses dont les avait gratifiés leur seigneur furent modérément fécondes. De la sienne, Lisois engendra cinq enfants, dont trois filles qui parvinrent à l'âge adulte ; Sulpice Ier, trois, dont deux filles ; Hugues II, quatre, dont une fille. Six filles en tout.

Les sires ne les donnèrent pas à des vassaux mais à des égaux, des rivaux, les maîtres des châteaux voisins, des ennemis potentiels, dans le but d'agripper leur amitié, du moins de réduire leur puissance d'agression. En effet, par le mariage, répétaient les moralistes d'Eglise lorsqu'ils s'exténuaient à justifier l'obligation d'exogamie, la « charité » s'étend, l'amour. Ce qu'espéraient les donneurs de femmes, c'était bien d'abord la paix. L'obtinrent-ils ? Obtinrent-ils davantage ? Ce texte fait entrevoir ce qui, ailleurs, n'apparaît presque jamais : le profit que le chef d'une grande maison pouvait escompter lorsqu'il mariait les filles. Sulpice Ier eut pour beaux-frères de puissants seigneurs. L'un tenait le château des Roches-Corbon ; ce fut un ami très fidèle ; malade, Sulpice choisit d'aller mourir chez lui, et l'alliance, étroite, indéfectible, durait encore en 1155 : à la troisième génération, les cousins continuaient de s'épauler, de se consulter, de se porter dans les combats à la rescousse les uns des autres. Mais entre Sulpice et les maris de ses deux autres sœurs, le sire de La Motte-Foucois et le sire de Montrichard, le lien d'affinité n'empêcha pas la haine. On peut juger même qu'il l'aviva. Les beaux-frères, en épousant, comptaient bien exploiter à fond les droits de leur femme. Ils voyaient d'abord dans le frère de celle-ci non pas l'ami, mais l'obstacle à leur convoitise. Ils cherchaient à l'abattre par tous les moyens, les pires. Le hasard fit que dans la guerre ils eurent le dessous. L'un d'eux, Foucois, fut tué vilainement : prisonnier, on lui coupa la tête ; par accident, raconte le chroniqueur, le sire d'Amboise n'était pas averti : les piétons de sa bande, des rustauds, commirent à son insu le crime. Lui-même risquait la même infortune. Mariée, une sœur, on le voit, garantissait mal du danger. Pouvait-on compter du moins que de la consanguinité naîtrait l'amour ? C'est-à-dire attendre, tabler sur les neveux ?

C'était à la seconde génération, une fois les sangs mêlés, que l'alliance portait ses fruits, lorsque les neveux, nourris dans la maison de leur oncle maternel, appre-

naient à l'aimer. A condition que la sœur, la mère des
garçons, survécût assez longtemps à ses maternités, que
le beau-frère, tôt veuf, ne se remariât pas, que sa femme,
la marâtre, ne s'acharnât pas, comme elles étaient toutes
enclines à le faire, à déshériter les fils du premier lit. A
deux reprises, le cas se présenta : les femmes, épuisées,
mouraient vite. Hugues II – c'est le vrai héros de
l'histoire, le parangon des vertus lignagères – fut pris
entre deux devoirs : il lui fallait veiller sur les fils de sa
sœur défunte et éventuellement combattre pour défendre leurs intérêts, « craignant que les enfants de la
seconde épouse n'ôtassent la terre à ses neveux »;
cependant, respectueux de l'amitié qu'il devait au mari
de sa sœur, « il resta longtemps sans rien dire, se refusant
à mener la guerre contre Archimbaud, puisqu'il était son
beau-frère ». En 1155, même problème : la sœur de
Sulpice II laissait en mourant deux petits garçons nés
dans le château de Déols. En vérité, le risque cette fois
était moins grand. Leur mère, Denise – aussi utile au
lignage que l'aïeule vénérée dont elle portait le nom –
« avait montré tant de beauté et de vertus diverses, que le
veuf, encore jeune pourtant, ne désirait pas d'autre
compagne ». Voici ce que l'on attendait des filles
lorsqu'on les plantait dans une autre famille, qu'elles
missent au monde des enfants solides, qu'elles ne
trépassassent pas trop tôt, ou bien que la puissance
prolongée des appâts qu'elles devaient à leur sang fût
assez vive pour continuer, par-delà la mort, à tenir leur
époux captif.

Qu'advenait-il lorsque le fruit de ces mariages était
une fille, lorsque la nièce, orpheline, était l'héritière ?
Foucois, beau-frère de Sulpice Ier, décapité, n'avait
qu'une fille, Corba, dont l'histoire, lamentable, est
rapportée. De son grand-père, elle héritait l'un des trois
châteaux d'Amboise; il était pour lors détruit, mais
l'emplacement demeurait, par conséquent le droit de
reconstruire la forteresse, d'exploiter tous les pouvoirs
qui rayonnaient autour d'elle. La mort de son père faisait

naturellement passer l'orpheline sous la puissance de son
plus proche parent mâle : c'était Sulpice, le frère de sa
mère. Il se garda bien de la marier. Mais le comte
d'Anjou, Fouque Réchin, la guettait. Ses vassaux d'Amboise prenaient de l'arrogance ; il travaillait à les affaiblir ;
La Motte-Foucois était un fief de sa mouvance ; toutefois, les droits du seigneur féodal ne primaient pas
encore – on était à la fin du XIe siècle – ceux de la parenté.
La disparition précoce de Sulpice Ier, la minorité de
Hugues II placèrent le comte en position de force.
Marchandant, il obtint l'accord du frère de Sulpice,
provisoirement chef de maison. Corba fut cédée au
chevalier qui, familier de Fouque, gardait pour lui le
troisième château d'Amboise. C'était le temps du concile
de Clermont : la croisade était prêchée. Le mari de Corba
et son cousin, le jeune Hugues, partirent ensemble. On
apprit que l'époux avait été tué au siège de Nicée. « Alors
Fouque Réchin unit en mariage Corba, veuve, à un
homme très âgé, Achard de Saintes, qui était devenu le
gardien du château comtal [10]. » Cet homme reçut
l'épouse de son prédécesseur dans la charge. Tout
naturellement, mais non pas gratuitement : Achard paya,
le texte précise : très cher. Le vendeur était le comte qui
ne jugea pas nécessaire de consulter la parenté : Corba
était l'épouse de son homme, son devoir était de veiller
sur elle ; les hommes de son sang n'avaient plus mot à
dire. D'ailleurs le seul rejeton des sires d'Amboise était à
l'aventure très loin ; reviendrait-il ? Hugues revint, malade, mais vivant. « Achard, terrifié, conduisit Corba, sa
femme, à Tours, dans la maison de son frère, cellerier de
Saint-Martin. » Une demeure de chanoine, un abri sûr.
Mais il fallait bien qu'elle en sortît chaque jour pour ses
dévotions. L'église heureusement n'était pas loin, et dans
la nef, les femmes et les hommes se trouvaient confinés
dans leur quartier respectif ; sur le chemin, elle était sous
bonne garde. Le lieu de la prière se montrait pourtant
propice aux conversations furtives. Ce fut là que la jeune
mariée prit langue avec « un serviteur d'Amboise » ; « elle
lui dit comment on pourrait s'emparer d'elle. Un jour de

fête, alors qu'elle assistait aux matines, Auger, ledit serviteur, entra dans l'église : il avait laissé des camarades à la porte. Il leur amena Corba, on la mit sur un cheval, on l'emmena; on la cacha dans la maison d'un forgeron appartenant à la domesticité de Chaumont, où Auger logeait. Un cousin, prévenu, vint la prendre, avec beaucoup de chevaliers et de sergents, il la conduisit à Chaumont. Son mari, frappé par la maladie et par le chagrin d'avoir perdu sa femme, mourut bientôt. » Le lignage avait gagné. Corba fut aussitôt remariée, à un ami. Celui-ci, en 1101, partit pour la Terre sainte dans la compagnie de Guillaume d'Aquitaine, le troubadour. Ce prince ne partait jamais si loin sans femme. Il donnait le mauvais exemple : Corba fut emmenée par son mari. Mais Dieu punit les mauvais croisés qui ne peuvent se passer d'épouse. Ils furent vaincus en Asie Mineure, un désastre – à l'origine peut-être de la mauvaise réputation du duc Guillaume : cent mille captifs, dit le texte. Et dans le lot, Corba, enlevée par les Turcs « avec beaucoup de femmes de Francs ». Ses parents de Touraine s'en consolèrent : elle n'avait pas d'enfant. C'était l'essentiel : plus de danger de voir l'héritage échapper, un nouveau mari, peut-être mal choisi, campant sur les ruines mitoyennes du château d'Amboise. Cette histoire le montre : qui mariait sa fille pouvait espérer par elle capter l'héritage de son époux. Le rêve. Pour qu'il devînt réalité, il fallait, en vérité, une suite d'heureux hasards et la plus étroite vigilance.

En trois générations six garçons – autant que de filles – parvinrent à maturité dans la maison d'Amboise. Ça n'était pas beaucoup. C'était assez pour provoquer la ramification du lignage et le démembrement de son patrimoine. Ce danger fut évité. Le tronc généalogique demeura lisse, dépourvu de branches adventives. Pourtant aucun des fils légitimes ne fut placé dans l'Église, ne devint moine ou chanoine. Mais, depuis l'origine de la dynastie, à chaque génération, un seulement des garçons fut marié, l'aîné.

Lisois mourut très vieux, parce que – dit le texte à l'intention des jeunes garçons de la famille – il était resté chaste durant son adolescence. Il avait deux fils, il partagea entre eux son bien. Inégalement : le second reçut les possessions marginales, mal assurées. Son père en tout cas n'avait pas cherché pour lui d'épouse. Il demeura célibataire. Sa docilité lui valut d'apparaître, dans le récit, en héros de l'amitié fraternelle. Égal en vertu de son frère Sulpice, il était demeuré son très fidèle second. Et pourtant la tentation fut forte. Alors que Hugues II, encore enfant, était détenu en otage à la cour du comte d'Anjou, Sulpice tomba malade. Il réunit tous ses hommes dans la grande salle de Chaumont, leur fit jurer de conserver à son fils l'honneur et la terre. Le péril venait de l'oncle, peut-être ambitieux. Il dut prêter un serment spécial, jurant « qu'il n'amoindrirait pas l'honneur du garçon, qu'il ne lui prendrait pas sa terre, qu'il ne porterait pas dommage à sa vie ni aux membres de son corps ». Il ne fut pas parjure, se conduisit en bon tuteur. Il étonna. Et lorsqu'il fut enseveli, sans enfant légitime, auprès de son frère, Hugues II dut à l'abnégation surprenante de cet oncle de rassembler de nouveau dans sa main tout l'héritage de son grand-père, conjoint à l'immense fortune qu'il tenait de sa mère. Hugues était seul fils, mais il avait trois garçons. En 1128, il suivit le comte Fouque d'Anjou à Jérusalem. Il était dans la soixantaine; il avait autrefois pris la croix; il souhaitait maintenant attendre la résurrection près de la vallée de Josaphat. Avant de partir pour ce voyage sans retour, il disposa de ses biens comme avait fait son père. Geoffroi Plantagenêt prenait alors en main le comté. Hugues lui fit accepter, bon gré mal gré, l'hommage de son fils aîné Sulpice II. A celui-ci « il donna toute sa terre et contraignit ses hommes à la lui jurer ». Nouvelle cérémonie solennelle, dans le château Montrichard cette fois. Hugues sermonna son fils. Les vassaux prêtèrent ser-

ment. Le danger n'était pas écarté : il venait cette fois des
frères, frustrés. Le sire d'Amboise osait appliquer le droit
d'aînesse. C'était un peu tôt. Le second fils, Hugues,
troisième du nom, réclama sa part. Il vivait alors à la cour
de Geoffroi Plantagenêt. Celui-ci l'avait armé chevalier.
Il soutint sa revendication, comme il allait soutenir sa
mère, Élisabeth, réclamant son douaire à Sulpice II, et
pour les mêmes raisons : l'intérêt du seigneur d'un fief
trop vaste, et pour cela dangereux, était de le démanteler
en le forçant au partage. Mais Hugues III reçut également le soutien d'une partie des chevaliers du château
d'Amboise, ses camarades d'enfance peut-être, des hommes en tout cas qui espéraient, en prenant son parti, des
récompenses. On voit ici clairement la double intervention, du seigneur et des vassaux, et comment les liens
d'amitié noués par la concession féodale venaient se
mêler aux liens du sang et compliquer la politique
lignagère. Hugues II tint bon : il offrit au cadet le bien
qu'il gérait au nom de son épouse, Jaligny. Le garçon
s'entêta, refusa. Les terres bourbonnaises servirent alors
à désintéresser le plus jeune des trois fils. Quant au
second, on l'obligea d'abord à prendre la croix : l'expédition en Terre sainte avait cet avantage de déconges-
tionner les lignages. Lorsqu'il revint, on s'arrangea pour
qu'il épousât une héritière. Sans doute reçut-il celle-ci
du roi de France, dont il était devenu l'ami – naturellement, puisque son père lui était hostile. « Avec cette
femme », son seigneur lui donnait une petite seigneurie
tourangelle. Il se trouvait ainsi marié et casé par le
Capétien, comme l'avait été, un siècle et demi plus tôt,
son très lointain aïeul et homonyme, lui aussi cadet.
Permanence. Les trois fils d'Hugues II eurent ainsi leur
propre maison. Le patrimoine n'avait pas souffert. Seuls
avaient été détachés de l'ensemble les biens apportés par
la mère : il paraissait normal de les céder en apanage au
fils puîné. Mais seul l'aîné procréa. Par hasard : ses frères
moururent sans héritier, assassinés l'un et l'autre.

Sulpice II s'employa très vite à marier son fils aîné.

Agissant cette fois en toute indépendance à l'égard de ses seigneurs, les comtes. Il se hâtait, saisissant l'occasion de gagner par cette alliance une autre forteresse voisine, Château-Renault, récemment échue à une fille unique. Très jeune, comme l'était son promis. Elle ne fut pas livrée par sa parenté ni par le seigneur de son père. Le sire d'Amboise la reçut des chevaliers du château qui tinrent ici le rôle du père défunt. Une telle substitution s'explique. La garnison était liée à son chef par de complexes relations de solidarité : liens de vassalité, mais aussi liens de famille, noués encore par des mariages. A Château-Renault, la compagnie vassalique choisit donc elle-même l'homme qui, plus tard, au nom de son épouse, la conduirait au combat. Ailleurs, on la voit, mal contente, rejeter le nouveau mari : les chevaliers de Chaumont avaient failli chasser le beau-frère de Denise, alors tuteur de son neveu. Ceux de La Haye assassinèrent un gendre et son frère qui les importunaient de leur superbe. Toutefois, le pacte d'épousailles très précocement conclu par Sulpice II fut rompu pour cause de consanguinité. Le sire des Roches-Corbon, fidèle cousin mais n'allant pas jusqu'au parjure, était venu compter les degrés et jurer. En vérité, c'était le comte de Blois, seigneur du fief, qui, de loin, usant de ce moyen et mettant en branle la justice épiscopale, empêcha ce mariage qu'il n'avait pas décidé lui-même et qui l'inquiétait. Sulpice II dut rendre la fille. En effet, par sûreté, il l'avait tout de suite enfermée chez lui.

Jean de Marmoutier avait détaché la généalogie des comtes d'Anjou de celle des sires d'Amboise. Il l'avait remaniée. Vers 1180, il écrivit tout un livre en l'honneur du dernier défunt de la lignée : c'est l'*Histoire de Geoffroi, duc des Normands et comte des Angevins* [11]. L'œuvre fut dédiée à l'évêque du Mans : le duc était enseveli dans la cathédrale, sous la plaque d'émail que l'on y voit encore ; le prélat veillait sur le tombeau qu'il avait fait lui-même

orner; il était l'ordonnateur des liturgies funéraires; il
gardait le souvenir du trépassé, et l'usage était de
conserver près du sépulcre des saints et des princes très
puissants, pour être lus rituellement de temps à autre, la
relation de leurs actions et l'éloge de leurs vertus.
Geoffroi n'avait pas choisi d'établir sa tombe à Rouen : sa
maison ne se trouvait pas là, mais celle de son épouse; il
aurait pu choisir Angers; il choisit Le Mans, car c'était ici
que s'était inaugurée sa vie d'adulte; aussitôt après son
mariage, en 1128, il s'y était installé dans la demeure de
sa mère, attendant que son père libérât le palais angevin.
C'est précisément ce mariage que Jean de Marmoutier
place au seuil de son récit. Voici comment il le
raconte.

Comme Eustache de Boulogne, Geoffroi dut à sa
renommée de recevoir une épouse. Henri Iᵉʳ, duc de
Normandie, roi d'Angleterre, son seul garçon disparu
dans le naufrage de la Blanche-Nef, n'avait plus qu'une
héritière, Mathilde, que la mort de l'empereur, son mari,
laissait vacante. Il apprit – en fait il cherchait depuis
longtemps un moyen de ressaisir de quelque façon le
comté du Maine – qu'il existait un homme de bonne
race, vaillant au combat, qui ne « dégénérait » pas, bien
au contraire. Il le choisit. Des transactions s'engagèrent
avec le père du héros. Paroles furent données. « Paroles
de futur. » On en vint aux cérémonies conclusives.
Geoffroi n'était pas chevalier. On ne l'était pas encore à
son âge. Mais il était décent qu'un jeune marié le fût : il
allait diriger une maison; il devait tenir dans sa main
l'épée, cette épée de justice que Geoffroi brandit pour
l'éternité sur son effigie funéraire. Henri obtint d'adou-
ber lui-même son futur gendre : c'était une manière de le
mieux tenir par cette sorte de paternité, spirituelle mais
toute profane, attribuée au parrain de chevalerie. On
décida de procéder à la remise des armes à Rouen, juste
avant les épousailles, à la Pentecôte. On adoubait
d'ordinaire en ce jour de printemps : le Saint-Esprit
descendait sur les chevaliers nouveaux. Le jeune homme

arriva la veille escorté d'une troupe de jouvenceaux, ses compagnons d'apprentissage, qui recevraient avec lui le « sacrement », l'insigne de leur dignité militaire. L'escouade fut introduite dans la maison du beau-père. Celui-ci attendait, dans la salle, assis. Il se leva, s'avança vers l'homme qu'il avait élu pour engendrer ses petits-fils, le serra dans ses bras, le baisa plusieurs fois au visage, puis le fit asseoir à son côté sur le même banc, au même rang – comme sont assis l'un près de l'autre Godelive et son mari, la dame et son amant dans les devis amoureux, la Vierge et son fils qui s'apprête à la couronner. Je vois dans cette gestualité, dont les analogies sont évidentes avec celle de l'hommage, exprimant l'une et l'autre la soumission dans l'égalité, un rite d'adoption. Geoffroi fut reçu, dit l'*Histoire*, « comme un fils », dans la maison de son épouse. Agrégé à cette maison par celui qui la dominait encore – et qui tenait à cette ostensible intégration : qui marie une héritière entend assurer son pouvoir sur l'homme qui occupera après lui sa place. Suivit une sorte d'épreuve, langagière : un dialogue, une *confabulatio* entre l'ancien, interrogeant, et le jeune, répondant de son mieux, discrètement, démontrant que, malgré sa jeunesse, il était non seulement habile aux armes mais aux palabres, et capable de sapience, la vertu des *seniores* : il importait qu'il en fît la preuve alors que, prenant femme, il allait lui-même s'asseoir et gérer la seigneurie. Le mariage eut lieu le dimanche qui suivit l'adoubement. Non pas à Rouen mais au Mans, près de la maison de Geoffroi où le couple le soir irait s'unir. Les deux promis y furent conduits par le père de la fille. Le père du garçon les attendait. Jean de Marmoutier, lorsqu'il décrivait dans les détails la cérémonie de chevalerie n'évoquait aucun rite religieux. Il ne parle que d'eux lorsqu'il décrit le mariage. Nulle allusion au lit, à la chambre. Il n'est question que de la messe, de la bénédiction nuptiale et, les précédant, de l'acte essentiel, la cession de l'épouse par son père. Après l'enquête menée par l'évêque – simple formalité puisque la consanguinité des conjoints éclatait aux yeux de tous –

les paroles de présent furent échangées à la porte de l'église. Jean introduit ici l'affirmation dogmatique – on ne la rencontre aussi nette dans aucun autre texte de l'époque : « C'est le consentement qui fait le mariage. » Le texte était offert à l'évêque du Mans mais il s'adressait au prince, à Henri Plantagenêt, fils de Geoffroi. Qu'on lui présentât le mariage de cette façon prouve que la société mondaine appliquait maintenant les consignes de l'Eglise. Au plan du rituel au moins, le modèle laïc et le modèle ecclésiastique apparaissent en plein accord lorsque Jean de Marmoutier rédigeait son *Histoire*, aux environs de 1180, dans la France du Nord-Ouest.

Les comtes de Guines

Je déplace, pour terminer, très légèrement le champ d'observation. Franchissant deux décennies, rejoignant l'époque du divorce de Philippe Auguste, gagnant le Nord du royaume, la région de Bouvines, afin d'exploiter la gerbe d'informations que me fournit l'histoire parallèle de deux lignées, celle des comtes de Guines et celle des seigneurs d'Ardres [1].

Entre 1201 et 1206, Lambert achevait de l'écrire. C'était un clerc qui servait dans le château d'Ardres, lié au maître de cette forteresse par une parenté subalterne : prêtre, mais lui-même marié et ne s'en cachant point, père d'au moins deux fils, prêtres comme lui – ceci un siècle après la grande offensive grégorienne contre le concubinage sacerdotal : se mesure ici encore la distance entre la théorie morale de l'Église et la pratique – il avait marié fort honorablement une de ses filles dans une branche bâtarde de la famille seigneuriale. Lambert se targuait d'être « maître », fier d'une culture acquise aux écoles, camarade de ces autres gradés que le comte de Guines, père de son patron, nourrissait chez lui, qui discutaient avec lui, lisaient, traduisaient pour lui les livres des bibliothèques ecclésiastiques, et notamment des textes, le *Cantique des Cantiques*, saint Augustin, servant de références aux théologiens du mariage. De fait, son ouvrage porte témoignage d'une expertise rhétoricienne, d'une belle connaissance de la poésie antique, mais aussi d'une attention portée au plus neuf de la production littéraire courtoise. La forme est latine, savante ; l'auteur pourtant considère d'un regard très laïcisé les faits qu'il relate « à la gloire des hauts sires de Guines et d'Ardres [2] ». Concélébrant les deux maisons, le petit comté coincé entre Flandre et Boulogne et la seigneurie qui s'était fortement construite, à l'intérieur de ce comté, autour d'un puissant château. Lorsque Lambert écrit, les deux maisons sont unies depuis une quarantaine d'années. Le lien s'est noué par un mariage, celui de l'actuel comte Baudoin II et les deux patrimoines vont bientôt se rassembler dans les mains du fils aîné de Baudoin, Arnoul. Il tient déjà celui de sa mère défunte : il l'a arraché à son père. Il s'est établi à Ardres en 1194 avec sa femme, héritière d'un château voisin, Bourbourg.

Lambert le dit formellement : c'est à l'occasion de ces noces que, pour plaire au comte Baudoin, il entreprit d'ériger un monument littéraire exaltant les aïeux des deux époux. Cette tâche lui revenait : il appartenait à la domesticité d'Arnoul, héros du récit ; il vivait en compagnie de ce chevalier, cousin d'Arnoul, qui gardait en mémoire les hauts faits des ancêtres. Mais puisque son maître était le fils du comte de Guines, puisque dans sa personne se mêlaient deux sangs, deux ascendances, Lambert se devait d'honorer parallèlement les deux lignées. Respectueux des hiérarchies comme l'était l'historien des sires d'Amboise, il commença naturellement par celle des Guines, prééminente : ils étaient comtes ; ils recevaient l'hommage pour le château d'Ardres ; mais surtout, le masculin surplombant le féminin, l'ascendance paternelle devait passer la première. Les deux récits sont l'un et l'autre bâtis sur une trame généalogique, cadre obligé : ils descendent de mariage en mariage, s'articulant, non sur les dates, fort rares et le plus souvent fausses, mais sur la mention de ces accouplements successifs. A chaque échelon, s'intercale la biographie d'un mâle, celui qui dirigea la maison parce qu'il était le premier né d'un mariage légitime ou parce qu'il avait épousé en mariage légitime l'aînée des filles.

Tout le souvenir et toute la destinée de ces patrimoines sur quoi ce souvenir prend assise reposent sur l'institution matrimoniale. A l'origine de chacun des deux lignages, comme à l'origine du genre humain, dans un passé brumeux, presque hors du temps, mythique, prend place une copulation fondatrice. A l'orée du lignage des comtes, dominant, l'imaginaire dresse une image virile, celle de l'homme qui prit une femme, comme Baudoin de Guines avait naguère pris l'héritière d'Ardres ; tandis que c'est par une femme, une femme qui fut donnée, passive, à un homme, que le lignage des sires, dominé, est censé avoir pris naissance. Cette disposition symbolique de l'un et l'autre sexe répondait à l'attente d'un petit potentat qui, bien qu'illettré, se vantait de sa haute culture. Elle reflète, dans l'univers mental et dans un système de valeurs, la fonction primordiale que remplissait le mariage dans la réalité sociale.

Lambert décrit la demeure de son patron, le château d'Ardres ; il l'émerveille par son organisation interne, d'une admirable modernité : reconstruite dans le premier tiers du XIIᵉ siècle, la bâtisse est en bois, mais l'espace domestique s'y trouve fractionné, démultiplié : c'est un « inextricable labyrinthe ». Or – et ceci confirme l'impression laissée par la lecture de tous les textes de l'époque – cette demeure complexe est conçue pour abriter un seul couple procréateur, une seule de ces cellules conjugales qui constituaient la structure fondamentale de cette société. On ne voit pas que place soit aménagée sous les toits du château pour d'autres accouplements. La disposition des lieux n'établit que celui du maître dans la permanence et la légitimité. A l'étage intermédiaire, celui de l'habitation, la salle unique – celle où, dans le château de Chaumont, Denise et ses filles étaient enfermées, où reposait l'accouchée dans la tour d'Amboise – est ici cloisonnée. Au centre, isolée, formant comme le cœur, le noyau de tout l'organisme, comme une matrice propre aux fécondations, aux germinations, une chambre : « la grande chambre du sire et de son épouse, où ils couchent ensemble [3] ». Un lit, un seul, où, la nuit, l'avenir de la lignée se fabrique. Le reste de la maisonnée, nombreuse, dort ailleurs, dans les recoins, et ceux qui sont mariés – tel le prêtre Lambert – logent à l'écart, dans les cabanes de la basse cour, comme le gardien du château d'Amboise. A l'intérieur de la maison, les autres chambres sont réservées aux enfants légitimes du couple seigneurial. Dans un dortoir, une sorte de couveuse, jouxtant la pièce où ils ont été conçus et sont venus au monde, se trouvent resserrés les tout jeunes et les nourrices qui les soignent ; à l'étage supérieur, celui des veilleurs, celui de l'ultime retraite, les adolescents sont cantonnés : ils ont survécu aux dangers de la petite enfance ; ils sont l'espoir de la famille. Deux pièces ici, séparées, l'une pour les garçons, l'autre pour les filles. Les jeune mâles y viennent en passant, « quand ils veulent ». Leur place en effet n'est pas ici mais au dehors, dans l'espace dédoublé de l'aventure et des initiations chevaleresques : la forêt, la cour – mais une cour qui n'est pas la paternelle : ils apprennent à se bien conduire auprès du frère de leur mère ou du seigneur de leur père. Les filles, elles, sont chambrées, « comme il se doit », surveillées jusqu'à leur mariage. En tout cas, nul local n'est prévu pour accueillir l'aîné des fils lorsqu'il a pris femme : la maison n'est pas faite pour deux ménages. Tant que le père n'est pas mort, ne s'est pas retiré dans un cloître, n'a pas pris la route de Jérusalem, libérant la chambre, le lit, l'héritier ne peut se marier. Qui lui procure une épouse, doit lui procurer aussi un autre logis, et c'est souvent, au Mans, ici même à Ardres, la demeure de sa mère défunte. Une telle organisation de la résidence n'est pas sans retentissement sur les pratiques matrimoniales.

Elle imposait d'abord de prolonger l'intervalle entre les épousailles et les noces. L'accord entre les parentés se concluait souvent très tôt : la fille du très vieux comte de Namur n'avait pas un an lorsqu'elle fut cédée, en 1186, au fils du comte de Champagne, qui l'emporta dans la maison de son père. De petites filles, promises aux garçons des lignages, venaient ainsi rejoindre dans les bras des nourrices, puis dans le gynécée, celles qui s'y trouvaient depuis leur naissance. Offertes, en grandissant, aux convoitises des mâles, et d'abord de leur futur beau-père : combien furent violées, et surtout lorsque les deux lignages avaient changé d'avis, rompu le pacte. On ne se souciait pas toujours de les rendre, ni de les réclamer, en particulier quand elles étaient, comme la fille du comte de Namur, pourvues d'un héritage qui tentait un oncle, un cousin : cette « épouse » disparaissait dans l'oubli. Comment avait-elle pu dans un âge aussi tendre manifester cette adhésion volontaire, ce consentement qu'exigeait l'autorité ecclésiastique et que les laïcs, dans ce milieu social, jugeaient eux aussi maintenant nécessaire ? Fiançant des enfants, les chefs de maison souhaitaient l'engendrement durable et, par conséquent, jouaient le jeu, multipliaient les gestes, les formules. Dans la famille de Guines, on avait procédé à la *desponsatio* du comte actuel, Baudoin II, dix ans avant que Thomas Becket ne l'eût adoubé [4]. Il avait donc moins de dix ans d'âge. La promise était beaucoup plus jeune. Elle ne parlait pas encore. Lambert raconte qu'elle fut apportée au milieu des deux parentés réunies pour qu'on la vît publiquement, solennellement, accepter celui que l'on avait choisi de lui donner pour époux. On reconnut l'assentiment du bébé à son *hilaritas :* elle sourit, on l'acclama : elle était d'accord, et dès lors, *sponsa*. Le père de Baudoin survécut une vingtaine d'années à la cérémonie. Le jeune marié n'attendit pas si longtemps pour déflorer sa femme et la féconder : elle lui avait donné déjà cinq enfants lorsqu'il hérita le comté. Mais entre-

temps son beau-père était mort; sa belle-mère s'était
remariée : la « grande chambre » d'Ardres était devenue
vacante pour ses noces.

Lambert décrit abondamment celles du fils aîné de
Baudoin, Arnoul [5]. Il avait, lui, rongé très longtemps son
frein. Adoubé en 1181, treize années durant il avait
cherché femme : la principauté de Guines avait pris de
l'importance, il était moins aisé d'en marier l'héritier ; un
jeu serré se menait dans la région qui rendait la chasse
aux épouses hasardeuse. Après de longues poursuites
infructueuses, un gibier fut enfin levé : une fille dont le
jeune frère, maître du château de Bourbourg, venait de
mourir. Arnoul se jeta sur elle. Il était déjà promis à l'une
des filles du comte de Saint-Pol : le sang était bon, les
espérances minces. Point d'hésitation. Cette première
desponsatio fut rompue ; l'*Histoire* ne dit pas comment : la
chose fut-elle aussi simple ? Il fallait aussi des dispenses,
la fille de Bourbourg était cousine d'Arnoul au quatrième degré. On n'alla pas jusqu'à Rome ; pourtant à ce
niveau social, l'accord de l' « ordinaire », l'évêque de
Thérouanne, ne suffisait pas ; il fut obtenu de l'archevêque. Le pacte put alors être noué par cet engagement
des cœurs qui, les laïcs en étaient désormais bien
d'accord, fait le mariage. Arnoul « s'unit et s'accoupla
en mariage à sa légitime épouse » par l'échange des
consentements et par la remise du douaire ; le château
d'Ardres, qu'Arnoul avait hérité de sa mère et dont il
pouvait librement disposer du vivant de son père,
constitua le *sponsalicium*. Le récit revêt un extrême
intérêt lorsqu'il en arrive à la seconde phase, la cérémonie nuptiale. A l'inverse de Jean de Marmoutier, Lambert ne dit presque rien des formalités religieuses. Il
raconte pourtant que, préposé aux liturgies dans la
maison des nouveaux époux, il lui revenait de sonner les
cloches. Il refusa : Arnoul était excommunié – pour avoir
dans ses chevauchées abîmé un moulin : il appartenait à
une veuve, il était dans la paix de Dieu. Or, à Reims, on
avait acheté l'absolution en même temps que la dispense ;
Lambert qui l'ignorait encourut la colère du comte de

Guines, terrible; pour se racheter, dit-il, il écrivit l'*Histoire*. De manière à plaire à son maître. Et pour cela sans doute, montrant les noces telles que les voyaient les laïcs.

L'important à leurs yeux ne se passait pas dans l'église, mais, la nuit venue, dans la demeure du couple, dans la chambre. Les deux époux sont dans le lit. Lambert, deux autres prêtres, ses fils, un quatrième, font le tour de la couche, exorcisant : ils aspergent les mariés d'eau bénite, ils encensent le lit, ils le sacralisent, ils en font une sorte d'autel, appelant sur lui la bénédiction divine. Leur mission est de refouler par ces gestes et par ces paroles un peu de cette mauvaiseté que le jeu sexuel va forcément répandre en ce lieu. Toutefois l'action des prêtres a moins de poids que celle de l'ultime officiant, le père du marié. C'était celui de l'épouse qui, en plein jour, en plein air, ôtant de sa main la fille, la plaçant dans la main d'un autre homme, avait tenu le premier rôle. Ce rôle revient au père du mari, de l'engendreur, en ce moment nocturne, en cet espace clos, celui de l'ombre et de la gestation, après que les deux conjoints ont été conduits à l'intérieur de leur demeure, la femme à l'intérieur du lignage qui la reçoit pour que, prêtant ses flancs à l'ensemencement, elle assure sa perpétuation. Le religieux n'est évidemment pas absent des rites qu'accomplit ce laïc : les yeux au ciel, par une formule empruntée aux actes apocryphes de l'apôtre Thomas, il supplie Dieu de bénir son fils et sa bru, déjà, pense-t-il, depuis l'échange des consentements, « conjoints par la sainte loi du saint accouplement et par le rituel matrimonial ». Qu'ils vivent dans la concorde, l'accord des cœurs; qu'ils procréent – après l'esprit vient la chair –, « que leur semence se propage dans la longueur des jours et à travers les âges ». C'est bien pour cela qu'ils sont couchés ensemble. Nul n'attend que, trois nuits durant, ils s'astreignent à la continence : l'espoir est que l'épouse soit fécondée cette nuit-même.

Après avoir par ces mots capté la bénédiction divine, Baudoin accorde la sienne. Il bénit les époux, comme

Abraham bénit Isaac et celui-ci Jacob. Patriarche, il transmet de la sorte les charismes familiaux dont il est l'actuel détenteur. C'est dans cette opération, au sens le plus fort du terme, généreuse, génératrice, qu'il entend être montré et que, docile, le prêtre Lambert le fait voir. Par cet appel à la fertilité, par la place que lui accorde ce récit d'un mariage, apparaît en pleine lumière la conception laïque de la conjugalité, sacralisée en surface et cependant, dans sa profondeur, charnelle. La chair est réhabilitée, réconciliée par la bénédiction des prêtres, et tous, parents, amis, voisins des deux sexes, s'associent au plaisir des époux, « par des divertissements et des jeux dans la joyeuseté et l'exultation [6] ».

L'*Histoire des comtes de Guines* n'apprend rien ou presque de la perversité féminine. Lambert vante la pureté des épouses. Il affirme qu'elles sont toutes entrées vierges dans le lit nuptial. Les hommes qu'il sert et dont il exprime la pensée prennent grand soin de tenir cloîtrées leurs filles jusqu'au mariage, dans la chambre haute, afin qu'elles ne perdent pas de valeur. Les maisons nobles, dès qu'elles en ont le moyen, utilisent un lieu d'enfermement plus sûr encore : un petit couvent de moniales. Ce couvent, à Bourbourg, se trouve à l'intérieur du château; celui de Guines, fondé par une comtesse en 1117, lui est adjacent. Ce monastère domestique accueille les femmes en surplus de la famille, les veuves, les filles trop jeunes pour être épousées ou qui n'ont pas trouvé preneur. Ces femmes prient. Toutefois les prières efficaces sortent de bouches masculines. La principale fonction du couvent est donc de surveillance, accessoirement d'éducation : les filles y sont « initiées aux études libérales [7] »; lorsqu'elles en sortent pour se marier, elles sont donc d'ordinaire moins « illettrées » que leur époux – autre facteur d'un certain pouvoir féminin. Dans le château de Bourbourg, c'est une tante qui, sans avoir pris le voile, gouverne la petite escouade,

« tant les servantes que les moniales ». Ces communautés
représentent la forme sophistiquée, quelque peu épurée
par la discipline religieuse de ses puissances maléfiques,
du gynécée, de cette partie de la demeure hantée par les
femmes. Elles sont placées, comme dans la « chambre
des dames », sous la domination de matrones, parfois
redoutables. Telle Gertrude, épouse d'Arnoul le Vieux
d'Ardres. Son sang était de très haute qualité mais
véhément. Elle-même d'autant plus violente qu'elle se
sentait de meilleure extraction dans le ménage. Lambert
la montre cupide, accablant d'exactions les masures
paysannes; une mère miséreuse ne pouvant fournir
l'agneau de la taxe pascale, la dame se fit donner une
petite fille; dès que celle-ci fut grandette, elle en tira
profit, comme elle eût fait d'une brebis, en la faisant
couvrir par un mâle : elle obtiendrait ainsi de nouveaux
serfs. Une autre femme, légère, comme il y en avait tant
dans les demeures de l'aristocratie, une « belle petite »,
dit Lambert, devenue grosse, vint, devant la maîtresse du
château, accuser un homme de la maisonnée de l'avoir
forcée; elle se mit « en service », « par les mains », elle
s'asservit, s'intégrant ainsi au troupeau que gérait la
châtelaine : l'enfant qu'elle portait appartiendrait désormais à Gertrude, laquelle, bonne ménagère, contraignit
le prétendu suborneur à épouser. Petite lueur sur ce que
pouvait être le mariage dans le peuple soumis, dont on ne
sait à peu près rien.

Ce qu'écrit Lambert illustre le propos d'André le
Chapelain : chacun des deux sexes est régi par une
morale distincte. Aux filles de l'aristocratie, la retenue
est imposée. Tandis que le panégyrique fait gloire aux
garçons de leur pétulance sexuelle. Le chapitre 88 traite
de l'ancien, du comte Baudoin, « de sa prudence et de sa
négligence ». Affectant l'impartialité, n'exhibant pas
seulement les vertus, mais les défauts. Ce sont bien sûr
les défauts qui font la fierté du patron : « Depuis le début
de son adolescence jusqu'à sa vieillesse, ses reins ont été
titillés par l'intempérance d'une impatiente libido. » Les
très jeunes filles, les vierges, lui plaisaient spécialement.

Péché ? Non pas : le feint reproche est un éloge. Baudoin a fait « mieux que David, que Samson et même que Jupiter [8] ». Ce foudre de toutes parts lancé ne fut pas infécond. Au cours du récit, Lambert mentionne l'existence de cinq bâtards mâles, dont deux furent chanoines. Il est discret car, relatant les funérailles de l'impétueux vieillard en 1206, le chroniqueur de l'abbaye d'Andres, nécropole des comtes de Guines, fait état dans l'assistance de trente-trois fils ou filles « issus soit de son épouse, soit d'ailleurs ». De sa femme, Baudoin n'avait eu que dix enfants qui lui survécurent; vint-trois autres pleuraient sa mort, mêlés aux rejetons légitimes.

Cette société masculine ne réprouve pas chez les hommes de tels débordements génétiques. Elle les loue, et très fort, lorsque leurs feux ne vont pas s'éteindre dans les flancs d'une servante ou d'une prostituée. Quand Lambert parle des compagnes dont s'amusèrent un moment les garçons du lignage, il les dit toutes « belles » d'abord. C'était une excuse, Alain de Lille, dans son manuel de confession, invite à s'enquérir : celle en qui le péché fut commis, était-elle jolie ? Dans l'affirmative, il convient de modérer la pénitence [9]. Pour Lambert, ces filles étaient aussi toutes « nobles ». Entendons que leur père était de bon sang que c'étaient ou bien un vassal ou bien, plus fréquemment, un bâtard de la parenté. Des femmes nubiles, point encore mariées, moins bien gardées que les filles du maître, vivant dans la maison ou ses abords, constituaient là comme une réserve où l'ardeur des garçons légitimes trouvait à se débonder. Hors du mariage, on voit de nouveau que la consanguinité ne gênait guère le divertissement sexuel. Parlant d'Arnoul, fondateur de la lignée d'Ardres, Lambert lui attribue deux bâtards nés de deux mères différentes. Arnoul le second, dans sa jeunesse, engendra trois fils lorsqu'il courait l'aventure en Angleterre, puis un quatrième, d'une femme « noble »; tous quatre se montrèrent, comme lui, très bons chevaliers. De sa femme légitime, il eut deux garçons. L'aîné, avant de se marier, le lit n'étant pas vacant, dut patienter : deux bâtards

naquirent – le fils de l'un d'eux fut gendre de Lambert.
Quant à son frère, il engrossa d'abord d'un garçon une
fille, vierge jusqu'alors, du chanoine Raoul. Cet homme
d'Église, l'un des bâtards d'Arnoul Ier, était par conséquent l'oncle du père de son petit-fils. Il chantait l'office
dans la collégiale établie près du château d'Ardres, qui
tenait un peu le même rôle que le couvent de filles : elle
hébergeait les mâles en surnombre, en particulier les
illégitimes; malgré l'effort des clercs réformateurs, cet
établissement religieux n'était pas devenu au XIIe siècle
une citadelle de chasteté. Ce même cadet – et parce que
cadet tardant à se marier – eut deux enfants d'une
« noble » qu'il avait, elle aussi, déflorée. Fille celle-ci
d'un autre chanoine et d'une « noble dame ». Deux
enfants de la même mère : l'union n'était pas une
passade; c'était un concubinage. L'usage donc ne s'était
pas perdu de cette forme de conjugalité, stable, tenue
cependant hors de la pleine légitimité afin que les fils le
fussent aussi et ne vinssent pas prétendre à l'héritage.
L'un de ces bâtards, une fille, était, dit Lambert, très
fameuse : elle avait donné un fils au frère du comte
Baudoin de Guines : elle en avait donné un autre à
un chanoine, du chapitre épiscopal de Thérouanne,
celui-ci.

La bâtardise s'inscrit, en ce temps et en ce lieu, dans
les structures de la bonne société. Si normales que les
bâtards, ceux principalement de sexe masculin, n'étaient
nullement dissimulés ni rejetés. Aussi nobles que les
autres, ils devaient à leur sang certaines prérogatives. Ils
avaient droit « par privilège de consanguinité » au
contubernium, au gîte et au couvert dans la maison de
leur père [10]. Elle leur était grande ouverte. L'un des
bâtards d'Arnoul l'Ancien avait apostasié en Orient. Au
retour il demeurait « sarrasin »; on le reçut pourtant,
mais comme il s'obstinait à manger de la viande le
vendredi, on dut le chasser – la mort dans l'âme. Ces
garçons partageaient l'existence de leurs demi-frères
légitimes. Peut-être même, parce qu'ils n'avaient pas
l'espoir de succéder, étaient-ils moins indociles et leur

voit-on plus d'assurance qu'aux puînés issus de l'épouse :
ils ne sont pas jaloux de l'aîné ; ils sont ses amis intimes.
Certains cependant se montrent parfois turbulents.
L'autre bâtard d'Arnoul l'Ancien, « noble par la naissance et par les armes », s'allia à un chevalier « puissant »,
bâtard comme lui, fils du chanoine Raoul – c'est-à-dire
du frère de son grand-père. Tous les deux gâtèrent par
leurs chevauchées pillardes une partie du patrimoine
ancestral. Un accident : on en gardait le cuisant souvenir.
D'ordinaire, le bon seigneur veille sur sa progéniture
illégitime, autant que sur l'autre. Il prend soin d'éduquer. Il adoube les garçons. Arnoul II fit chevalier tous
ses fils « tant ceux conçus dans les plaisirs de Vénus que
ceux sortis du ventre de son épouse [11] ». Baudoin II est
vivement félicité d'avoir très bien élevé ses bâtards et très
bien marié ses bâtardes.

Remarquons toutefois que, si l'on en croit Lambert,
les hommes des deux lignages n'ont joui des « plaisirs de
Vénus » que célibataires – chevaliers « jeunes » ou chanoines – ou bien veufs. Tant qu'ils eurent une épouse à
leur disposition, rien n'est rapporté de leur divagation
sexuelle. Selon la morale enseignée par l'*Histoire,* l'aire
de licence est censée se déployer à l'extérieur d'un
enclos, la cellule conjugale. C'est ici qu'il est permis de
mettre en doute la véracité du récit. André le Chapelain
voyait les maris beaucoup plus libres, de même que
Gislebert de Mons, historien des comtes de Hainaut.
Celui-ci s'étonne du comportement du maître actuel du
comté qu'il n'aime guère : mari d'une fille bien dévote, il
respectait ses intentions de chasteté et ne se consolait pas
ailleurs ; « méprisant toutes les autres femmes, il se mit à
l'aimer seule, d'un amour fervent [*amor :* l'amour cette
fois, au sein du couple conjugal, mais désincarné] et, ce
qui est bien rare chez les hommes, s'adonna à une seule
femme et se suffit d'elle seule ». Pour Gislebert, très
évidemment, cette fidélité n'est pas vertu, elle est
faiblesse, comme une tare que l'on peut moquer chez un
si haut seigneur. Les époux avaient accepté les contraintes qu'imposait l'Église : ils ne répudiaient plus leur

femme. Davantage de liberté ne leur était-elle pas
tacitement accordée ? Du moins Lambert, moins cyni-
que que Gislebert ou sans doute moins libre, ne montre
que des maris sages et chérissant leur épouse. C'est le cas
de Baudoin II, le vert-galant. Il guerroyait en Angleterre
lorsqu'il apprit que la grossesse de la comtesse – la
dixième au moins – était périlleuse. Il se hâta d'accourir,
prenant avec lui de bons médecins. Ceux-ci dirent la
future mère perdue et qu'il ne restait plus qu'à la
« consoler ». Baudoin, rapporte Lambert, malade de
chagrin, s'enferma des jours et jours, ne voulant plus
quitter son lit [12]. Manifestation rituelle de deuil ? Ou bien
douleur véritable ? Éloge en tout cas de l'époux. L'éloge
du père est plus appuyé. Le bien du mariage est en effet
dans la progéniture : « Avant tout et en tout, le comte de
Guines se réjouissait de la glorieuse propagation de ses
enfants et s'empressait de tout son pouvoir et de toute son
affection de les promouvoir. » Il y parvenait principalement en décidant de leur mariage.

Se judicieusement marier, marier judicieusement ses
enfants n'était pas si facile. Je prends le cas du comte
Manassé de Guines qui vivait dans le premier tiers du
XIIᵉ siècle. Il avait réussi son propre mariage : les services
rendus outre-Manche lui avaient valu de recevoir une
épouse bien dotée. Mais il n'en avait obtenu que des
filles. L'une d'elles seulement s'était mariée et n'avait
procréé qu'une fille, « bossue et maladive ». L'inquiétude
minait le comte, ses cheveux blanchissaient : « Il craignait fort, nulle semence issue de son corps, devoir
mendier à l'une de ses sœurs un héritier d'une autre
semence, puisque ses frères étaient tous morts sans
héritier [13]. » Remarquons d'abord que la semence est
censée se transmettre exclusivement par les mâles ;
ensuite que, prudemment, le père avait éloigné ses fils
cadets, afin que l'héritage ne fût pas, par leurs prétentions, dissocié. L'un, croisé, était devenu comte de

Beyrouth, mais n'avait pas eu de fils. L'autre, casé dans le chapitre de Thérouanne, était voué à ne point engendrer d'enfants légitimes. Le danger de déshérence lui avait fait quitter l'état ecclésiastique, mais trop tard : devenu chevalier, il disparut sans avoir procréé de mâles. Les sœurs de Manassé s'étaient montrées fécondes, mais fécondées par « une autre semence ». Obsession de la semence. Et robustesse des deux colonnes maîtresses de l'idéologie lignagère : primauté de la succession masculine (en dépit d'une convivialité plus continue, génératrice d'une amitié plus chaude, le fils de la sœur ne vaut pas le fils du frère : peut-être l'aime-t-on mieux, mais on préfère l'autre pour successeur); primauté de la ligne directe : tout chef de maison souhaite la « survie », de la semence « de son propre corps ». Et c'est pour cela qu'il s'exténue à engendrer.

Manassé de Guines ne croyait plus possible de féconder encore les flancs de son épouse. D'autres seigneurs, plus âgés que lui, montraient plus d'obstination et n'hésitaient pas pour parvenir à leurs fins, à changer d'épouse. Tel le comte Henri de Namur. Déjà très mûr, il avait épousé Laure, la veuve de Raoul de Vermandois : elle en était à son quatrième, peut-être à son cinquième époux; aucun d'eux ne l'avait engrossée, Henri n'y réussit pas lui-même. Il changea, casa Laure dans un couvent, prit en 1168 Agnès, la fille du comte de Gueldre. Son beau-frère, le comte de Hainaut, qui guettait l'héritage, le laissa faire : Henri était maintenant hors d'âge. De fait, il garda Agnès « pendant quatre ans sans jamais s'unir à elle dans le lit et finit par la rendre à son père ». On respirait à la cour de Hainaut. Mais à l'automne de 1185, coup de théâtre : « Agnès, qu'il avait laissée pendant quinze ans, il la reçut [elle était sa femme, bien que le mariage n'ait pas été consommé], elle conçut aussitôt une fille qu'elle mit au monde au mois de juillet. » Une fille; c'était toujours ça : son père l'utilisa sans délai, la mariant au berceau à l'héritier du comté de Champagne.

Manassé ne décida pas, lui, de prendre une autre

femme. On voit ici le respect de l'indissolubilité triompher du désir de survivre dans sa propre semence. Victoire de l'idéologie ecclésiastique ? Ou bien de l'amour conjugal ? En dernier recours, le comte, pour ne pas « mendier » un successeur dans les maisons où ses sœurs étaient mariées, tenta d'employer sa petite-fille, bien qu'elle ne fût pas plaisante. Il la maria. La décision ne vint pas, évidemment, de l'intéressée. Ni de son père, le sire de Bourbourg ; veuf, il s'était remarié, perdant ainsi droit de regard sur les biens qui devaient échoir à sa fille ; on lui demanda seulement son accord, son « appui ». La grand-mère intervint : ce fut elle, sans doute, qui trouva l'époux, un Anglais ; les possessions qu'elle avait apportées en se mariant servirent, en bien dotant l'enfant, à renforcer ses attraits ; elle « conseilla » dit le texte. Mais le marieur fut son mari, car il était le chef de maison, l'aîné des mâles : tout le patrimoine, de gloire, d'honneur, toute la richesse du lignage, étaient dans sa main. Telle était la règle. Elle fut respectée plus tard lorsque Arnoul, le héros du récit, prit femme [14]. Il n'était plus jeune, et pourtant soumis : il se maria « par le conseil » de son père. Quant à sa femme qui – ceci faisait son prix – n'avait ni père, ni frère, ni oncle, elle fut cédée par un groupe d'hommes. Non point par les chevaliers du château de Bourbourg. Par ses parents : les quatre frères de Béthune – dont Conon, le poète –, ses oncles maternels : ils parlaient au nom d'une femme, veuve, leur sœur, douairière, en possession de l'héritage. Le fils de la sœur aînée du père, le mâle qui dirigeait alors le lignage paternel les accompagnait ; il avait son mot à dire, car les biens que le mariage faisait changer de main venaient de ses ancêtres. Le droit de marier, c'est clair, appartenait toujours à un homme, à celui qui détenait le pouvoir dans la maisonnée ; lorsqu'il s'agissait d'une fille, il requérait le conseil de son épouse, puisque la dot de la jeune mariée était souvent prélevée sur les biens dotaux de sa mère ou de sa tante.

Tous les chefs de maison poursuivaient les mêmes buts. Leur rêve était de marier toutes leurs filles. Elles

étaient nées pour cela, « engendrées pour procréer
elles-mêmes des rejets de bonne race [15] ». Rejet, provi-
gnage : par la dispersion de ces boutures féminines, faire
pénétrer le sang des ancêtres dans d'autres demeures, se
les lier de cette façon. Les filles servaient aux alliances.
Mariées donc, et remariées dès qu'elles étaient veuves,
lorsque l'on trouvait preneur. Près de Guines, le vicomte
de Merck parvint à caser ses neuf filles. Le comte
Baudouin II casa les siennes, comme il put, petitement, à
des chevaliers vassaux. Le sire de Bourbourg n'en maria
que trois sur cinq, la première bien, la seconde moins
bien, la troisième très loin, en Rhénanie; les deux
dernières vieillirent dans le couvent domestique, conso-
lées par la conviction que la virginité occupe le plus haut
degré dans l'échelle des mérites [16].

En effet, sur le marché matrimonial, l'offre de femmes
surpassait la demande. Les pères menaient la politique
des seigneurs d'Amboise : ils retenaient la plupart de
leurs garçons de prendre femme légitime. Le même
Henri de Bourbourg avait sept garçons; il en plaça deux
dans l'Église; trois autres furent victimes des réels
dangers de la vie chevaleresque, l'un se tua « encore
adolescent », un autre « déjà chevalier », le troisième,
« aveuglé dans un tournoi », avait perdu ses capacités de
régir la seigneurie. L'aîné, lui, fut marié deux fois – en
vain : il mourut sans enfant. Restait le dernier-né, très
jeune. A la mort de son père, on lui fit épouser la veuve
de son frère, sans souci de l'empêchement par affinité : il
importait de conserver la bonne alliance avec la maison
de Béthune. Du couple naquit un fils, qui ne vécut pas
longtemps, et une fille. Henri de Bourbourg, ses douze
enfants vivants, avait pu croire assuré le destin du
lignage. Or, pour trop de restriction au mariage de ses
fils, son héritage tomba en quenouille. Prenant l'orpheline, Arnoul d'Ardres s'en empara. Ce cas fait apercevoir
ce que la discipline lignagère avait de périlleux. Mais il
paraissait plus urgent d'éviter la ramification de la
lignée. On voulait que la semence survécût, mais dans
une seule tige. Force était de limiter les naissances. Par la

contraception ? Un propos d'Hermann de Tournai suggère que l'on n'en ignorait pas les recettes [17] : la comtesse
Clémence de Flandre, « ayant engendré trois fils en trois
ans, craignant, s'il en naissait davantage, qu'ils se
disputent la Flandre, agit selon les pratiques féminines
(*arte muliebri*) afin de ne plus engendrer ». Usant de ces
secrets bien gardés parmi les femmes, de ces mixtures
que décrit Bourchard de Worms, par la vertu desquelles
les épouses adultères pouvaient, comme dans les romans,
demeurer stériles. Et punie pour cela; Hermann ne le
soupçonnait pas : tous les fils de la comtesse moururent
sans garçon, ce qui transféra l' « honneur » au gendre de
Hainaut. On a toutefois peine à croire que, dans les
couples légitimes, de tels procédés aient été de grand
usage. Songeons aux dix enfants adultes de Baudouin de
Guines, aux douze d'Henri de Bourbourg. Pour restreindre le nombre des héritiers possibles, on contrôlait la
nuptialité masculine.

Il conviendrait de vérifier, en reconstituant le plus
possible de généalogies nobiliaires, si ce qu'enseignent
les récits que j'analyse est vrai, si cette pratique restrictive
– ne marier que l'aîné des garçons – fut aussi généralement employée dans l'aristocratie de la France septentrionale au XIIᵉ siècle (antérieurement, les documents
sont trop clairsemés pour que l'enquête soit convaincante) qu'elle l'avait été apparemment par les chevaliers des
environs de Cluny. Une très récente étude montre la
stratégie sinueuse et pourtant efficace [18]. Aswalo, sire de
Seignelay, contemporain de Manassé de Guines, avait eu
cinq fils. L'un mourut jeune, l'autre devint archevêque
de Sens. Les trois autres furent mariés, ce qui semble
contredire ce que j'avance. Mais considérons les circonstances. L'aîné prit femme, comme c'était normal. Le
second se maria, mais lui-même, après la mort de son
frère : il était alors le tuteur de ses neveux, responsable
du lignage et tenu d'en assurer la survie si par malheur
les garçons dont il avait la responsabilité disparaissaient
comme il était si fréquent, dans la violence des tournois
et des jeux militaires. Le troisième, lui non plus, ne fut

pas marié par son père ni par son frère : il courut sa chance et, sur le tard, dénicha une héritière ; établi sur le bien de sa femme, il ne demanda rien de l'héritage paternel. Le mariage des deux puînés fut fécond. Aswalo eut par eux cinq petits-fils. Mais trois d'entre eux firent carrière dans l'Église, et très belle. Les deux garçons chevaliers participèrent en 1189 à la troisième croisade : ils n'en revinrent pas. Un seul des rejetons fit souche à son tour : c'était le fils aîné du fils aîné. Il eut lui-même quatre fils ; l'un procréa des enfants légitimes, mais les trois autres, accompagnant les cousins germains de leur père, moururent comme eux dans l'expédition de Terre sainte. Dans l'étiolement des rameaux adventifs, le hasard ici joua son rôle. Et cette famille était en fort bonne position pour placer ses garçons dans les chapitres cathédraux. Loin de moi l'idée d'exclure que l'enthousiasme religieux ait pu porter les garçons de ce lignage à prendre la route de Jérusalem, à faire profession dans l'Église. Eussent-ils en si grand nombre choisi ces voies si les dirigeants de la maison, attentifs à préserver la cohésion de l'honneur, ne les y avaient vivement engagés ?

Des maisons de Guines et d'Ardres de jeunes hommes sortirent également pour, chanoines prolifiques mais non point d'héritiers légitimes, occuper des postes ecclésiastiques ou bien, chevaliers, guerroyer profitablement en Angleterre ou en Palestine. En tout cas, les deux arbres généalogiques que Lambert a dressés sont fort expressifs : plusieurs fils à presque toutes les générations, et cependant nul rameau : ils sont de forme semblable à celui des seigneurs d'Amboise. Ceci soutient l'idée que je propose, suggère que la chevalerie de la France du Nord, contrôlant strictement le mariage des fils et par ce moyen l'expansion des familles, assura comme celle de la région mâconnaise, la stabilité de sa prééminence sociale. On ne voit pas que, dans le cours du XIIe siècle, les maisons nobles s'y soient multipliées. Au contraire, il semble bien qu'une restriction trop prudente ait provoqué leur raréfaction et la concentration des fortunes.

Toutefois, des changements se discernent dans la politique matrimoniale, qui ont retenti au cours de ce siècle sur l'histoire des héritages. Depuis l'an mil – je laisse de côté les plus lointains aïeux : Lambert leur attribue des épouses imaginaires –, les aînés de Guines et d'Ardres, destinés à diriger le groupe familial, avaient tous épousé des femmes de haut rang et qui venaient de loin. Le comte Baudouin Iᵉʳ reçut une fille du comte de Hollande, son fils Manassé, la fille du chambrier d'Angleterre ; Arnoul, le fondateur de la seigneurie d'Ardres, sénéchal du comte de Boulogne, fut d'abord marié à l'héritière d'un château du Boulonnais, puis à la veuve du comte de Saint-Pol – ce qui lui valut, durant la minorité de ses filiâtres, d'administrer leur fortune, de se servir lui-même largement, d'acquérir en particulier les reliques dont il enrichit la collégiale d'Ardres. Ces hommes étaient alors au service de princes puissants : Baudouin servait le comte de Flandre, Manassé, le duc de Normandie, Arnoul, le comte de Boulogne. Selon toute apparence, comme à la même époque les ancêtres des sires d'Amboise, ils durent à l'entregent de leur patron d'obtenir ces compagnes fortunées et lointaines. Passé 1100, le champ et la qualité des alliances s'amoindrirent. Baudouin II, Arnoul le Jeune épousèrent, à proximité de leur demeure, des filles moins huppées. Ce changement résulte, à mon sens, de l'indépendance dont jouissait désormais la maison. Son chef ne pouvait plus compter sur la générosité d'un seigneur ; il devait lui-même dénicher sa bru. Assuré d'ancêtres glorieux, il se souciait surtout de fortifier sa seigneurie, donc de rassembler des terres. Il guettait ce qui pouvait être gagné au plus près du patrimoine. Aux femmes de très bon sang, aux descendantes de Charlemagne, nombreuses dans la région, il préférait donc – les attitudes mentales commençaient à se modifier, le désir de gloire cédant insensiblement le pas au goût d'accumuler les biens matériels – des filles premières-nées, dépourvues de frère, dont l'héritage était de belle taille et bien situé. L'avantage valait que l'on prît femme au-dessous de soi, que l'on acceptât de déchoir. Le père de Baudouin II s'y résolut. Il accoupla son fils aîné à l'héritière, encore nourrissonne, du seigneur d'Ardres, lequel était son vassal. Depuis des générations, dans la famille, les conjoints n'étaient pas de rang égal; pour la première fois, l'inégalité changeait de sens : l'époux l'emportait en noblesse. Un tel choix dut surprendre. Lambert, en tout cas, s'applique à le justifier [19] : Baudouin, dit-il, consentit – la décision en fait ne venait pas de ce garçon d'une dizaine d'années, mais de son père – à s'abaisser (*inclinavit*) : « Suivant l'exemple de beaucoup de nobles hommes, ducs, rois, empereurs », il prit la fille d'un de ses feudataires. Mais, justement, le comte de Guines, devenu comme un petit empereur en son domaine, acceptait de s'incliner pour consolider ses États : il préparait son héritier présomptif à prendre en main le plus beau fief mouvant du comté, tout comme, quelques années plus tôt, Louis VI, roi de France, avait choisi de donner pour femme à son fils Aliénor d'Aquitaine.

A l'époque, par l'effet conjugué de la forte mortalité des jeunes hommes, de la dégénérescence biologique et des obstacles mis à la prolificité des mâles, les belles proies, les filles capables – si l'on parvenait à s'en emparer – d'apporter de grands biens n'étaient pas rares. La seigneurie de Bourbourg tomba entre les mains d'une femme. La seigneurie d'Ardres échut d'abord à la sœur d'Arnoul III et de Baudouin, puis à la fille unique de ce dernier. Trois femmes successivement furent héritières de la seigneurie de Guines : la fille du comte Manassé, sa fille après elle, enfin l'une des sœurs du comte. Parfois des cadets profitaient de l'aubaine, échappant ainsi au célibat auquel les condamnait leur rang de naissance. Le cas, au XIIe siècle, ne semble pas fréquent, et les chevaliers aventureux dont on sait qu'ils saisirent ainsi aux cheveux la fortune étaient tous de bonne race, fils d'un puissant seigneur. Il ne suffisait pas en effet de prendre la fille. L'époux devait s'imposer aux parents de sa femme, mécontents de voir un intrus s'installer sur la terre de leurs aïeux. La dispute, le récit l'atteste, était sévère.

Quand Manassé mourut tristement dans le château de Guines, le mari de sa petite-fille, Albert dit le Sanglier, chevalier anglais, aussitôt averti par son beau-père Henri de Bourbourg, courut prêter hommage au comte de Flandre pour le fief considérable qui revenait à sa très malingre épouse. Un mâle qui portait le sang des comtes de Guines se dressa devant lui – Arnoul, l'un des neveux de Manassé, fils de sa plus jeune sœur et du châtelain de Gand. Ce cadet cherchait à se hausser dans le monde. Comme c'était la coutume parmi les « jeunes », il était venu vivre auprès de son oncle maternel et l'avait pressé de l'établir. L'oncle n'avait pas de fils. Ce garçon lui plaisait, il avait fini par céder, par lui remettre en fief une maison forte, satellite de son château [20]. Arnoul de Gand disposait ainsi d'une demeure, donc d'un lit nuptial, il pouvait doter une épouse : il se maria. Sa femme, fille du châtelain de Saint-Omer, descendait de Charlemagne ; Lambert ne manque pas de l'indiquer : elle est la grand-mère de son héros. A la mort de Manassé, son oncle, son bienfaiteur et le seigneur de son fief, Arnoul réclama la succession. Il prit les armes contre le seigneur de Bourbourg, lequel, en attendant que son gendre arrivât, défendait sur place les droits de sa fille.

Lambert dit cette guerre injuste. Elle l'était. Toutefois, la conviction que le droit des mâles prime celui des filles, multipliait de semblables entreprises militaires. Hugues de Bourbourg en avait lui-même pâti : il avait cru contracter une union fructueuse en épousant une fille du sire d'Alost, mais l'oncle paternel de la jeune femme rafla la dot « par violence », ne laissant à sa nièce qu'une « toute petite portion » ; l'usurpateur abandonna ce maigre reste ; il n'avait sur lui aucun droit : l'épousée l'avait reçu de sa mère [21]. La chronique du monastère d'Ardres fait état de jeunes orphelins que le frère de leur père, leur tuteur, dépouilla de la même façon de leur héritage. Le jeu des relations avunculaires apparaît ici clairement : si l'oncle maternel naturellement protège, l'oncle paternel est un rival, naturellement enclin à spolier.

La guerre fit accourir tous les aventuriers du pays.

Certains rejoignirent Arnoul de Gand et, parmi eux, le frère cadet du seigneur d'Ardres, Baudouin, un « jeune », lui aussi en quête de gloire et de profit. Au cours d'un siège, il fut blessé. Les chevaliers enfermés dans de fortes cuirasses l'étaient rarement. Cet accident fut tenu pour un avertissement : le ciel voyait d'un mauvais œil le camp qu'avait choisi Baudouin. C'est du moins ce que lui répétaient les moines de la Capelle-Sainte-Marie : ils guignaient la collégiale d'Ardres, chambraient les protecteurs de cet établissement, entretenant soigneusement le sentiment qu'ils avaient de pécher. Baudouin lâcha Arnoul, rejoignit son adversaire. Mais après marchandage : il offrit son bras au sire de Bourbourg, dont la cause était juste, à condition qu'il lui donnât sa fille, avec ses espérances, enjeu du combat. Or celle-ci n'était pas veuve. Son époux, Albert le Sanglier, se portait bien. Il fallait qu'elle en fût séparée. Pour gagner un allié plus utile que son gendre trop lointain, Henri engagea les procédures de divorce. Il dirigea vers l'Angleterre une ambassade mixte composée, notons-le, de clercs et de chevaliers. Ces gens traitèrent. On s'arrangea. « Au jour fixé, conformément aux règles de justice civile et ecclésiastique, l'union fut dissoute [22]. » Légalement, solennellement, parce que l'épouse était malade et « pour d'autres raisons ». Lesquelles ? Argua-t-on d'un mariage non consommé ? Aucune allusion à ce cas de rupture, alors que pourtant, tout autour de Lambert écrivant son *Histoire,* on ne parlait que du divorce de Philippe Auguste et de ses prétextes successifs.

Toute malade qu'elle fût, Baudouin prit la femme désormais vacante et entreprit de faire valoir ses droits. Mais l'épouse, vraiment mal en point, ne supporta pas ces nouvelles noces; elle succomba. Ce jour-là, Arnoul de Gand se trouvait dans le château d'Ardres dont il s'était emparé [23]. A l'un de ses frères, naguère moine et pour lors chevalier, il demanda – bel exemple de communication entre la culture profane et celle des « lettrés » – de lui expliquer le psaume « Place ton espoir dans le Seigneur ». Le frère répondit : « Te voilà riche. » A l'heure même mourait la petite-fille de Manassé, privant de ses espoirs Baudouin d'Ardres. Mais un nouvel obstacle surgit en la personne d'un cousin qu'Arnoul n'avait jamais vu. Il arrivait à bride abattue de la Bourgogne; c'était Geoffroi, sire de Semur-en-Brionnais. En raison de sa naissance, il réclamait la succession. Sa mère était une autre sœur de Manassé – fort bien mariée elle aussi, mais à distance; comme elle était l'aînée de la mère d'Arnoul, Geoffroi prétendait son droit meilleur. Point de guerre cette fois, des palabres. Des arbitres réunis rendirent une sentence favorable à Arnoul. « Puisqu'il n'existait plus sur la terre de Guines de la semence qui fût sortie du corps de Manassé » l'héritage revenait aux collatéraux; sans doute l'aînesse avantageait-elle la mère de Geoffroi, toutefois elle était morte et pour cela les droits que l'on pouvait exhiber de sa part se trouvaient éteints, en tout cas primés par ceux de sa sœur cadette, bien vivante. Ainsi se forgeait le droit successoral : niant que le mort pût saisir le vif, affirmant la primauté de la descendance, même féminine, sur les collatéraux.

Le château d'Ardres fut l'objet un peu plus tard d'un procès analogue. Baudouin en était devenu le maître, par hasard et non sans débours : les garçons de la cuisine avaient tué son frère aîné; le défunt avait une femme qu'il gardait chez lui; c'était une enfant; elle jouait avec les pucelles de la maison; son temps se partageait entre les poupées, les offices religieux et de longues baignades dans le vivier; les chevaliers du château prenaient plaisir à l'y voir nager en chemise blanche. Pétronille, jeune veuve, n'était pas nubile, pourtant mariée; la seigneurie constituait son douaire. Baudouin avait donc dû s'accorder avec l'oncle de la fillette, le comte de Flandre, et celui-ci, pour accepter de reprendre sa nièce, encore intacte, réclama d'être « dédommagé par une compensation dotale ». Très lourde : pour s'acquitter, Baudouin vendit la collégiale aux moines de la Capelle. Ceux-ci raclèrent les reliquaires; le seigneur d'Ardres reçut les rognures d'or et d'argent; il en remit la plus grande part

aux lignagers de Pétronille, gardant le reste pour partir
en croisade. Il disparut en Terre sainte. Deux de ses
neveux revendiquèrent alors son bien. La cour d'arbitrage l'accorda à celui dont la mère, plus jeune que sa
sœur, était vivante. Toutefois, le bénéficiaire dut verser
au compétiteur une forte soulte : cent marcs d'argent.

Les stratégies matrimoniales se modifièrent de nouveau à la génération suivante, celle de Baudouin II, et
cette fois considérablement : le contrôle exercé par les
chefs de lignage sur la nuptialité des garçons se relâcha ;
ils autorisèrent les cadets à fonder un ménage. Ce que fit,
dans les dernières années du siècle, le comte de Guines.
Il avait six fils. L'un d'eux était clerc ; un autre avait été
tué « dans la fleur de la jeunesse » – ces jeunes jouaient
avec la mort. L'aîné fut marié. Mais les trois autres le
furent aussi. Ils reçurent de leur père, comme jadis leur
grand-père l'avait reçue de son oncle, la demeure sans
laquelle on ne pouvait prendre femme. Une maison
forte, maîtresse d'une seigneurie satellite, mais petite et
surtout marginale, constituée par des acquisitions récentes ou par des terres gagnées sur le marécage [24]. Dans les
lignages du voisinage, on procédait semblablement : à la
même époque, le seigneur de Fismes mariait ses quatre
garçons. Ce que l'on entrevoit – par la prospection
archéologique et par l'examen des documents d'archives
– d'une histoire de l'habitat chevaleresque donne à
penser que la plupart des maisons nobles commencèrent
alors d'essaimer. Autour des vieux châteaux, que
tenaient les aînés, se multiplièrent des demeures modestes, entourées de fossés, fortifiées, répliques réduites de
la forteresse où la dynastie plongeait ses racines.
    La ramification des vieux troncs provoqua l'expansion
démographique : dans les premières décennies du
XIIIe siècle, le nombre des hommes de bonne naissance,
chevaliers ou attendant de l'être, croît rapidement. Il
s'agit là d'une mutation profonde, bouleversant les

structures de l'aristocratie, ses comportements, ses rites, sa position dans l'ensemble du corps social. Il faudrait comprendre pourquoi ne parut plus aussi nécessaire la stricte discipline qui, pendant si longtemps, en tout cas depuis qu'une histoire des familles chevaleresques est possible, avait maintenu tant d'hommes dans le célibat, dans la « jeunesse », gonflant ce groupe nombreux et tumultueux qui pesa d'un poids si lourd sur l'évolution de l'économie, du pouvoir et de la culture [25].

Sous la violente pression de ce corps, dont les membres aspiraient à sortir en prenant femme légitime, la barrière céda. Mais pourquoi ? Pourquoi les puînés, aux approches de 1200, obtinrent-ils ce qu'ils désiraient ? Aussi soucieux que leurs pères de tenir glorieusement leur état, de répandre au plus loin et avec le plus grand éclat le renom de leur sang, les chevaliers et leurs seigneurs détenaient-ils maintenant les moyens de montrer moins de parcimonie, de ne plus traiter aussi différemment leurs garçons, misant tout sur l'un, maintenant tous les autres en position mesquine ? Tout laisse croire qu'ils étaient en effet plus à l'aise, et d'abord par la conséquence même d'une concentration des fortunes, résultant de la prudence ancestrale. Il est clair aussi que dans, la région que j'observe, les confins du Boulonnais et de la Flandre, comme partout dans la France du Nord, le mouvement des structures fit s'accroître dans les dernières décennies du XIIᵉ siècle la richesse des lignages aristocratiques et la rendit en même temps plus mobile. Les seigneuries rapportaient davantage parce qu'on mettait en valeur les terres incultes, parce que l'instrument fiscal se perfectionnait, parce que, sur les biens produits par les travailleurs, une portion toujours plus importante était prélevée par les dîmes, par l'exploitation des moulins, des forges, des fours à pain, du droit de ban et de justice. Et, dans cette ponction, s'élargissait la part du numéraire, des deniers, des pièces d'argent. La seigneurie surtout rendait mieux parce que les sujets se multipliaient. L'époque était en effet celle d'un robuste flux de population rustique. Ce flux se répercuta, par le jeu des rapports de production, au niveau des exploiteurs. Ainsi se détendirent les freins qui, pendant cinq ou six générations, avaient retenu les familles nobles de s'étendre.

La souplesse venait aussi du raffermissement des grandes formations politiques. Il accélérait vigoureusement la circulation des richesses du haut en bas de la classe dominante : les grands princes prenaient d'une main, distribuaient de l'autre. Levant les gros reliefs aux successions, les amendes, vendant les exemptions de service, ils achetaient d'autres services, ils répandaient les gages, les gratifications, les prébendes – l'argent. Décontraction : la terre comptait moins, l'héritage n'avait plus tant d'importance. Naguère, le maintien de la prééminence aristocratique exigeait qu'une petite part seulement des jeunes mâles se fixât, et que les autres vécussent en marge du patrimoine foncier dans la gratuité, le jeu, l'aventure, neutralisés et, au sens propre du terme, stérilisés par cette agitation même. Désormais, l'État assurait ce maintien garantissant les privilèges au nom de la théorie des trois ordres, tandis que le mouvement de la monnaie introduisait dans les rapports sociaux une élasticité qui pénétra bientôt les pratiques matrimoniales.

Il faut encore prendre en considération l'évolution concomitante du droit. Celui des tenures féodales se fixa dans le cours du XIIᵉ siècle. Il parut moins dangereux de morceler le bien ancestral, lorsque l'on appliqua la coutume du parage, astreignant les fils cadets à tenir en fief de l'aîné la portion d'héritage qui leur était attribuée pour qu'ils fondent un foyer. Le procédé était courant à la fin du XIIᵉ siècle. Lambert d'Ardres en projette l'usage dans le passé très lointain où il peut librement situer les manières idéales de se conduire : il rapporte [26] d'un comte de Ponthieu imaginaire qu'il avait, aux alentours de l'an mil, partagé ses terres entre ses quatre fils ; à l'aîné revint le comté, la maison des aïeux et ses appartenances ; les deux suivants reçurent l'un Boulogne, l'autre Saint-Pol mais durent prêter pour ces biens hommage à leur frère. Au plus jeune fils, son père légua un droit supposé sur le comté de Guines; comme il ne parvint pas à le faire valoir, il reçut une héritière, celle du comté de Saint-Valéry. En fait, les dispositions attribuées à ce père fantomatique sont exactement celles qu'avait prises le comte Baudouin II. Son frère cadet s'agitait; il lui procura la petite-fille du comte de Saint-Pol et, pour qu'il pût l'épouser, lui céda, mais en fief, avec l'assentiment d'Arnoul son fils, un bien modeste. Puis il maria ses puînés aux filles de ses vassaux. Avec la même prudence : il en fit ses feudataires; ils seraient plus tard les feudataires de son héritier, lequel conserverait de la sorte dans sa haute main la totalité du patrimoine.

La pratique se répandit à cette époque dans toute la France septentrionale, et si vivement que le roi Philippe, craignant qu'elle ne minât les fondements du service féodal, jugea bon d'en contrarier l'extension. Ce que l'on peut connaître des dispositions testamentaires que décidèrent alors quelques grands seigneurs, montre comment le recours conjoint à l'argent et au lien vassalique facilita le mariage des garçons. En 1190, Raoul Ier de Coucy s'apprêtait à suivre le roi outre-mer. Il répartit ses biens entre ses fils et ses filles. Il appliqua strictement le droit d'aînesse : l'héritage qu'il avait lui-même reçu de son père reviendrait tout entier à son fils premier-né. Aux autres, chevaliers, il laissait quelque chose : entre eux furent partagés les richesses nouvelles, les acquêts récents et les « villes-neuves », les terroirs que venaient de conquérir les défricheurs; ils pourraient prendre femme, mais devraient faire hommage à l'héritier principal. De ses filles déjà mariées, Raoul ne dit rien : elles avaient reçu leur dot. Pour celle qui ne l'était pas, il puisa dans ses réserves monétaires : une rente fut constituée pour elle, une autre à l'intention du dernier garçon destiné à l'état ecclésiastique, et pour lors aux écoles. Le comte de Hainaut, Baudouin V, aménagea de la même façon sa succession : le second fils, marié, reçut l'héritage de sa mère sous forme d'un fief repris de l'aîné; au dernier, indocile et courant les tournois, une rente en argent fut léguée, mais sous réserve qu'il fît lui aussi hommage lige : cette tenure très souple, un fief « de bourse », facile à confisquer, lui permettrait de trouver peut-être une épouse.

A l'approche du XIIIe siècle débuta donc une phase de décrispation. Les chefs d'État ne virent sans doute pas d'un mauvais œil se multiplier les maisons nobles, s'éparpiller ainsi la gerbe de pouvoirs dont les vieilles forteresses formaient le nœud, se réduire la distance entre leurs barons et leurs arrière-vassaux et se peupler davantage l'ordre de chevalerie qu'ils tenaient pour le plus sûr appui de leur puissance. Ils sentaient bien que les nouvelles politiques matrimoniales portaient aussi cet ordre à s'assagir. Car elles faisaient se résorber la « jeunesse », cette masse turbulente de guerriers mainte-nus vis-à-vis de leurs aînés dans une position guère plus relevée que celle des bâtards, quémandeurs, prompts à ravir ces femmes qu'on leur refusait, et qui trouvaient à compenser leur frustration dans la morale forgée pour eux, exaltant la rapine et l'indépendance agressive. Les chevaliers entraient enfin dans le cadre que les dirigeants de l'Église assignaient à tous les laïcs : dans les disciplines de la conjugalité. Pour la plupart d'entre eux, la « jeunesse » ne devait plus être un état, une sorte d'*ordo* où l'homme demeurait confiné jusqu'à la mort, mais une période de l'existence qui prenait fin le jour de leurs noces, lorsqu'ils devenaient, astreints à la sagesse, res-ponsables de leur propre maison.

Tous gardaient évidemment la nostalgie de leur jeunesse. Lambert prend soin d'en faire aussi l'apologie dans son récit exemplaire. Il sait plaire à l'ancien, le comte Baudouin II, lorsqu'il le montre, toujours ardent dans son veuvage, poursuivant, capturant les filles comme un jeune. Face à l'éloge des pères, pliant leur maisonnée à l'autorité de leur prudence, choisissant de loin, pour ceux de leurs enfants qu'ils destinent au mariage, le meilleur parti possible, face à l'éloge des filles, toutes pieuses, obéissantes, il place l'éloge des garçons ravisseurs. Il en vient à exalter ce que la morale des chefs de maison condamnait comme un délit, ce que la morale des « bacheliers » plaçait au premier rang des actes valeureux : le rapt. Toutefois, dans une société qui devenait chaque jour moins brutale, les convenances obligeaient à la sublimation de cet exploit. Le jeune chevalier ne s'emparait plus d'une femme noble par la force ; il gagnait ses faveurs par sa vaillance, par l'éclat de la gloire qu'il s'était acquise au cours des tournois ou bien dans d'autres compétitions, celles de l'amour. Le tournoi – dont c'était alors la grande vogue – ne servait pas seulement à l'entraînement militaire, ni d'exutoire à la fougue des jeunes gens. C'était une sorte de foire itinérante, d'exhibition des maris possibles, plastronnant sous les yeux des dames et surtout sous les yeux des marieurs. Tous les héros de cette chronique sont montrés durant leur jeunesse excellents tournoyeurs, et si l'un d'eux, le second Arnoul seigneur d'Ardres, obligé de se marier seul parce que son père était mort et qu'il n'avait pas d'oncle, put prendre femme dans la glorieuse maison des sires d'Alost, c'est, dit Lambert, que les échos de ses prouesses sportives étaient parvenus jusqu'au chef de ce lignage qui lui livra sa sœur [27]. L'idéologie de la jeunesse se déploie cependant davantage dans la description des mimiques de l'amour courtois. Elles sont décrites à deux reprises, en deux articulations maîtresses du discours : aux deux extrémités de la chaîne généalogique, Lambert érige la figure d'un jeune mâle, d'un chevalier errant, séducteur.

Les auteurs de généalogies princières établissaient volontiers au fin fond du souvenir un aventurier venu on ne savait d'où, qui avait fondé la dynastie avec l'épouse qu'il avait conquise. Ce rôle est ici tenu, à l'orée du Xe siècle, par Sicfridus, issu du pays viking, le pays d'Ingeborg et du légendaire farouche [28]. Son errance l'amena au pays de Guines, une terre dont ses ancêtres avaient été autrefois spoliés. Jeune, brave, il fut accueilli dans la maison du comte de Flandre et devint compagnon d'armes de l'héritier. Lambert l'imagine – ce qui est tout à fait anachronique – adoubé, pourvu d'un fief comme il arrivait que le fussent en un temps moins ancien les jeunes commensaux des princes. Toutefois ce fut à l'amour qu'il dut sa fortune. Il surclassait tous les autres chevaliers; la sœur du comte s'en éprit. Comme Aliénor, elle se laissa attirer aux « colloques »; « en jouant », son ami l'engrossa. Les « jeunes » pratiquaient ce jeu au XIIᵉ siècle, mais prenaient pour partenaires les filles des vassaux de leur père : les conséquences étaient moins graves. Sicfridus, lui, avait séduit la fille de son seigneur, portant atteinte à son honneur. Il était félon. Son coup fait, il se sauva à Guines. Il y mourut d'amour « comme un autre André [le Chapelain] ». L'enfant naquit. C'était un garçon, mais bâtard. Par bonheur, son cousin, nouveau comte de Flandre, le porta sur les fonts baptismaux, l'éduqua, le fit chevalier et finalement lui concéda en fief Guines, l'alleu de son père. Le lignage fut de cette façon planté. A l'autre bout se trouve Arnoul, le patron de Lambert, nouveau marié [29]. A son propos, l'historien ne rêve plus, il relate ce qu'il a vu et ce dont on se vante dans la maison où il sert. Pour que le renom personnel de son fils aîné ajouté au renom du lignage éclatât aux yeux de ceux qui cherchaient un époux pour leur fille, le comte Baudouin organisa, selon la coutume, au lendemain de l'adoubement d'Arnoul, une tournée de tournoiement. Il l'envoya parader au loin, escorté de deux écuyers, de deux valets, et d'un clerc qui tenait la caisse : il fallait être magnifique, mais raisonnablement. Le temps passa. Le père un jour cessa de verser la pension. Arnoul dut vivre d'expédients. Il continuait de tournoyer. Il finit, après cinq ans, par attirer le regard d'une héritière. Riche, trop riche, de trop haut parage aussi : sainte Ide, dont elle portait le nom, était sa trisaïeule, Godefroi de Bouillon, son arrière-grand-oncle; comme la défunte reine de France, elle était nièce du comte Philippe de Flandre, elle-même comtesse de Boulogne par sa mère. Deux hommes déjà l'avaient épousée. Deux fois veuve, nettement plus âgée qu'Arnoul, elle s'amusait. Elle envoyait au jeune homme des messages. Elle vint même, sous quelque prétexte, le visiter dans sa maison. Des pourparlers furent engagés avec son oncle. Survint alors Renaud de Dammartin qui n'alla pas par quatre chemins : à la barbe d'Arnoul, il emporta Ide à toute bride en Lorraine. Arnoul la poursuivit. On l'arrêta. L'évêque de Verdun, de connivence, le fit emprisonner : durant son errance, démuni, il avait mis la main sur les taxes que l'on levait pour préparer la troisième croisade. On le garda le temps nécessaire. Il fut floué.

Retenons la version que l'on donna chez lui de l'affaire. Ide avait aimé Arnoul, ou bien, « par légèreté et fourberie féminines », elle avait feint de l'aimer; Arnoul, de son côté, avait aimé Ide, ou bien, « par prudence et astuce masculines », il avait feint de l'aimer. En effet, « il aspirait, en gagnant les faveurs de la comtesse par cet amour vrai ou simulé, à la terre et à la dignité du comté de Boulogne ». On ne saurait parler plus clair. Lambert a lu les romans courtois, mais ce qu'il rapporte de l'amour situe celui-ci exactement, dans le concret de la vie. Lambert démystifie l' « amour de chevalier ». Il le montre tel qu'il est : foncièrement misogyne. La femme est un objet, méprisable : les mots qui qualifient le comportement de la dame élue, en vérité « légère » et « perfide », sont explicites. Exaltant la joie, le plaisir, appelant à transgresser la triple interdiction du rapt, de l'adultère et de la fornication, l'amour courtois semble défier à la fois le pouvoir des marieurs, les exhortations des prêtres, et la morale conjugale. Cette contestation en vérité est apparente. En fait, les chefs de maison, Baudouin derrière Arnoul, le comte de Flandre derrière Ide, menaient tout le jeu. En fait, les gens d'Église n'étaient guère exigeants en matière sexuelle lorsque le mariage n'était pas en cause. En fait, les parades amoureuses préludaient, on le voit bien ici, aux cérémonies nuptiales. Sous ces virevoltes se dissimulaient les âpretés de la politique lignagère.

A l'extrême fin du XIIᵉ siècle, alors que l'Église modérait la rigueur de ses décrets, alors que tous les garçons, dans l'assouplissement des relations sociales, avaient espoir de se marier, l'accord s'établissait entre deux modèles de comportement, celui des célibataires et celui des hommes mariés. Ils devenaient complémentaires. Les jeunes gens étaient conviés à faire preuve de leur « vertu » hors de la maison afin que les donneurs de femmes fissent mine de les laisser eux-mêmes capturer leur épouse. Après leur mariage, ils pouvaient encore quelque temps tournoyer. Mais, prenant en main après leur père la seigneurie, devenant des « hommes nouveaux » – ce qui advint, lorsqu'il hérita le comté, à Baudouin de Guines, père de cinq enfants déjà, et pourtant encore *indissolutus* – il leur appartenait de vivre désormais en sages. Assis dans la maison, la dame auprès d'eux, liés à elle comme le voulait Hugues de Saint-Victor, de « façon unique et singulière dans l'amour partagé [30] ».

Au long de ces deux siècles, l'image a donc pris peu à peu de la netteté. Sous le règne de Philippe Auguste, on discerne assez bien comment un chevalier prenait femme et comment il en usait. Ces manières étaient-elles si différentes quatre siècles et demi plus tard, au temps de Molière, six siècles plus tard, au temps de l'abbé Fabre, Languedocien ? Quelques lambeaux de l'enveloppe rituelle surnagent encore aujourd'hui : demande en mariage, contrat dressé devant notaire, fiançailles, messe nuptiale et les garçons d'honneur se partageant le voile de la mariée. Ce que j'ai tenté de saisir, partant de textes de moins en moins laconiques, est l'installation de fortes structures. Elles en sont à s'effriter sous nos yeux.

Je dis bien : installation, et qui fut difficile. On a remarqué que l'image, tandis qu'elle se clarifiait, se modifiait. Au lendemain de l'an mil, au moment où l'historien repère les premières proclamations d'une théorie de la société attribuant à trois catégories d'hommes trois fonctions complémentaires, il découvre, affrontées, deux conceptions du bon mariage, celle qui depuis très longtemps guidait la conduite des guerriers, celle que depuis très longtemps tentaient de faire accepter les prêtres ; il perçoit que, dans un premier temps, l'une et l'autre se durcirent ; vers l'an 1100, le conflit paraît atteindre sa pleine intensité ; puis il s'apaise; au début du XIIIe siècle, quand l'idéologie des trois ordres devient l'une des assises du pouvoir monarchique, l'accord est fait. Le modèle que proposait l'Église a-t-il triomphé de l'autre? Le christianisme a-t-il transformé la société?

Au départ, dans la région, dans le groupe social que j'ai choisi d'observer, le christianisme pénétrait déjà tous les recoins de la vie. Mais c'était un autre christianisme. Ces guerriers craignaient Dieu, tous, même les plus violents, les plus cupides, ceux qu'enflammait le désir des femmes, même le comte Jean de Soissons, j'en suis sûr. Tous les gens dont j'ai parlé ont donné à pleine main l'argent qui servit à reconstruire les cathédrales, et ce ne fut pas l'espoir de fabuleux pillages ni le goût de voir du pays qui les portèrent à marcher, des mois durant, dans le danger et la misère, vers le tombeau du Christ. Mais, comme les hérétiques, beaucoup se fiaient à la parole de Jésus : le Royaume n'est pas de ce monde. Pour dormir en paix dans leur sépulcre, pour gagner le Paradis, ils attendaient des prêtres, à l'inverse des hérétiques, les gestes salvateurs qui les laveraient de leurs péchés; ils leur déniaient pourtant le droit de changer les coutumes, de leur imposer d'agir sur terre autrement qu'avaient agi leurs aïeux. Or, dans le grand élan de progrès qui emportait toute chose, le religieux s'intériorisant, ils apprirent que les rites servent de peu lorsque les actes, lorsque les intentions sont coupables. Cette société devenait lentement plus perméable au message évangélique. Dans le même temps, la société des gens d'Église le devenait lentement, elle aussi. Méditant sur le sens de l'incarnation, les serviteurs de Dieu prenaient insensiblement conscience qu'il ne leur fallait pas s'en tenir aux liturgies, et qu'ils atteindraient mieux leur but s'ils ne bousculaient pas trop rudement la nature et la réalité sociale.

L'esprit changea, le corps ne resta pas immobile. Durant un siècle, le onzième, celui du raidissement, le mode de production seigneurial se mit difficilement en place dans les tumultes, dans la dispute acharnée pour le pouvoir. Conserver celui-ci, l'étendre imposait la concentration. Le groupe des guerriers se cristallisa en lignages, agrippés à la terre, au droit de commander, de punir, d'exploiter le peuple paysan. Pour résister aux agressions du temporel, l'Église se cristallisa dans la rigueur de ses principes. Le mariage est un instrument de contrôle. Les dirigeants de l'Église l'utilisèrent pour tenir tête aux laïcs et dans l'espoir de les subjuguer. Les dirigeants des lignages l'utilisèrent d'une autre façon pour maintenir intacte leur puissance. Le moment où le combat dont les pratiques matrimoniales étaient l'enjeu fut le plus vif est aussi celui où se décèlent les premiers effets de la croissance rurale : les villes sortaient de leur engourdissement, les routes s'animaient, la monnaie se répandait, favorisant le rassemblement des États. Tout commençait à prendre de la mobilité. Tout s'assouplit dans l'essor prodigieux du XIIᵉ siècle. Sa puissance assurée, convenablement partagée, la classe dominante alors se détendit. Tandis que se précipitait l'évolution du christianisme vers ce qu'il devint, au moment où j'ai placé le terme de mon enquête, pour François d'Assise, les prêtres et les guerriers, réunis sous l'autorité du prince, finirent par se mettre d'accord sur ce que devait être le mariage afin que l'ordre établi ne fût pas troublé. La société et le christianisme s'étaient transformés ensemble. L'un des modèles ne fut pas vaincu par l'autre : ils se combinèrent.

N'ai-je pas eu tort cependant de parler de deux modèles et de deux camps ? Ici, les jeunes s'opposaient aux vieux ; là, les hérétiques aux rigoristes, séparés par les conciliants qui, le temps venu de la détente, l'emportèrent. Avec ceux-ci, les vieux s'entendirent. Cette entente permit l'accommodement entre les deux modèles du bon mariage, et la mise en place de ce cadre fondamental que constituèrent pendant des siècles les nouvelles structures de conjugalité. Mais celles-ci étaient flanquées de deux formes de contrôle, complémentaires : l'une, le célibat imposé aux serviteurs de Dieu, était propre à satisfaire les rigoristes, à désarmer les hérétiques ; l'autre, les règles de l'amour courtois, à discipliner la pétulance dans ce qui restait de « jeunesse ». Ainsi s'établit, très solide, un système. Il faudrait toutefois ne pas oublier parmi tous ces hommes qui seuls, vociférant, clamaient ce qu'ils avaient fait ou ce qu'ils rêvaient de faire, les femmes. On en parle beaucoup. Que sait-on d'elles ?

NOTES

J'ai publié une première esquisse de cet ouvrage sous le titre : *Medieval Mariage. Two Models from Twelfth Century France*, Baltimore et Londres, 1978.

ABRÉVIATIONS

AASS – *Acta sanctorum.*
Anjou – *Chroniques des comtes d'Anjou et des seigneurs d'Amboise*, Paris, 1913.
BN – Bibliothèque Nationale.
C. – *Recueil des chartes de l'abbaye de Cluny*, éd. BERNARD et BRUEL.
HF – *Recueil des Historiens de la France.*
M. – *Cartulaire de Saint-Vincent de Mâcon*, éd. RAGUT.
MGH SS – *Monumenta Germaniae Historica. Scriptores.*
MGH Cap. – *Monumenta Germaniae Historica. Capitularia.*
MGH Ep. – *Monumenta Germaniae Historica. Epistolae.*
PL – *Patrologie Latine.*

CHAPITRE I

1. MGH SS, VI, 367; V, 461, 463; *Recueil d'annales angevines et vendômoises*, éd. HALPHEN, p. 42.
2. Lettre 212, PL 162.
3. *Cartulaire de Marmoutier pour le Dunois*, éd. MABILLE, n° 60.
4. Lettre 13, éd. LECLERCQ, p. 56.
5. Lettre 15, éd. LECLERCQ, p. 60.
6. Lettre 23, éd. LECLERCQ, p. 94.
7. HF, XIV, 791.
8. BN, ms. lat. 11792, fol. 143.
9. Anjou, 232.
10. *Regesta pontificum romanorum*, éd. JAFFÉ : n°s 5636, 5637.
11. *Vita Ludovici*, éd. MOLINIER, XII.

12. *De gestis regum anglorum,* III, 235, 257.
13. *Historia ecclesiastica,* VIII, 387, 389, 390.
14. *Anjou,* 127.
15. *Vita Ludovici,* I.
16. HF, XIV, 745.

CHAPITRE II

1. *Regula Pastoralis,* III, 27, PL 77, 102.
2. P. TOUBERT, « La théorie du mariage chez les moralistes carolingiens », *Il matrimonio nella società alto medioevale,* Spolète, 1977.
3. MGH Cap., II, 1, 45, 46.
4. PL 125, 658.
5. PL 125, 655.
6. PL 126, 137, 138.
7. PL 131, 87.
8. G. DUMÉZIL, *Mariages indo-européens,* Paris, 1979.
9. PL 54, 1204.
10. MGH Ep., V, 103, 115.
11. PL 122, 806.
12. PL 122, 893.

CHAPITRE III

1. AASS, mars I, 280.
2. P. FOURNIER, « Le *Decretum* de Bourchard de Worms », *Revue d'Histoire ecclésiastique,* 1911.
3. G. FRANSEN, *Les collections canoniques,* Turnehout, 1973.
4. F. CHIOVARO, « *Discretio pastoralis* et *scientia canonica* au XIᵉ siècle », *Studia moralia,* 1977.
5. *La Société féodale,* Paris, 1968, 142.
6. PL 140, 573-579.
7. C. VOGEL, *Le péché et la pénitence au Moyen Age,* Paris, 1969.
8. PL 140, 828.
9. PL 140, 967.
10. PL 140, 968.
11. PL 140, 955.
12. PL 140, 975.
13. PL 140, 957.
14. PL 140, 784.
15. PL 140, 966.
16. PL 140, 961.
17. PL 140, 975.
18. PL 140, 958.
19. PL 140, 953.

CHAPITRE IV

1. *Epitome vitae Roberti regis,* éd. BAUTIER et LABORY.
2. RICHER, *Histoires,* MGH SS, III, 651.

3. P. 100-102.
4. HF, X, 535.
5. F. LOT, *Études sur le règne de Hugues Capet et la fin du Xe siècle*, Paris, 1903, p. 171, n° 1.
6. MGH SS, III, 694.
7. HF, X, 493.
8. HF, X, 211.

CHAPITRE V

1. PL 141, 223.
2. Éd. MARCHEGAY, p. 64.
3. E. SEARLE, « Seignorial Control on Womens' Marriage », *Past and Present*, 1979.
4. PL 143, 797.
5. H. LE GOHEREL, « Le parage en Touraine-Anjou au Moyen Age », *Revue historique de Droit français et étranger*, 1965.
6. *La Catalogne du milieu du Xe à la fin du XIIe siècle*, Toulouse, 1976.
7. *Infra*, p. 250-255, 271, 287, 298.
8. C., n° 1354 (974).
9. C., n° 2528.
10. C., n° 3032.
11. C., n°s 1415, 1425, 1426.
12. C., n° 2875 (1031-1060).
13. C., n° 2265.
14. C., n° 2875 (1031-1060); M., n° 463 (997-1031).
15. *Cartulaire de l'église collégiale Notre-Dame de Beaujeu*, éd. GUIGUE, n° 12.
16. C., n° 2659.
17. C., n°s 2628, 2618, 2633.
18. C., n° 2605.
19. C., n° 2618 (1005); de même, C., n°s 2628, 2633, 2659.
20. M., n° 463.
21. C., n°s 2022, 2867.
22. C., n° 2919.
23. C., n° 2412.
24. C., n° 3574.
25. C., n° 2493.
26. C., n° 2616.
27. M., n° 477.
28. C., n° 2036.
29. C., n°s 3874, 3821, 3654.
30. C., n° 3577.
31. C., n° 3744.
32. B. GUENÉE, « Les généalogies entre l'histoire et la politique. La fierté d'être Capétien, en France, au Moyen Age », *Annales*, 1978.
33. J. WOLLASCH, « Parenté noble et monachisme réformateur : observations sur les " conversions " à la vie monastique aux XIe et XIIe siècles », *Revue Historique*, 1980.
34. G. DUBY, « Lignage, noblesse et chevalerie dans la région

mâconnaise. Une révision », *Annales*, 1972 (et *Hommes et structures du Moyen Age*, Paris, 1973).

CHAPITRE VI

1. H. TAVIANI, « Le mariage dans l'hérésie de l'an mil », *Annales*, 1977 ; G. DUBY, *Les trois ordres ou l'Imaginaire du féodalisme*, Paris, 1978, pp. 163-168.
2. PL 142, 1299, 1301.
3. Éd. CAROZZI, vers 232, 244, 252.
4. B. SCHIMMELPFENNIG, « Zölibat und Lage der " Priestersöhne " von 11. bis 14. Jahrhundert », *Historische Zeitschrift*, 1978.
5. P. TOUBERT, *Les structures du Latium médiéval*, Rome, 1973, p. 741.
6. P. DAUDET, *Études sur l'histoire de la juridiction matrimoniale. L'établissement de la compétence de l'Église en matière de divorce et de consanguinité*, Paris, 1941.

CHAPITRE VII

1. AASS, Septembre VIII, 744-751.
2. MGH SS, XV², 877-881.
3. MGH SS, XV², 883-884.
4. PL 174, 1398-1399.
5. *Annalecta Bollandiana*, 1926.
6. AASS, Juillet II, 403.
7. AASS, Avril I, 141-144.

CHAPITRE VIII

1. *De vita sua*, éd. BOURGIN.
2. J. BENTON, *Self and Society in Medieval France*, New York, 1970 ; J. KANTOR, « A Psychohistorical Source : the Memoires of Abbot Guibert of Nogent », *Journal of Medieval History*, 1976.
3. I, 12.
4. I, 18.
5. I, 3.
6. I, 13.
7. *Purity and Danger*, Londres, 1966.
8. I, 14.
9. I, 7.
10. I, 2.
11. III, 19.
12. II, 5.
13. I, 12.
14. III, 14.
15. III, 17.
16. En Angleterre et sans doute en Normandie, le moment de pleine intensité du débat sur le célibat ecclésiastique se situe entre 1125 et 1130, I. J. FLINT, « The *Historia Regum Brittaniae* of Geoffroy of Monmouth : Parody or its Purpose. A suggestion », *Speculum*, 1979.

17. III, 13.
18. III, 14.
19. Selon Y. LABANDE-MAILFERT, *I laici nella società christiana dei secoli XI e XII*, Milan, 1968, pl. 3.
20. J.-B. MOLIN et P. MUTEMBÉ, *Le rituel du mariage en France du XIIᵉ au XVIᵉ siècle*, Paris, 1974.
21. Thèse inédite, Université de Paris IV, 1980.
22. III, 3.
23. III, 16.
24. Anjou, généalogies III et IV.
25. Anjou, généalogie V.
26. *Supra*, p. 15.
27. G. BURTON HICKS, « The Impact of William Clito upon the Continental Policies of Henry I of England », *Viator*, 1979.
28. III, 16.
29. III, 5.
30. III, 3.
31. III, 14.
32. Éd. PÉTIGNY, *Bibliothèque de l'École des Chartes*, 1853-1854.

CHAPITRE IX

1. Y. LABONTE, *Le mariage selon Yves de Chartres*, Bruges, 1965.
2. Lettre 16, éd. LECLERCQ, p. 69.
3. PL 161, *Panormia*, VI, 2 et 5.
4. *Ibid.*, 3 et 4.
5. *Ibid.*, 4.
6. *Ibid.*, 7 et 8.
7. PL 161, *Decretum*, VIII, 42.
8. *Ibid.*, 85 à 97.
9. PL 162, 608.
10. *Decretum*, VII, 59, 66.
11. *Decretum*, VIII, 140, 221-227, 230, 236, 239, 241, 255, 257-260 et la plus grande partie du livre VI de la *Panormia*.
12. *Decretum*, VIII, 238.
13. BOURCHARD DE WORMS, *Decretum*, VII, 41 ; YVES, *Decretum*, X, 169.
14. Lettre 125, PL 162.
15. Lettre 239.
16. Lettres 16, 148, 155, 188.
17. Lettre 205.
18. Lettre 280.
19. Lettre 249.
20. Lettre 252.
21. Lettres 18, 222.
22. Lettres 99, 134, 243.
23. Lettre 99.
24. Lettre 166.
25. Lettre 167.
26. Lettre 183.
27. Lettre 230.

28. MGH SS, IX, 320.

29. D. POIRION, «Edyppus et l'énigme du roman médiéval », *Senefiance*, 1980.

30. Lettre 158.

31. Lettre 45.

32. Lettres 129, 130, 261.

33. *Corpus juris canonici*, éd. FRIEDBERG, I, 274.

34. Lettre 261.

35. Lettre de saint Anselme, PL 159, 245.

36. Lettre 209.

37. Lettre 225.

38. Lettre 229.

39. Lettre 232.

40. Lettre 218.

41. Lettre 221.

42. Lettre 242.

43. Lettre 221.

44. PL 171, 963-964.

45. PL 176, 488.

46. PL 176, 859, 864.

47. *Livre des Sentences*, IV, 26.

CHAPITRE X

1. Éd. MOLINIER.

2. MGH SS, XX.

3. HF, XV, 509-510.

4. Deux témoignages discordants seulement, celui de Robert du Mont, HF, XIII, 293, celui de Richard de Poitiers, HF, XII, 120, clunisien, farouche adversaire des cisterciens, donc d'Eugène III.

5. HF, XIII, 507.

6. PL 201, 670.

7. HF, XIII, 101-102.

8. HF, XIII, 125.

9. HF, XVIII, 155-156.

10. PL 212, 1057-1058.

11. MGH SS, XIV, 343.

12. Lettre 214, PL 182.

13. Lettres 182, 220, 224.

14. MGH SS, XX, 521.

15. K. F. WERNER, « Die Legitimität der Karolinger und die Entstehung der *Reditus ad stirpem Karoli* », *Die Welt als Geschichte*, 1951.

16. J. BALDWIN, *Masters, Princes and Merchants. The Social Views of Peter the Chanter and his Circle*, Princeton, 1970.

17. BALDWIN, II, 226, n. 185.

18. BALDWIN, II, 225, n. 182.

19. BALDWIN, II, 225, n. 175.

20. BALDWIN, II, 224, n. 169.

21. BALDWIN, II, 225, n. 179.

CHAPITRE XI

1. BN, ms. 17509, 3284; Cambrai, 534.
2. *Jeu d'Adam,* éd. NOOMEN, Paris, 1971.
3. *Traité de l'amour courtois,* trad. BURIDANT, Paris, 1974.
4. P. 109.
5. *Livre des Sentences,* IV, 31, 6.
6. PL 210, 193.
7. P. 160.
8. M. T. LORCIN, *Façons de penser et de sentir : les fabliaux français,* Paris, 1979.
9. Ph. MÉNARD, *Les lais de Marie de France,* Paris, 1978.
10. H. OSCHINSKY, *Der Ritter unterwegs und die Pflege der Gastfreundschaft im alten Frankreich,* Halle, 1900.
11. *Perceval,* vers 32191-94.

CHAPITRE XII

1. Anjou.
2. P. 128.
3. P. 127.
4. P. 99.
5. P. 75.
6. Pp. 148-150.
7. Pp. 135, 139.
8. P. PETOT, « Le mariage des vassales », *Revue historique de Droit français et étranger,* 1978.
9. BALDWIN, II, 178, n. 134.
10. Anjou, p. 101.
11. P. 172.

CHAPITRE XIII

1. MGH SS, XXIV.
2. P. 563.
3. Ch. 127.
4. Ch. 27.
5. Ch. 149.
6. Ch. 123.
7. Ch. 122.
8. Ch. 89.
9. *Liber paenitentialis,* 1, 27.
10. Ch. 113.
11. Ch. 126.
12. Ch. 84.
13. Ch. 43.
14. Ch. 149.
15. Ch. 66.
16. Ch. 127.
17. MGH SS, XIV, 282.
18. C. BOUCHARD, « The Structure of a XIIth century

French Family: The Lords of Seignelay », *Viator,* 1979.
    19. Ch. 67.
    20. Ch. 144.
    21. Ch. 122.
    22. Ch. 60.
    23. *Ibid.*
    24. Ch. 72 et 79.
    25. *Ibid.*
    25. G. DUBY, « Les " jeunes " dans la société aristocratique »,
Annales, 1964 (et *Hommes et structures du Moyen Age,* Paris, 1973).
    26. Ch. 15.
    27. Ch. 123. G. DUBY, *Le dimanche de Bouvines,* Paris, 1973,
pp. 110-128.
    28. Ch. 11 et 12.
    29. Ch. 93 et 94.
    30. PL 176, 987.

Mieux que des rééditions,

Pluriel

propose de nouvelles
éditions de titres « classiques »
ou récents dans une
présentation éditoriale
de qualité – préfaces, notes,
revues de presse, etc. –
qui en facilite l'accès
et en renouvelle l'intérêt.
Des inédits font le point
sur les grandes questions d'actualité.

« ... « Pluriel » marque incontestablement une date dans l'édition des sciences humaines, car cette collection, loin de se cantonner dans la simple réimpression d'ouvrages rares ou épuisés, vise à rivaliser avec l'édition grand format, voire à faire mieux qu'elle... »

Nicole Zand, *Le Monde des Livres*, Le Monde.

Histoire

Florin Aftalion
L'Économie de la Révolution française
Inédit

De la crise fiscale de l'Ancien Régime à la terreur économique, en passant par la nationalisation des biens du clergé et l'inflation des assignats : une analyse inédite des facteurs économiques dans la dynamique révolutionnaire.   8429

Henri Amouroux
Quarante millions de Pétainistes

Un titre provocateur pour une période sombre de notre histoire. Un grand classique pour la première fois en poche.   8526

Claude Arnaud
Chamfort

Bâtard d'une aristocrate et d'un chanoine, tour à tour libertin, poète et jacobin, Chamfort accumule les contradictions. Sauvage et mondain, misanthrope et idéaliste, écrivain et refusant jusqu'à l'idée d'écrire, il est un des témoins les plus brillants de la première société du spectacle. Le volume s'achève sur 70 maximes, anecdotes, mots et dialogues inédits ou jamais réédités.   8525

Jean-Pierre Azéma et Michel Winock
La Troisième République

La République qui s'installe en France à la faveur de la défaite de 1870 durera jusqu'à celle de 1940. Jean-Pierre Azéma et Michel Winock la présente avec honnêteté, concision, brio.   8426

Joseph Bergin
Pouvoir et Fortune de Richelieu

A partir de documents concernant les "affaires" de Richelieu, Joseph Bergin a reconstitué la formation d'une fortune en même temps que l'ascension d'une carrière.   8523

Alain Besançon
Présent soviétique et Passé russe   *Inédit*

Comment l'U.R.S.S. se relie-t-elle à son passé russe ? Cette question domine toute interprétation du phénomène soviétique.   8487

Olivier Blanc
La Dernière Lettre

Préface de Michel Vovelle
1793 : la Terreur s'installe en France. Ceux qui sont conduits à l'échafaud n'ont souvent été jugés que quelques heures plus tôt. La dernière lettre est celle qu'ils trouvaient la force d'écrire alors à leurs proches. Voici un témoignage exceptionnel auquel il sera difficile de rester insensible.   8465

François Bluche
Le Despotisme éclairé

Le despotisme éclairé fut une réalité bigarrée, dominée par les figures de Frédéric II de Prusse et de l'empereur Joseph II. François Bluche nous le présente dans une synthèse brillante devenue un "classique".   8442

Louis XIV

Un volume exceptionnellement imprimé sur un papier souple et fin pour être plus maniable. Un grand livre désormais accessible à tous dans sa version intégrale.
8510

Jean-Claude Bologne
Histoire de la pudeur

Une étude de la pudeur dans une perspective jusqu'ici fort peu exploitée : sa dimension historique.
8500

Edmund Burke
Réflexions sur la Révolution en France

Préface de Philippe Raynaud
La première critique fondamentale de la Révolution française par un grand philosophe et homme politique britannique. Un classique à redécouvrir dans la lumineuse présentation de Philippe Raynaud. Édition augmentée de plusieurs autres textes sur la Révolution.
8475

Pierre Chaunu
La France

De quoi est donc faite la sensibilité des Français à la France? Et en vérité: qu'est-ce que la France? Pierre Chaunu répond et ce grand livre d'histoire est aussi une méditation passionnée sur notre destin.
8398

Guy Chaussinand-Nogaret
Mirabeau, entre le Roi et la Révolution   *Inédit*

Notes à la cour et Discours.
La confrontation des discours, et des notes secrètes de Mirabeau fait naître un doute : sont-ils complémentaires ou contradictoires? La présente publication met à la disposition du public les deux pièces du dossier.
8428

Jean-Claude Chesnais
Histoire de la violence

Contrairement à ce que prétend la rumeur ambiante, amplifiée par les médias et la classe politique, nos sociétés ne sont pas menacées par une irrésistible ascension de la violence. Mais plus un mal diminue, plus insupportable paraît ce qu'il en reste...
8386

Louis Chevalier
Classes laborieuses et Classes dangereuses

Le Paris du XIXᵉ siècle est un Paris pathologique où le crime pousse en terrain privilégié comme la fleur empoisonnée d'une civilisation. Un "classique" capital de l'histoire des mœurs et des mentalités.
8445

Les Parisiens

Postface de Jean-Pierre Garnier
Après les bouleversements, qu'a connus "la ville des villes" depuis une vingtaine d'années, peut-on encore parler de Parisiens? A peine d'habitants de Paris, répond J.P. Garnier: et ce livre que son auteur croyait promis à une perpétuelle actualité est devenu un irremplaçable document d'histoire.
8463

En suivant les dieux

Avec les récits des peuples d'autrefois, Jacques Lacarrière a composé le légendaire des premiers moments de l'humanité. De Sumer à la Scandinavie et de l'Inde à l'Irlande, voici l'histoire de notre naissance et de notre aventure, en réponse aux interrogations essentielles.
8484

Hervé Le Bras et Emmanuel Todd
L'Invention de la France
Inédit

La France n'est pas une nation comme les autres; elle n'est pas un peuple mais cent, qui ont décidé de vivre ensemble. *L'Invention de la France* est un atlas qui cartographie cette diversité en révélant le sens caché de l'histoire nationale.
8365

François Lebrun
Histoire des catholiques en France

Phénomène culturel et politique autant que religieux, la présence des catholiques français dans l'Histoire constitue une réalité qui n'avait jamais été analysée pour elle-même dans l'ensemble de ses diverses composantes, comme le fait ce livre.
8408

Maurice Lever
Le Sceptre et la Marotte

D'abord authentique débile mental, le fou de cour devient, au fil des siècles, la figure de l'irrévérence et du désordre. Maurice Lever fait revivre ici une galerie de personnages pittoresques qui prouvent, s'il en était besoin, qu'aucune société n'a jamais pu se passer de perturbateurs.
8453

Pierre Morel et Claude Quetel
Médecines de la folie

Contrairement à une idée solidement ancrée, on a toujours soigné les fous - ce qui ne veut pas dire, bien sûr, qu'on les a guéris... Vingt ans après le célèbre livre de Michel Foucault, cette étude sur l'histoire des thérapeutiques des maladies mentales jette sur la folie un regard nouveau.
8455

*Régine Pernoud
et Marie-Véronique Clin*
Jeanne d'Arc

Une nouvelle synthèse sur la ''pucelle d'Orléans'' enrichie des découvertes historiques des dernières décennies sur les mentalités du XVe siècle.
8499

Jean-François Revel
Un festin en paroles

Autant que la sexualité, la nourriture est inséparable de l'imagination. Pour chaque société, la poésie, le roman ou le théâtre nous livrent un reflet de la sensibilité gastronomique courante, d'autant plus crédible qu'il est le plus souvent involontaire et marginal.
8378

Stéphane Rials
La Déclaration des droits de l'homme et du citoyen
Inédit

Le texte fondateur de la société démocratique moderne est ici présenté dans son contexte historique, avec les extraits les plus marquants des débats qui ont précédé son adoption.
8527

Yves Sassier
Hugues Capet

Réédition de l'ouvrage paru en 1987, année de la célébration du millénaire capétien. Une réhabilitation d'Hugues Capet, longtemps méconnu et maltraité par les historiens.   8521

Jean Tulard
Napoléon

Augmentée de nouvelles annexes, d'une chronologie et d'une filmographie, cette édition du grand classique de Jean Tulard est, en outre, enrichie des recherches les plus récentes sur la geste napoléonienne.   8516

Michel Winock
1789, l'année sans pareille

Un livre d'histoire écrit comme un roman vrai. Telle est la gageure tenue par Michel Winock qui, dans cette fresque d'une année exceptionnelle, mêle les souvenirs des acteurs et les réflexions des historiens.   8531

IMPRIMÉ EN FRANCE PAR BRODARD ET TAUPIN
Usine de La Flèche (Sarthe).
HACHETTE/PLURIEL - 79, bd Saint-Germain - Paris.
27-24-8376-05
ISBN : 2-01-008768-2
ISSN : 0296-2063

27.8376.9